Kyo no Atarimae

Author
Iwagami Tsutomu

Pubrisher
Mitsumura Suiko Shoin

京のあたりまえ

暮らしぶり、その心と智恵

岩上力

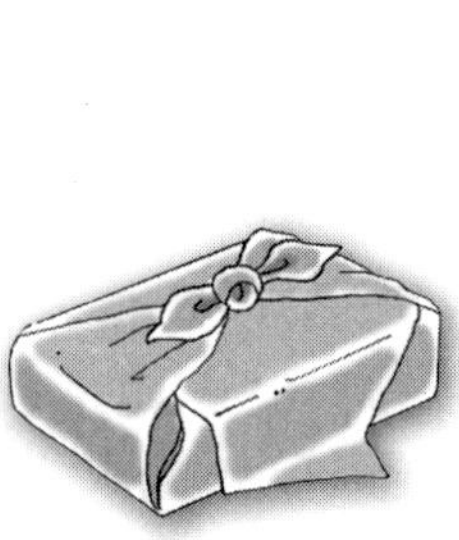

京のあたりまえ

目次

京のあたりまえ

第一章　京の折れ反れ

第一章　京の折れ反れ……13
ごもく（ごみ）は外の方に向かっては、掃き出しまへん……14
お正月にほうきは持たしまへん……16
男の人が朝早くからお店に買いものに行くものではあらしまへん……18
人に借りたものは、「返さなくていい」と言われていても、必ず返しますえ……20
「おいどかまし」したらあきまへん……22
何でも、はしごしたらあきまへん……24
四二〇円や、四二〇〇円、こんな値段つけられまへん……26
人はやっぱり〝折れ反れ〟が出来る人が一番どす……28
「ほっこり」というのは、疲れたという意味どっせ……30
お約束の時間より〝髪の毛一本〟遅れて行くのがお作法どっせ……32
厄年も備えあれば憂いなしどす……34
プレゼントをいただいても、その場ですぐ開けてはいけまへん……36
出されたお料理は少し残します……38
お客様が曲がり角を曲がられるまでお見送りするもんどす……40
商家では節分に「福は内、オニは内」と言います……42
〝おこられるから、やめとき〟……44
作法も高校野球も失敗しても責めまへん……46

相性が悪くても、それを直す大事なものがあります …… 48
おつりを左の手では渡しまへん …… 50
大安や佛滅などにこだわるのも、理由があります …… 52
赤ちゃんにも敬語を使います …… 54
お祝いごとの日、雨が降るのは験がよろしおす …… 56
大つごもり、それは歳神様をお迎えする大事な日どす …… 58
京都人のお歳暮やお中元は、決して損得関係からではありまへん …… 60
〝京の着だおれ〟と言われますが、常着はそんなことありまへん …… 62
どうぞ、〝まったり〟とお暮らしやす …… 64
冬の底冷え、夏のむし暑さ、京都は気候のきびしいところどす …… 66
〝おやかまっさんどした〟 …… 68
核家族が原因だと言うたら、分家は皆あきまへんか …… 70
二十一日は弘法さん、二十五日は天神さんです …… 72
教えたつもり、習ったつもりが多くなりました …… 74
しきたりやお作法を重んじることは、相手の心を大切に思いやることどす …… 76
一見さんおことわり …… 78
京のしきたりは大事に守りますが、よその文化も尊重しますのや …… 80
京都の商売は実利よりも心を尊びます …… 82
見て見ぬふり、聞いて聞かないふりをして、あえてものを言います …… 84
京都の人は決して無口でも陰気でもあらしまへん …… 86

京都の人が京都をけなしていても、つられて悪口を言ってはいけまへん …… 88
京都人はけちではありまへん、上等に生きたいだけどす …… 90
気くばり、眼くばり、耳くばり、それが大切どす …… 92
京都で〝京都風〟とか〝京都式〟とか言うのはかなしいことです …… 94
歴史の中に京都があるなんて京都人は思てません …… 96
「さん」と「はん」の使い分けにも京都人の感性が見えてきます …… 98
イヤホンガイドもよろしおすけど、使わんようにしてますねん …… 100
観音さんは、私たちには見えないのどす …… 102
京都人は排他的ではのうて、恥ずかしがり屋なだけなのどす …… 104
社会から「間」や「溜め」がなくなりました …… 106
古来からのお作法を電話を使ってこなします …… 108
早くから喪中のはがきが来るのはおかしおす …… 110
茶柱もおつき合いに使いのどす …… 112
京都は後継ぎさんをつくるのが、本当に上手です …… 114
花嫁道具を人に見てもらうのは決して見栄ではありません …… 116
京都の町に、東京の匂いのする名前をつけるのは嫌いです …… 118
もの一つ一つに、場所一つ一つに思い入れと思い出があるのどす …… 120
論理的に物事を見つめまへん …… 122
座布団にも表裏・前うしろがあるのどす …… 124
お祝いごとに桜はあきまへん …… 126

品物をまたいではいけまへん……128
佛さまをお人に例えたらあきまへん……130
高島屋はんの下げ袋持って大丸さんには行きまへん……132
祇園さんのお祭りの間、きゅうりは食べまへん……134
家の棟上げの時、〝おたやん〟を棟に上げますのや……136
箸紙にも京風があるのどす……138
京都は家紋を大事にするところどす……140
お盆には虫を殺してはいけまへん……142
商家では毎月一日にあらめを炊いて、月末の日におからを煎ります……144
〝まあ、お茶づけ一杯でも……〟……146
渡月橋を渡りきるまでふりむいてはいけまへん……148
京都は古都ではありまへん……150

第二章 京のならわし

京のならわし……153
男の子には〝大〟の字を、女の子には〝小〟の字を書いてお宮詣りします……154
お宮詣りの時、赤ちゃんの母親はお宮さんには行きまへん……156
食べ初めやお雑煮のお椀は赤が男用、黒が女用どっせ……158
神様には無言でお詣りしますし、結納おさめもまた無言です……160
お嫁入りの時、一条戻り橋は渡りまへん……162
お葬式の時のお金包みは〝黄白〟が京都式どっせ……164

お葬式の時に黒白の幕を張るようになったのは、最近のことどす …… 166
おもてなしに家庭料理は出しません …… 168
お店で食べたあとのお箸は、きちんと箸紙におさめるものです …… 170
〝お扇子おさめた〟〝しるしが入った〟これ、何だかわからはりますか？ …… 172
結納は心をおさめるものです、省略したらあきまへんえ …… 174
お祝いは必ず午前中にお伺いします …… 176
和紙にも風呂敷にも包み方にお作法があるのどす …… 178
〝おため〟〝おうつり〟のこと、ご存じどすか？ …… 180
結婚式場には結婚祝を持って行ってはいけまへん …… 182
のし袋の〝のし〟は、なんのためにつけるかご存じどすか？ …… 184
本物の紅白の水引、ご覧になったことありますか？ …… 186
目上の人には印刷で表書きした金封は使いまへん …… 188
香典返しは、無意味なものではありまへん …… 190
結納をせえへんから日本人は気配りが出来んようになったんどす …… 192

第三章

京の言い伝え …… 195
京都では右が左どす …… 196
お鏡さんは人の心を写す鏡どす …… 198
〝節分のおばけ〟見たことありますか？ …… 200
京都には〝大文字焼き〟なんてあらしまへん …… 202

〝愛宕さん〟のおかげで京都には火事が少ないのどす……204
〝清水の舞台〟の由緒、ご存じどすか？……206
〝そんなことしたら冥加に悪おすえ〟……208
お布施の心は、生活の中にしっかりと根づいてます……210
〝鍾馗さん〟が屋根の上におられるそのわけをお話ししまひょ……212
琵琶湖疏水は、京都の町をよみがえらせた命の水どす……214
梅雨明けの頃、宗全が駆け抜けますのや……216
花街は何で生まれたか知ったはりますか……218
和紙には神様の力が宿っているのどす……220
月々に月見る月は多けれど、月見る月はこの月の月……222
「姉三六角蛸錦」の歌が唄われるそのわけをご存じですか？……224

第四章

京の暮らし……227
長居の来客に去んでほしい時、ほうきを逆さに立てて拝みます……228
お屠蘇より大福茶が京都のお正月どす……230
京都ではひと月遅れの行事がたくさんあります……232
北野をどりに都をどり、京おどりに鴨川をどり、芸能はやはり京都です……234
氏神さまでの〝お千度〟楽しみどす……236
祇園祭は京都人の心であり誇りどす……238
七夕流しのあの感動を忘れたらあきまへん……240

地蔵盆では大きい子と小さい子がお地蔵様の前で仲よく遊びます……242
〝お火焚〟という行事、ご存じどすか？……244
ともかく〝顔見世〟観ないことにはお正月が来まへんのや……246
〝うなぎの寝床〟のような京の町屋も儀式をするのには大変便利どす……248
湯葉は好んで食べますが、納豆はあまり食べまへん……250
京料理はほんまに芸術どす……252
京都で大当たりしたお芝居は、どこでも大当たり間違いなしどす……254
〝錦〟に行ったら、ほんまもんが見つかりまっせ……256
京都人が雪や月や花を好むのには、わけがありますのや……258
京都の道路、不便でも構いまへん……260
ちんちん電車にもお作法がありました……262
着付教室よりも、むしろ着こなし教室が必要なんどす……264
風呂敷を持ってお買いもの、京都らしい光景どす……266
冬至の七種には、こんな意味があるのどす……268
文字書きが上手になるコツを聞いとくれやす……270
五山の送り火は、御先祖様だけをお送りするものではありまへん……272
珠数（数珠）が切れるのは、験が悪いことではありまへん……274
京都人が日頃使っているのは、「京都弁」どす……276
京都は、日本のハリウッドとも東洋のハリウッドとも呼ばれた「映画の都」どした……278

第五章

京の智恵 281
しきたりにしばられるから楽なんどす 282
お作法はむずかしいからいいのどす 284
お雑煮をいただく柳箸、両方とも削ってある理由をご存知どすか? 286
〝きょうのおまわり〟って何のことかわかりますか? 288
住居はもちろん、近代的なビルにもお札がいっぱい貼ってあります 290
町内には〝尼講〟という集まりがあります 292
時間をかけてつくった〝本物〟だからこそ、値打ちがあるんです 294
〝堪忍の看板〟、昔はよくお店で見かけたものです 296
京都の職人さんは芸術家どす 298
京都では〝女子はん〟は宝です 300
お寺は観光地ではありまへん 302
無駄なものを無駄にしないのが京都のゆとりどす 304
京都がだめになる時は、日本がだめになる時どす 306
平安京は鬼門に引っ越してきました 308
作法やならわしは、茶席庭の「止め石」なのどす 310

あとがき 314

装幀……………吉川陽久
イラスト………よしのぶもとこ
レイアウト…稲本雅俊

第一章

京の折れ反れ

店の外へ向かってごもく（ごみ）を掃き出さないというのは、お客様に対する最低の気くばりです。開店していれば、当然のことながらご来店いただいたお客様にも、また道ゆくお客様にも、ほこりがかかります。これほど失礼なことはありませんし、ほうき（邪気を祓うものと言われる）をお客様に向けること自体がお作法的にも大変いけないことです。これは商家だけに限らず一般の家庭でも同じことだと思います。これに加えて商家では、内に掃き入れることは〝入《い》り込《こ》む〟という商売上の験《げん》をかついでもいるのです

また、京の商家では「犬を店先で飼わないように」ときびしく言い伝えられてきました。これは、単に犬が嫌いなお客様に対しての配慮だけではなく、犬＝去《い》ぬ（帰る）ということから、お客様が帰ってしまわれないようにという意味があるのです。

ごもく（ごみ）は外の方に向かっては、掃き出しまへん。

ごみは内に掃き入れ、店先で犬は飼わず、招き猫を置く……。お客様への気くばりと験かつぎが一体となっているのが京の商売人の感性です。

猫は、犬とは違って、〝招き猫〟とも言われ、お客様を招く縁起のよいものです。京都の商店では猫の置物を置いておられるところも決して少なくはありません。この〝招き猫〟の置物、その招いている手が耳より上なら遠来のお客様を、頭より下なら近くのお客様を招いているとされています。また左手で招いていれば夜の商売向きでお人を集

今でもよく見かける犬矢来

め、右手で招いていると昼間の商売向きでお金を集めなどと言われています。オールマイティにすべてにおいて繁盛を願うなら、いろんな形の招き猫が必要になると思うのですが、まずどこのお店でも一個だけ置かれているのが普通です。

話は少々横道にそれますが、京の町家には〝犬矢来《いぬやらい》〟というものを取りつけてあるのをご存じでしょうか。竹材などを編んでつくった、壁の下部を囲う格子《こうし》のことですが、これは、もともと家のまわりを犬のそそうから守るためのものでした。また、それと同時に、昔、京都のせまい通り（路地）で刀の斬り合いがよくあった頃、その刀から家を守る役目もあったのです。もちろん、こうして家を守るものですので、犬矢来の格子の数は必ず陽の数（奇数）でつくられていました。

家を守るものとしては、他に〝縁石《えんせき》〟があります。縁石を置くようになったのは、近年の車社会になってからのことで、車のマナーが悪いからこういったものを置くようになったのだと思います。

犬矢来をつくり、のれんを吊り、縁石を置くことは、今では京都の美の一つともなっていますが（中には眉をひそめたくなるものもありますが）、もとはといえば人様との結界をつくることであり、家を十分に保護することでもあったのです。その一方で、店先で犬を飼わず、招き猫を置き、人様にちりやごみやほこりがかからないようにと気くばりをする――こんなややこしいところがまた京都の商売人の感性でもあるのです。

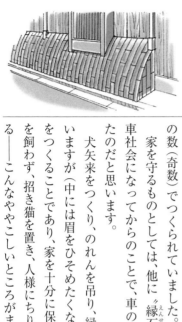

一般には、お正月に何かをすると一年中それを続けることになると言われることから、お正月にほうきを持つと、一年中掃除ばかりしなければならないのでほうきを持ってはいけないと、そんな意味にとらえられています。でも本当は、ほうきというものが悪いものを掃いてしまう（邪気を払う）道具と考えられてきたことから、そう言われているのです。

お正月には〝お正月様〟という神様が家にご降臨いただいているため、本来邪気や邪悪のものなどあるはずがありません。

折角、神の〝依代《よりしろ》〟だという意味で、門松を立てたりしめ縄を張ったり玄関飾りをして神様をお迎えしているのに、ほうきを持つことによってその神様まで掃き出してしまってはいけないという、そんな理由からお正月にほうきを持ってはいけないと言い伝えられてきたのです。

お正月にほうきは持たしまへん。

ほうきで神様を追い出してしまってはいけないから、とする〝しきたり〟も、その本当の心は、日頃忙しい女性たちへの思いやりなのです。

しかし、これは一種のあとづけの理由です。実はそこには「日頃から特に女性は何かと忙しく動いてきたのだから、お正月くらいはゆっくり休んでください」という意味があるのです。女性に対する思いやりの表現と言えるでしょう。

姑が若い嫁に対して、「お正月はほうきを持ったらあかん」ときびしく叱っていたと

こんな箒も見かけなくなりました

しても、その本当の心は、お正月の間は例えほこりをかぶっていても掃除をしなくていいよ、と言っているのです。

それなら、その心をはっきりとそう言えばいいと思われるかもしれませんが、これをひとつの〝しきたり〟とすることに大きな意味があるのです。〝しきたり〟でなければ、掃除をする人も出てきて、しないと何かなまけている感があり、またぞろ働くことにもなります。仮にほこりがかぶっていても、決して恥ずかしいことではないという〝決まりごと〟にしてしまうことで、本当に休むことが出来るのです。

お正月の重箱に詰めるお煮しめも、お正月の間お料理をせず休んでいられるようにという同様の配慮があるのです。

それにお正月の一番最初に汲み上げる〝若水〟も男性が汲むのがしきたりとなっていますが、これとても男性が汲まなければ縁起が悪いわけでは決してありません。

これらは、京都人の持ってまわった意地悪な表現だとおっしゃる方もあるかもしれません。しかしあえて言うならば、京都人の持ってまわったやさしさとでも言えるでしょう。

ちょっとした些細なことにも二重、三重の意味があり、それが京都人の智恵としてしっかり根づいていることで、逆に人間関係を大変楽にしてきたと言えるのです。

これも京都の暮らしの中にある京都びとのやさしさのひとつです。

「男性が朝早くから、うろうろしてはいけない」という意味だとおっしゃる人もありますが、実はこれは商売繁盛のために言い出された言葉なのです。
陰陽道では、男性は〝陽〟で、女性は〝陰〟と考えられており、陽である男性が先に来店する方がよいことのように思われがちですが、実は先に陽がお店に入ると陰はなかなか入って行けないのです。

男の人が朝早くからお店に買いものに行くものではあらしまへん。

京都の商売人は、朝一番に女性が来店すると、その日一日がよい日になり商売繁盛につながると信じ、こんなことを言い出したのです。

そのため、男性が朝早くからお店にいると商売繁盛につながらないと考えられ、逆に陰（女性）がお店の中にいると自然と陽を引き寄せると言われています。その上、女性がいるとお店も華やいで見えます。華は金（お金）と同じ価値のあるものですから、華があることはお金があるということになります。こんなところから、まず朝一番に女性が来店されれば、その日一日がよい日になると京都の商売人は信じているのです。（京都だけではありませんと他府県の人から教えていただきました）
新しくお店をオープンする時、今でも京都では〝おかどびらき〟といって女性から入ってもらいますし、お正月、最初のお客様も女性であることを願います。また、新しい製品を最初にお買い上げいただくのが女性であれば、その商品は必ずヒットするとも

朝一番には女性に来てほしいものです

言われています。

女性をこれほど大切にするのは、京都人が太陽（陽）より月（陰）を重んじただけではないと思います。女性の目の確かさと共に、女性の持つパワーというか寛容力でツキを呼び込んでもらえると考えたからだと思います。ちなみに、この〝ツキ〟も〝月〟も語源は同じで、〝付く〟からきているそうです。だからお客様がつくのでしょう。

もう一つ、現実的な理由もあります。女性は一般的に品物を選ぶ感覚にすぐれ、いつも品質のよいものを選ばれるというきびしさがあります。女性が見向きもされない品物がよく売れたという話は聞いたことがありません。それがお店の品揃えに、大変役立つのです。また、朝一番に女性がお見えになるようにと願うからには、どんなに朝早くても、きちんと店出し（陳列と掃除）がされていなければいけません。そんな商売人の基本的な教えが秘められているのです。

「おんなのお客さんが、もう表に待ったはります。ちゃんと商品ならべとかんと、あきまへんで。掃除はもう出来ましたか。ほこりがかかってたら、はずかしおすえ」

昔はこんなことをよく開店直前に言われたものです。

「よろしおすな、ほな開けとくれやす……。おはようございます。長い間おまたせしましたな。さあ、入っておくれやす」

「おおきに、朝早《はよ》うからすんまへんなあ」

人に借りたものは、「返さなくていい」と言われていても、必ず返しますえ。

借りたものは返すのがあたりまえです。それをお互いに理解した上でさらに微妙なニュアンスの言葉をやりとりするのが京都の会話術です。

これは大変高度な言いまわしで、「返《かや》さんでもいいよ」というのは「返さなくてもいいぐらい長い間、貸しておきます」ということなのです。「どうぞごゆっくり使ってください」という意味を、「返さんでもいい」と表現するのです。

ある意味では、「お茶づけ一杯でも」に通ずる言葉づかいかもしれません。

京都で、もし「返してもらわなくても結構です」とか「いつでもいいです」などと言われたら、出来るだけ早く返さなければいけないと心得られた方がよいかもしれません。

「これだから京都人はむずかしい」と言われるかもしれませんが、しかし、よく考えてみてください。京都に限らずどこだって、借りたものは早く返すのがマナーであり、あたりまえのことです。

京都では、こんなあたりまえの考えがちゃんとベースにあって会話をしていますので、他所《よそ》の人からは理解しにくいのかもしれません。

では本当に返さなくてもいい時はどうでしょう。

本当にプレゼントする気なら「さし上げます」と言いますし、もし相手の気持ちがどちらかわからない時は「本当に返さなくてもいいのですか」と問いかけてみるのです。

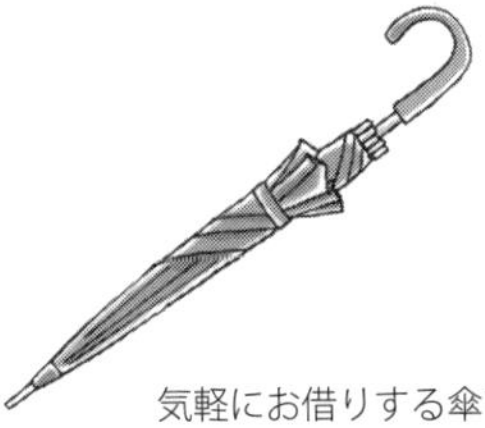

気軽にお借りする傘ですが

そして、その次に出てきた相手のセリフで、それを判断すればいいのです。

もうひとつ、京都の言葉づかいで判断のむずかしいものの代表的な言葉に、「おおきに」があります。「おおきに」は普通、「有難う」の意味ですが、その一方で反対の「いいえ、結構です」という意味で使われることも多いのです。どちらの意で「おおきに」と言っているかは、その場の雰囲気で判断するしかありませんが、京都人なら誰でも、特に迷うことなく判断出来るのです。その判断力が豊かであるからこそ、人に対する気配りともいうべき京都の心得、作法が成り立つのでしょう。

京都人は微妙な微妙な言葉のニュアンスが理解出来ます。そのへんのところが感覚的にわかるようになれば、あなたも、もうりっぱな京都人の仲間入りです。

「そんな〝いけず〟な京都人なんかに、なりたくない！」とおっしゃらないでください。京都人は、自分たちがわかることは他の人にもすべてわかるだろうと思っているのです。不親切とか、いけずではなく、自分を基準《もと》にしたものさしですべてを計りますので、誰もがわかってくださっていると心底思い込んでしまうわけです。

他所の人は、自分たちが言っていることが相手にうまく伝わらない時には一所懸命説明をしますが、それをまたしないのが京都人でもあるのです。そこには、崇高な地に住まいする京都人の都人としての誇りがあるのかもしれません。

えらいすんまへんなあ、かんにんしとくれやす。

「おいどかまし」したらあきまへん。

自分の背後にまで気を配ってこそ京都人の真骨頂です。

京都弁で「おいど」とは、「おしり」のことです。その語源は「御《おん》・居《い》・処《どころ》」から変化した女房言葉（室町時代に御所に仕える女性が使用した言葉）だといわれています。

その言葉の響きが上品で優雅であるところから、やがて町中の女性にも普及し、いつしか男性も使うようになりました。「かまし」とは、相手に衝撃を与えることで、ここでは、向けるとの意味で使用し、「おいどかまししたらあきまへん」というのは、お尻を相手に向けてはいけません、という躾言葉なのです。幼いころ、学芸会で「お客様にお尻を向けないように演じなさい」と指導された記憶をお持ちの方もあると思います。お尻を向けることは失礼になると京都人は幼いころから教えられてきたのです。

殊に京都は古くからの都（人が集まり、商いの地の意味）であるがゆえに、相手に失礼にならないように自分の所作（行動）を充分に心得てきました。

商家の店先でお店の方へお尻をむけたまま人待ちをしたり、立ち話をすることは、厳に慎まなければいけないお作法です。店先だけではありません。人様にお尻や背中を向けないというのは、美しい日本の心得ごとであり、相手を思いやる礼儀作法なのです。神職が拝殿に上られたり下りられたりの所作は神さまに対して敬意を表わされたたいへん美しい動きです。

着物で「おいどかまし」は不恰好ですね

作法は気がつけば改まることもありますが、自分の背中には目がついていないために、より一層気を付けなければいけません。ところが残念ながら、年々こういった心遣いが人にも物に対しても失われてきたように感じるのです。

改札で立ち止まって切符を探しておられる方、エスカレーターの昇り口・降り口で何故か立ち止まっておられる光景をよく目にします。さして悪気はないのでしょうが、こういったことも自分の背後に気を配っていないから起こるのです。

先だっても、京都市の地下鉄の車内で、美しく着飾った着物姿の女性がキャリーバックを、座席シートの前に据えて、ファスナーを開けて、中の何かを一生懸命に探しておられる光景に出くわしました。余程何か大切なものだったのでしょう。ご本人は必死になっておられ、膝を折ってしゃがむでもなく、立ったまま腰を折って探しておられました。文字通り「おいどかまし」、背後の人（その人も女性でしたが）にお尻を突き出すような格好になっていました。背後の女性は不快な表情でしたが、和服の女性は全く気づくことはありません。昼下がりの電車で、そんなに混んでもいませんでしたので、乗客の眼はその光景に注がれていました。背後の人は「人の振り見て我が振り直せ」という言い伝えを思い出されていたのかもしれません。私は、イケズな心で「着物が泣いている」と思っていました。

やはりこのような狭い空間では、お互いが心地よく過ごせるように「おいどかまししたらあきまへん」という言葉を受け継いでいかなければと切に感じる光景でした。

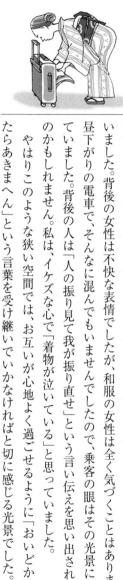

何でも、はしごしたらあきまへん。

相手のことを思いやることが、何事においても肝要です。たいせつな品格です。

京都では長年勤めていた勤め先を独立するとき、同業他社には転職しないとか、本家から暖簾分けさせてもらい独立する際も、本家のお得意先へ挨拶にお伺いしても、本家の取扱品と同じ商品を売り込まないといった、商慣習が根強く残っています。

また新規にお取引する際にも、今まではどのようなお店と取引していたかを尋ねられますし、もし、そのお店と繋がりがある場合は、取引しないのが京商人の道徳観でもあるのです。どうしても、新規でお取引しなければいけないときは、「よろしおすやろか?」と訊ねることもありますし、前もってご了解いただくこともあるのです。

近年、ある会社の御子息が親御さんと販売方法をめぐって意見の対立があり、ご子息が会社をやめられました。しばらくして挨拶に見えられたその方の名刺を見て驚きました。全く異業種を立ち上げられたのです。そこまでしなくてもと思いましたが、「これが、私の矜持《きょうじ》です」と笑っておられました。

たとえ対立しても、相手を思う気持ちを持ち続けている証《あかし》だと感じ、自然に頭が下がりました。こういった感性を前近代的だと言われるのだと思いますが、京都には、この話に近いことがまだまだ存在しているのです。

この延長線上に、花街では、「はしごも浮気もあきまへん」というのがあると教えて

似たようなお店があると
正直迷います

いただきました。ここにも先様を思う優しさが、他人との関わりを常に大事にする京都びとの気持ちがあるのです。暮らしの中には、前述したように同じ業種のお店で、先に行ったお店の紙袋を持って、別のお店には絶対に行かないという心得は、先様に対する礼儀だと戒めてきたもので、ここにも京都の心があるのです。

私の芝居の師匠であった辰巳柳太郎先生もそういったことにたいへん厳しい人でした。むかし私たちがよく通った東京のあるテレビ映画の撮影所の前に二軒の喫茶店がありました。一方のお店は正直なところ、コーヒーの味があまりおすすめ出来るような喫茶店ではありませんでした。辰巳先生がそのお店に入ろうとされたので、私は得意そうに師匠に諫言したのです。すると辰巳先生は、黙ってそのお店に入っていかれました。無言のうちにコーヒーを飲み終えて帰りの車の中でこっぴどく叱られました。「天下の往来でお店の悪口を言ってはいけない。ましてやお店の前で言うのはもっての外だ。役者としてももちろん、一人の人間として失格だ」と教えられました。二十歳過ぎの出来事でした。

辰巳先生は、京都人ではありませんでしたが、京都人の心と言うか感性を*持っておられたのでしょう。

また、京都には「ついで参りをしてはあきまへん」という言い伝えがあります。これは、ついでに参ることを戒めていったものではなく、何事も一つの事に気持ちを込めなさいというものであり、相手を思う気持ちを育む教えなのです。

四二〇円や、四二〇〇円、こんな値段つけられまへん。

〝四〟は〝死〟に通じます。だからお菓子を買う折も、四人家族でも五個買うのが京都人です。口に入れたり、長く使うものは、値段一つにもこだわります。

京都では、売る方も買う方も〝四〟のつく値段を嫌います。これは、〝四〟が〝死〟を連想することからきています。特に、〝四二〇円〟とか〝四二〇〇円〟などという値段は、〝死《し》に〟というイメージにつながり、一番嫌われるのです。

例えば、買いものに行ってお菓子を買う場合、四人家族でも四個は買わず、五個買う人が多いように思います。若い人でもこういった感性を持っておられ、そんなお客様に来ていただくとお店の方もうれしく感じるのです。これは、お菓子が余計に一個多く売れたということではなく、自分と同じ発想をしてもらったことが、京都人としてうれしいのです。

このようにお話ししますと、京都では一切〝四〟の数字が値段につけられないのかと思われるかもしれませんが、決してそうではありません。四一〇〇円は〝よい〟と読めますし、四三〇〇円は〝死〈に〉を越える〟と言い、また四八〇〇円はしや〈あ〉わせ（幸せ）と読むことで験《げん》のよい値段となり、お客様も喜んで買い求められます。

ところがです。現在は消費税というものがあり、そのおかげで値段をつける方も買う方も大変むずかしくなってしまいました。昔は、お店の方も験のよい値段をつけること

手土産の数にも気を遣います

に神経を使ったものですし、お客様の方も口に入れたり、長い間使用するものには、結構こだわりをもっておられたように思います。

〝四〟以外の数字では〝一六〇円〟や〝一六〇〇円〟といった値段も、〝いむ（忌む）〟ということで避けられています。また、〝九〟は苦《く》でよくないと言われたりします。

この値段のこだわりと同じように、暦（大安や佛滅などの六曜）にもこだわるのが、また京都人らしいところです。

一生大切に使わなければいけない漆器や袱紗《ふくさ》、風呂敷などを注文される場合は、佛滅など日の悪い時はお避けになるものですし、注文を受けたお店の方も出来上がったものを電話連絡する場合は、大安、友引、先勝などの日の佳い時にするのです。

また、珠数（数珠）や佛壇などの購入も、大安を選んだり、ご先祖の年忌の時や、春と秋のお彼岸やお盆の時などに買い求めたいと考えられる方が、京都では大多数をしめられると思います。それに、結婚や出産祝の金封と御佛前の金封とを一緒に買うようなことも、決して京都人はしないものです。万が一、一緒に買われたら、エコロジーの観点からは、いかがなものかとも思いますがお店では別々に包装します。そして「二つになってすみません」と言い添えます。

京都の商売は、こういった京都人の感性と発想を大切にしてずっーと古《いにしえ》から商われているのです。

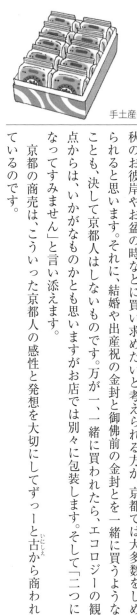

人はやっぱり“折《お》れ反《そ》れ”が出来る人が一番どす。

どんなに社会的地位が高くても、日常の挨拶やお作法ができない人は京都では認められません。自然に折れたり反れたりできる人こそ本物です。

京都には勉学をするための土壌というものがあり、殊に京都人は、どこの地の人よりも学問をされる人を心から尊敬しています。しかし、ある一部の学者さんとはどこかで一線を引いているように思えるのです。

これは、その学者さんの感性というか、心がなかなか見えないからです。学者さんということでひとつにくくってしまうと誤解を招くかもしれませんが、京都人は学者タイプに弱いと評されることがありますので、あえて申し上げるのです。

京都の人というのは、もともとほとんどが商売人でした。そのため商売の感性というのか、人に対する応対、日常の辞儀挨拶が出来なければ、いくら学問的にすぐれた人であっても、「学者はんやさかい、まあそんなもんや」と、ひとつの結界をつくってしまうのです。そんなところから、他所の人からは学者タイプに弱いように映るのかもしれません。

それはともかく、このように結界をつくるのは何も学者さんに対してだけに限ったことではありません。どんなに社会的に地位の高い人であっても同じことです。日常的なお作法がわからない人のことを、京都人は「折《お》れ反《そ》れを知らん人や」と言うのです。

稔るほど頭を垂れる。なかなかできません

〝折れ反れ〟というのは、ひと言でいえば〝礼儀正しいこと〟すなわち自分の立ち位置を弁え、お人に対する言動を心得ると意味づけることが出来ると思います。もう少し具体的にいえば、目上の人にも、もの言わなければいけない時にはきちんとものを言い、目下の人の意見も十分に耳をかたむけることであり、いつでも誰にでも頭を下げることが出来ることです。いわゆる折れたり、反れたりが自然に振る舞えることを言うのです。京都人は、これが人として一番大切なことだと考えてきました。

作家の吉川英治先生がよくおっしゃった「我以外みな、我が師」という有名な言葉がありますが、こういう発想が折れ反れを知り得る基準《もと》になるように思います。

京都にはこの折れ反れを十分に心得ておられ、かつ学問的にもすぐれた学者さんが大勢いらっしゃいます。「実るほど頭をたれる稲穂かな」という言葉を実践されているのです。

そしてその先生方のお話は常に説得力があり、心地好い感動を受けることもしばしばです。理解できるというより納得させていただけるのです。

学問上は胸を張って自分の意見を論じ（反れ）、日常生活においては頭を下げられる（折れ）――これが出来る人が、どの世界においても本物なのです。

この京都の大事な感性である〝折れ反れ〟が出来る学者さんたちの叡智を結集すれば、京都の明日は必ず見えてくると思います。

近年、市民権を得たように東京のアナウンサーも「ほっこり」という言葉を使われるようになりました。駅のポスターにも「ほっこりした、お宿」とか「ほっこりした、おもてなし」といった文字があふれています。これをご覧になった老舗の京菓子店のご主人が「ほっこりするお宿なんて行きとうあらしまへんなあ」と笑っておられましたが、京都びとは、「ほっこり」と聞けば、疲れたという意味だと誰もが信じて疑うことがありません。

ところが近年は、その言葉の持つイメージから、ホカホカとしたあたたかそうな温もりを感じられて、ホッとするという意味合いで使われるようになりました。

言葉は時代と共に変化するものであることに間違いありませんし、目くじらをたてるほどのことでもありません。しかし、何故か古い京都人は釈然としないのです。事実、明治生まれの祖母も、大正生まれの両親も、昭和生まれの兄弟姉妹も、もちろん斯《か》く言う私も同じことで、仕事が一段落した時に「ああ、ほっこりしたな、お茶でも飲まへんか」と、疲れた時に使用してきました。

「ほっこり」というのは、疲れたという意味どっせ

言葉というものは時代とともに変わりますが、気質は受け継がれていきます。

ある講演会で「ほっこりを漢字で書いたらどんな字が相応しいのでしょうか。」との質問を受けました。いつかは、そんな質問も出てくると想定していたもので答えに困ることはありませんでした。私は、かねがね「ほっこり」は「発凝」、すなわち肩の凝りが発

新幹線から京都タワーが見えると・・・

するとの意味から生まれた言葉だと考えてきたのです。

　ところが、ある日、ある時、ある知識あるお人から、「ほっこり」の意味を書き表した文献を教えていただいたのです。その書物は、江戸時代初期に京都三条烏丸に住んでいた安原貞室という俳人の著で書名を「かたこと」といい、慶安3年（1650）に刊行されたものでした。そこには、「ほつこりは　あたゝまるかた歟是もほは火成でし」と認められていました。古い京都人の負けかと一瞬思いましたが、よくよく思い巡らしてみると、この俳人もこの時点で「ほっこり」は、あたたまる意味だろうかと疑問を投げかけていたのではないでしょうか。それが「歟」の文字で、「歟」は疑問・推量・不定などの意味を表わす助詞です。

　「是もほは火成でし」というのは、あたたかいとの意味を著者自身で補完するための記述で、なんら意味をなさないように思うのですが・・・。

　言い換えれば、この時代から「ほっこり」という言葉は、その本来の意味が解からなかった証でもあるのではないでしょうか。

　百歩譲って、江戸初期に温かいとの意味で使用されていたとしても、移り変わる時代と共に、いつしか「疲れた」という意味で京都びとは使用するようになったのでは、と古い京都人は手前勝手に解釈しているのです。

　ある意味、これが京都びとの発想であり気質感性なのかもしれません。

お約束の時間より〝髪の毛一本〟遅れて行くのがお作法どっせ

相手様への気くばりから出来たお作法でしたが、いつしか困った〝京都時間〟をつくってしまいました。あくまでも髪の毛一本が大事なのです。

京都では、人をお迎えすることに大変神経を使います。部屋の掃除はもちろんのこと、掛軸は？　お花は？　お座布団は？　お出しする茶菓や器は？　と細々したものまで、念には念を入れてお約束の時間ぎりぎりまでお迎えのための準備をするのです。それが、京の暮らしの中に息づく〝おもてなし〟の基本です。

そして、すべての準備が整い、ほんの一息ついた時に玄関のチャイムがなる。これが絶妙のタイミングです。ですから、このタイミングを十分に考えて人様のお家を訪問しなければいけません。もし、お約束の時間より早く到着すれば先様をあわてさせますし、遅れると余計な心配をかけることになります。それで、髪の毛一本遅れていくのが京都の心得となったのです。

「そんなに都合よく到着出来るものか」とおっしゃる方もあるでしょう。そのとおりです。計ったように到着するのは、まさに神業というもの。だから実際にどうするかというと、訪問先であるお家の周辺までは早目に到着し、チャイムをならす、そのタイミングを計るのです。もちろん、タクシーで乗りつけるといったようなことは、決していたしません。少し手前で降りて歩いて訪問するのが、お作法なのです。これらはすべて先様に対する気くばりです。

玄関のチャイムを押すときは
緊張するもの

ところがです。

髪の毛一本のこのお作法が、どこでどう誤り伝わったのか、一分たりとも遅れてはいけない待ち合わせや集会の時にまで、困ったことに京都人は遅れて行くのがあたりまえと思っているのです。これが、有名な京都時間（山城時間）と言われているものです。早く行って目立ちたくないという謙虚さ、奥床しさの表れだと弁護してみても、やはりこれは決して他所に誇れることではありません。

京都人も京都時間（山城時間）がよくないことは十分わかっているのですが、これが改まるにはもう少し時間がかかりそうです。

もし、京都人が会合に遅れて来ても、京都人のシャイなところだと思って許してください。京都人のこの時間の感覚というものは、私のいまだ知り得ないところで、もしかすれば歴史的に何かの意味、要因がひそんでいるのかもしれません。

ところで、その〝髪の毛一本〟とは、具体的にはどれぐらいのことかと言えば、まあ二分から三分ぐらいのものでしょう……。五分も遅れられると髪の毛二本になってしまいますので、念のため……。

ある日、あるところで髪の毛二本遅れられた人に空席になっている最も上座に坐ることを促され、そこに坐られた人に対して悪態をつかれている京のお商人を拝見しました。それはけっしておすすめ出来る姿ではありませんし、京のあたりまえでもありません。

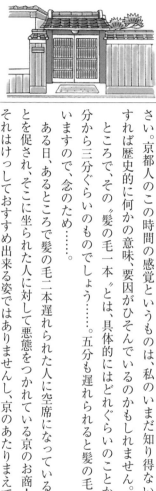

厄年も備えあれば憂いなしどす。

京都人は今もいろんな方法で厄を祓っています。縁起かつぎと笑われようと、健康で暮らすこと、それが何より大事だと、知っているからです。

厄年とは、一般には数え歳で男性が二十五歳・四十二歳・六十一歳で、女性が十九歳・三十三歳・三十七歳と言われ、特に男性の四十二歳、女性の三十三歳を本厄《ほんやく》、またその前後の歳を、それぞれ前厄《まえやく》・後厄《あとやく》と言って、この三年間を特に留意するようにと言い伝えられています。しかし同じ年の者が全員、災厄にあうわけでもありませんので、闇雲に恐れることはないと思います。ただ人生の節目として、充分に自分の身体をいたわらなければいけない年齢だと心得るべきだと思います。

京の町には、ほんの少し前まで年越し（節分）の夜に「厄《や》っこ祓《はら》いまひょ」と言って歩く厄祓いの人がいて、お豆とお金を渡して門口でおめでたい文句を聞き、厄祓いをしてもらうという風習がありましたが、最近では、すっかり見かけなくなってしまいました。しかし心配はいりません。京都にはさまざまな厄祓いの方法がしっかりと残っているのです。

最もよくなされる厄祓いは、やはり、神社やお寺にお詣りし、厄除け祈願をしてもらうことです。その折に四十二歳の人は一円玉四十二枚を、三十三歳の人であれば三十三枚を境内に落として厄を捨てるといったことをされる人もあります。また厄年の数のお餅をおぜんざいにして人々に振る舞ったり、手拭いを人々に配ったり、辻にお豆を置

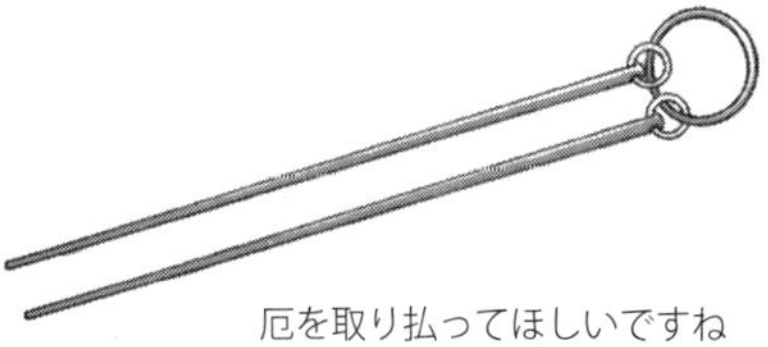

厄を取り払ってほしいですね

いてきたり、櫛《くし》(苦死)を捨てるといった風習もありました。

一方、厄年の人に品物をお贈りすることもあり、その代表格が、〝厄除《やくよ》け火箸《ひばし》〟というもので四十三センチもある長い鉄製の火箸です。長いということは長生きを表現し、その火箸で厄を取り去るという意味があります。その火箸に十能《じゅうのう》(炭やたどんを入れて持ち運ぶ柄のある器)を添えることもあります。火箸で取った厄を十能に入れてしまうためです。また、ふりかかる厄を傘で防いで下さいとの思いを込めて番傘を贈ったりもします。

これらの品は、すべて半紙を巻いて赤白か金赤の水引で結び贈ります。贈られた方は大切に床の間などに飾っておきます。飾るといえば床の間に一生災厄にあわないようにと一生餅(一升餅)を飾ることもありますし、最近では振分《ふりわ》け珠数《じゅず》といって厄を振り分け(取り除く)る新しい品物も考案されています。

目にすることが出来ない災厄にあわないために、そして心身共に健康で暮らせるようにという切実な願いを込めて、京都人は多種多様な風習やしきたりを暮らしの智恵としてつくり出してきたのです。縁起かつぎと一笑される方もおられるでしょうが、〝達者で暮らす〟それが京の町を形成する最も大切な事だと人々は知っているのです。笑う門には福来たると言いますが、心豊かに笑える世の中ほど、すばらしいことはないと思います。

プレゼントをいただいても、その場ですぐ開けてはいけまへん。

最悪のケースを想定し、お互いにいやな思いをしないための心得ごとです。京都には贈りものに関するタブーが沢山あるのです。

爬虫類が苦手の女性に、彼氏が高級なトカゲのハンドバッグをプレゼントしたそうです。すぐに開けてもらって、彼女の喜ぶ顔を彼氏は見たかったのですが、包みを開けた彼女は悲鳴をあげてしまいました。この二人がその後どうなったかはわかりませんが、京都では人様から品物をいただいても、その場ですぐに開けるようなことはしないのです。

考え方によってはすぐに開けて喜びを表現するのが今風なのかもしれませんが、もし万が一、気に入らないものをいただいてしまったら……。それでもにっこり笑ってお礼を言えるほど、京都人はお芝居が上手ではないのです。

京都人はお腹《なか》の中と口に出して言う言葉とが随分と違うから嫌いだと批判されることがありますが、そんなことは決してありません。本当はナイーブで、お腹の中で思っていることがすぐに顔に出てしまうのです。ですから品物を頂戴したら最悪のケースを想定して、その場ではすぐには開けず丁寧にお礼を述べるだけにしておくのです。これは、京都人の心得でありたしなみといったものでしょう。

いただいたものをまずはお佛壇にお供えするという京都の習慣も、思えば、すぐに開

しっかりしたいただきものは嬉しいですね

けないという礼儀にかなったものと言えます。

もう少し違った見方をすれば、京都人は品物のひとつひとつに思い入れがあり、そのものにイメージをつくり上げているのです。ですから、京都には贈りもののタブーといったものが沢山あります。

例えば、縁談の時の切って食べる羊羹、新築祝に火を連想するストーブ、引出物のこわれもの、出産の内祝に泡と消える石鹸、病気見舞に梨、香典返しに赤い派手なタオルなど、数えあげればいくらでも出てきます。

このように、京都で人様に品物をさし上げる時には、充分相手を理解することからはじめなくてはいけません。そして、たとえそれがささやかな品物でも、あれこれと一所懸命考えることが大切なのです。

最近、カタログの中から好きなものを選ぶというギフトシステムが登場し、もうすでに大変便利で合理的だと定着したように感じます。しかし、果たしてこういったシステムが京都ではどの程度受け入れられるでしょうか……。最近、結局何も申し込まなかったという、お人もあったと承りました。

面倒なことを面倒と思わず、面倒なことをするところに、京都の贈りものに対するポリシーがあります。品物にその贈り主の真心を込めるという京都の贈答文化を大切に守って、育てていくことも決して無意味なことではないと思います。

お客としておもてなしの料理を出していただいた時、京都ではそのお料理を全部きれいに食べてしまわずに、ほんの少しだけ残すのがお作法なのです。

もし全部たいらげてしまったら、もてなしてくださった先様が「少し量が足りなかったかな」と余計な神経を使われるかもしれません。少し残すということは、そのための気くばりなのです。

このお作法にはお客の方にとっても結構便利なことがあります。万が一、自分のきらいなものが出てきた時には、このお作法がありますので随分と助かります。

家庭料理なら残すと失礼になりますが、京都では必ず仕出し屋さんのものと決まっていますので、きらいなものは遠慮なく、そして作法どおりに残せるのです。寿司桶の片隅に遠慮がちに、バランに隠れて鯖寿司一つが残してあるところをもしご覧になったら、「あっ、これが京都だ」と感じてみてください。（聞くところによると、韓国にも同じお作法があるとのことで、興味深いところです。）

このお作法は、あくまでもお家でお料理を頂戴した時のことで、料亭などに伺った時にはこんなことは致しません。全部たいらげてもよく、残してもよいのです。

気ごころの知れた親戚等の集まりの時に料亭などで料理を残しますと、以前は必ず

出されたお料理は少し残します。

もてなしてくださった方に、「足らへんかったかな?」と余計な心配をさせないための気くばりなのです。

バランに隠すように残します

といって言いほど〝折箱〟が出てきました。残したものを折に詰めて持ち帰るのは板前さんに対する気くばりであり、これも一つのお作法なのです。

残りものを折り詰めにして持ち帰るなんてあまり美しくない、と思われる方もいらっしゃるかもしれません。ところが、京都のご婦人方は、皆さんどこで覚えられるのか知りませんがよく心得られたもので、その手ぎわのよさと折箱に詰められた料理の美しさは、お膳とは別に最初から折り詰めが注文してあったかのように見えるほどです。私は、ご婦人方のこの折り詰めの芸術的な美学に、いつも感心している一人です。

折り詰めにして持ち帰ることにも、京都の伝統と言うべき理由があります。その昔、西陣地域では料理を出された時におつゆが出ると、つゆだけを飲んで具は持って帰る風習がありました。食料の貧しかった時代に、訪問した先でこれだけのおもてなしをしていただいたという感謝の気持ちを、家で待つ家族に知らせる役目があったのです。

こんなところから、儀式事には欠かせない手みやげとしての折り詰めが全国的に用いられるようになったのでしょう。京都では雛まつりのおよばれ（招待）には、女の子の佳麗なる成長の表現として姫鰈《ひめかれい》をお家へのお土産としました。慶びごとのお裾分けです。

ひとつの風習・作法というものが、人々の絆をいかに高めていくかが、こんなことからもおわかりいただけると思います。

昔から、他所のお家を訪問する時には訪問する者が気を遣い、辞去する時にはその家の者が気を遣うものだと言われています。

もし、あなたが他所様のお家を訪問し辞去する折、玄関を出てまだほんの少ししか歩を進めていないのに門燈が消えたり、そのお家の中から笑い声が聞こえてきたら、一体どんな気持ちになられるでしょう。折角楽しいひと時をすごしても、これでは台なしになってしまいます。

お客様が曲がり角を曲がられるまでお見送りするもんどす。

門の前まで出て何度もお辞儀しながらお見送りするのが京都流です。楽しかったひと時の余韻を大切にし、再会への思いを込めます。

訪問してくださったお客様がお帰りになる時、玄関でお別れをすれば門の前までは出ないのが普通ですが、京都では、門の前まで出てお客様が曲がり角を曲がられるまでお見送りをするのです。

お部屋でお別れの挨拶をし、玄関でもう一度、そして門の前で、曲がり角で……と何度も何度もお辞儀をしながらお別れをするのです。これが京都ではあたりまえなのです。

このようなことが出来るのも、京都には辻が多く、お見送りするのにちょうどよい距離だったのかもしれませんが、結構長い距離がある場合でも、適当なところでお辞儀をして、あうんの呼吸でお別れします。

こんな京都の礼儀作法、これが自然と身につき育った者にとっては、なんの疑問も抱

曲がり角まで見届けます

かないのですが、他所の人からは何度も何度もお辞儀を繰り返す京都人を理解してもらえず、こういったところをとらえて、京都人はしつこいとか慇懃《いんぎん》無礼《ぶれい》だと言われるのかもしれません。しかし、これは折角ご訪問くださったお客様に対する礼儀というものであり、楽しかったという余韻を、大切に大切にしていることでもあるのです。そして、またのご訪問をお待ちしていますよという気持ちを、心を、行為でしめしているのです。「本当に楽しかったです。有難うございました。また、お越しください」と何度も繰り返して言葉で言うよりも、曲がり角まで見送るという京都のこのあたりまえが、すべてを表現し、物語っているのです。

京都の別れのお作法は、再会への序奏でもあると思います。人との出合い、そして別れ――人の一生はその繰り返しかもしれませんが、その時々の人と人とのふれ合いを、ただ表面的な形だけにせず、そこに心をいかに込めるかを、京都人はずっと以前より考えてきたのだと思います。

訪問なされたお客様側にも、まったく同じことが言えると思います。帰る時には、曲がり角まで来たらもう一度ふり向いて家人にお辞儀をします。ところが最近、さみしいことですが、お見送りをしていてもお客様に一度もふり返っていただけないことがあります。何か気分を害されたのかと京都人は本心そう思い、本当に心配しているのですが……。

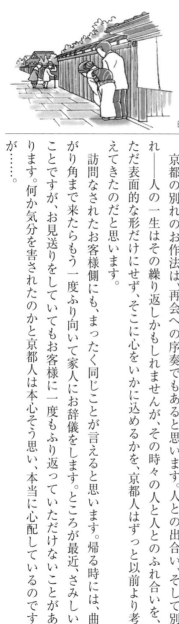

節分の豆まきの時、大きな声で「鬼は外、福は内」と言うのはどなたもご存じのとおりです。

しかし、京都の商家では、「福は内、オニは内」と言います。この「オニは内」のオニとは〝大荷〟と書き、大きい荷物を意味しています。大荷を遠ざけていては商売が成り立ちません。大荷が内に入ってこそ商売繁盛となり、それが商うための第一歩だと考え、「大荷は内」と言うのです。

いわば一種のこじつけですが、こんなささいな言葉の中にも商売人の切なる願いが込められているのです。京都の商家には、こういう言い伝えが沢山あって、思い入れとか気や念に通じるものを直接的な言葉を使わず、いろいろと形容してきたのです。

商家では節分に「福は内、オニは内」と言います。

〝オニ〟は鬼ではなく大荷、つまり大きな荷物のことです。こんなささいな言葉の中にも商売人の切なる願いが込められているのです。

その一例をお話ししますと、節分のこの時に、二升《しょう》五合《ごう》の豆を煎るとか、一升枡《ます》二個（二枡）に五合の豆を準備し、神棚にお供えするといったことがあります。これらはいずれも、〝ますます、はんじょう（枡々半升《ますますはんじょう》＝益々繁盛）〟という意味になります。

そして、その豆を神棚から下ろし、自分の歳（数え歳）より一つ多くの豆を食べ、それと同じ数の豆を半紙に包みます。それから豆まきがはじまります。一ヶ所でまくのではなく、家中歩きまわってその場を清め、この一年のご加護と無病息災を祈るのです。豆

よく考えれば凄い組み合わせ

まきが済むと、先ほど半紙に包んでおいた豆で身体を撫でたり家人みんなで近くのお地蔵様までお供えに行き、手を合わせるのです。

もともと、豆をまくのは魔滅《まめつ》といって悪いものを滅する（退治）ためだと言われています。宮中では豆をまかれずに桃の実を投げられたそうです。平安神宮では現代においてもこの種の神事が行われています。桃は伊弉諾命《いざなぎのみこと》が黄泉国《よみのくに》で追手を追い払うために投げつけて難を逃れたという神話に由来します。古来より邪気を祓い、かつ不老長寿の薬とも考えられてきたのです。こんなところから『桃太郎』の物語が生まれたのかもしれません。

それはともかく、京都では聞鼻《かぐばな》という鬼を退散させるため、鰯《いわし》の頭を柊《ひいらぎ》の枝にさして門口にかかげたり、また節分の夜には鰯を食べるといった風習があります。

それに、この節分の頃、商家の門口に伊勢大神楽《いせだいかぐら》の一行がやって来ます。獅子頭《ししがしら》をかぶり、手に御幣《ごへい》と鈴を持ち、笛と太鼓に合わせてみごとな舞いを見せてくれるのです。これも厄祓いの一つで、その舞いの中に商売繁盛の願いが込められてもいるのです。そして、和紙でつくられたこの獅子頭の白いたてがみをもらって枕の下に敷いておくと、頭が痛くならないとか、賢くなれるとも言われてきました。

それにしても、京都ではいつ頃から〝節分〟という言い方をするようになったのでしょうか。昔は〝年越し〟と言っていたように思います。

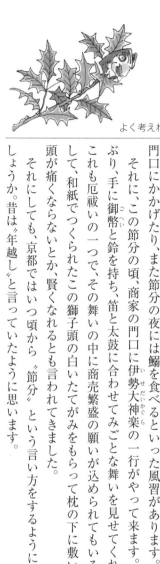

京都では、親が子を叱る時に、「○○さんにおこられるから、やめとき」という言葉を大変よく使いますが、これが他所の地方の人には、責任を転嫁して子供を甘やかしているように聞こえるようです。しかし、決してそうではありません。本当は、人様に迷惑がかかるからいけないという意味で使われる、強い叱り言葉なのです。

〝おこられるから、やめとき〟

決して責任を転嫁しているわけではありません。人様に迷惑をかけることが何よりいけないことだと、子供に教えるための〝しつけ〟なのです。

例えば、他所のお家で子供が走りまわっていると仮定します。そんな時、「おっちゃんがおこらはるさかい、やめとき」と言うのですが、子供が元気に走りまわること自体が悪いと言っているのではありません。あくまでも、走りまわることで人様に迷惑をかけることになるからいけないとしつけているのです。ここが大事なポイントなのです。

親子で買いものに行き、そのお店で子供が商品にさわろうとしたとします。こんな時、京都の親は「お店のもん（商品）にさわったらあきまへん。お店の人におこられまっせ」と叱ります。子供もこう叱られることで、お店に迷惑がかかるのだということを感覚的に理解するようになるのです。

もし万が一、子供がさわったことで商品が破損したような場合、親御《おやご》さんはどういった行動に出られるのでしょうか。子供に対して、「あやまりなさい」と強く叱られる方

親の背中を見て育つと言いますが

もあるでしょう。しかし、京都の親は子供にあやまらせるより、まず親がきちんとあやまるのです。そして、その方が人様に対するより深い謝罪だと思っていますし、子供も真剣に謝罪する親の姿を見て、本当に深く反省するようになるのです。決して親は親、子は子といった考え方ではありません。もしかするとこういった考えは現代的ではないかもしれませんが、これが京都のしつけなのです。

誤解されては困りますが、この「○○さんにおこられるから、やめとき」という言葉は、怒られなければ何をしてもよいという意味では決してありませんし、また、「上司におこられるからやめておく」といった大人同士の会話とも、まったく異質のものです。これは子供に対する〝しつけ〟の言葉以外の何ものでもありません。

これによく似た言葉に、「そんなことをしたら○○さんに笑われるで」というのがありますが、これも同じく〝しつけ〟であり、決して責任転嫁ではありません。

京都の町は、人様の目を意識したり、意識させることで、何が人様に迷惑となり、何が人として恥ずかしいことなのかを自然と覚え込めるようにしつけてきました。この「おこられるから、やめとき」という言葉は、子育ての一つの智恵ともいえると思いますが、子を思う親の愛の深さをも感じます。こんなところから、京都の子供たちは京都人としての素地をしっかりと身につけていくのです。

〝しつけ〟を漢字では、身が美しい〝躾〟と書くのはご存じの通りです。

京都には、さまざまな儀式作法が沢山あります。しかし「間違えたらあかんで！」と言いながらも、間違えたからといってさほど文句を言うわけではありません。間違ってしまったら仕方ないのです。間違えないように一所懸命、気くばりをしていたのならそれは許せることです。

作法も高校野球も失敗しても責めまへん。

応援する側とされる側が一つになって熱く燃え、その一体となる喜びを味わえればそれでよいのです。高校野球も京都ではお祭りです。

元来、儀式作法というものは、目的を達成するために行うものです。

例えば、〝結納〟という儀式作法は婿方と嫁方が心を通じ合い、末永く親族としてのおつき合いが出来るために存在するものであって、ただ表面上に表れる形だけをしておけば、それで良いというものでは決してありません。目的達成のために、しきたりを覚え、先様に対する気くばりを充分にして真心を込めて品物を選び、とどこおりなく、事が運べるように細心の注意を払います。しかし、どんなことにもミスはつきものです。その時が大切です。失敗したことを殊更大きくとらえて指摘したり相手を非難したりするのが最も不作法なことです。そんなところを本物の京都人はきっちりと心得ているのです。

「京都の作法は、自分が少々困っても相手を困らせないというのがベースにある」とある方がおっしゃいましたが、私もそのとおりだと思います。

作法でもきっと周りの人が助けてくれます

他府県の方は高校野球を思い浮べていただければ如何でしょう。地元の高校のために一所懸命応援し支援して甲子園に送り出しても、負けたからといって選手たちを責めたりはしないでしょう……。選手たちの頑張りで、応援する方も十分に熱く燃えさせてもらい、また楽しませてもらったと大きな拍手を送ります。結果が問題ではありません。こういった発想感性は、おそらく日本人全体が持っているものだと思います。

過去に京都が一回戦で早々に負けてしまった時に「よかった。京都らしく、よう負けてくれた」と京都の著名人のコメントが新聞紙上に掲載されました。これとても、ひと時、楽しませてもらったことに対する感謝とねぎらいを込めた言葉なのだと思います。〝京都人らしく〟という、その言葉の本当の真意はわかりませんが、京都人の美意識と感性を納得させる何かを感じられたのでしょう。

それはともかく、京都人は個人個人が試合展開に一喜一憂するだけではなく、高校野球というものを通して一つの共同体をつくることが出来るのを望んでいるのです。

誤解のないように読んでいただきたいと思いますが京都では高校野球も〝祭り〟の一つであり、〝儀式〟でもあるのです。ですからこんなところをしっかり見つめていただければ、京の祭りや儀式が少しずつ見えてくると思います。

平安のむかしから今日まで、長い歴史の中に埋没することなく伝承してきたものは、すべてこの京の思考があったからだと思います。

相性が悪くても、それを直す大事なものがあります。

京都で磨かれた「作法」は、相手の身になって行います。

普段何気なく、あの人とは「気が合う」とか「ウマが合う」といった言葉を使われたり聞かれたりすることがあると思います。

「気が合う」とは、今更説明する必要はありませんが、気持ちが通じ合う意味です。

「ウマが合う」とは、人馬一体という言葉があるように、本来、人と馬との気持ちが一つになっている状態を表わした言葉から発展したもので、人と人との気持ちが合っている時に使用します。これらは、何れも相性が良いことを言っているのです。

では、相性とは一体何でしょうか。相性とは、その人の生まれ年によって決定づけられるもので、「木星・火星・土星・金星・水星」に分けられます。万物はすべてこの五つのものから成り立っているとする思想で、古代中国に始まり推古天皇の時代に我が国に入ってきたと言われています。

ご自分の星をご存じでない方は、暦をごらんいただければ直ぐに見つけることが出来ます。因みに平成元年生まれの人は「土星」、平成三年生まれの人は「火星」です。

その星から見える相性とは、「木と木が合わさって火を生み、火は燃えて土と成り、土から金を産出し、金は溶けて水を作り、水は木を生育さす。」これらを「五行相生《ごぎょうそうしょう》」と言って互いに相性のいい星回りになります。一方「木（根）は土を破り、土は水を堰《せ》き止め、

水は火を消し、火は金を溶かし、金（金属）は木を倒す。」これらは「五行相剋《ごぎょうそうこく》」と言って相性の悪い星回りと言います。

ですから、木の星と木の星の人、それに、木と火、火と土、土と金、金と水、水と木の人は相性が良く、木と土、土と水、水と火、火と金、金と木は相性が悪いと言われるのです。

しかし、いくら相性が悪くても、それを直す（是正する）方法があります。殊に京都には古くから心得て来た智恵が存在します。それは、磨きに磨かれた「作法」です。

「京」の文字には、崇高な地との意味があり、「都」の文字には、大勢の人々が集まる地との意味が内在しています。大勢の人が集まるからこそ、そこにはさまざまな思いや考え方が存在するのもまた自然の成り行きです。だからこそ、気高い感性で人と人とが摩擦を起こさないような方法を創り出してきたのです。それは、暮らしの作法の中に息づく高級な約束事（ルール）であり、相手に対する「気遣《きづか》い」というものです。

気遣いは、思いやりや気配りよりも次元の高いもので、痒《かゆ》いところに手が届くように、より一層、相手の身になって行う作法です。

それを例えて言うならば、進物もただ贈ればいいというものではなく、相手が本心喜ぶものを贈ることが大切な作法です。お人とのおつき合いは、相性よりも気遣いを心得ることが最も大切なのです。

おつりを左の手では渡しまへん。

違和感や不快感を覚えられる方々へ、気を配る必要があるのです。

お茶席でお茶を左手で進められたことは、どなたもあまりご経験がないと思います
し、レストランや料亭でお料理を左手でお出しになるのを私は見た記憶がありません。
ただ、買い物時におつりを左手で渡されることはたびたび経験しています。私はこの
所作にとても違和感を覚えるのです。もしかしたら、私だけかもしれないと思って複数のお人に聞いてみましたところ、結構な割合で違和感があるとお答えいただく方がいらっしゃいました。そうお答えいただいた方は、どなたも右手でお金をお支払するとおっしゃいました。中には何ごとも左手でこなす左ききだが、お人に物をお渡しする時には必ず右手で渡すとおっしゃった方もありました。特に儀礼で金品を渡すときには充分に注意しているとも付け加えられました。左利きだから、左手で渡すのは不自然でないとおっしゃる方もあると思います。ご尤もです。もちろん左利きを非難しているのではありません。左利きの人に優れた才能をお持ちのお人が大勢いらっしゃるのを充分承知しています。だから誤解のないように聞いていただきたいのですが、左利きだと言って着物を左前に着る方は、いらっしゃらないでしょう。近年、お祭り時の浴衣の左前を見かけるようになりましたが、それは全くの論外です。

左利きの書道家が書を書くときだけは右利きですとおっしゃったのを聞いたことが

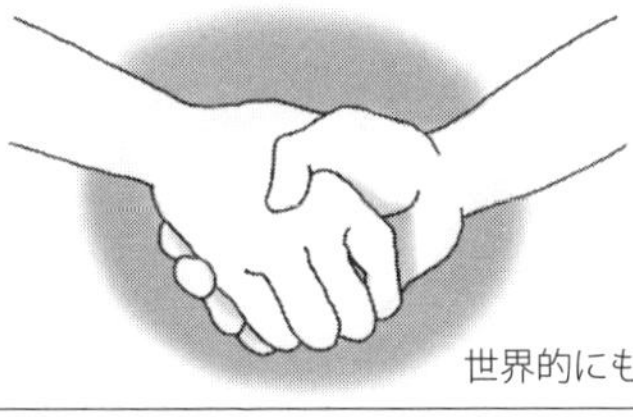

世界的にも握手は右手で

ありません。左手で木魚をたたいたり、鉦を打たれるお坊さまも見かけませんし、お焼香も右手で行うと何故か心がこもっていないように私は感じるのです。大相撲の力士が左手で塩を撒いたり、土俵上の力士に力水や力紙を渡されることもないでしょう。

和の文化は、右利きが自然なのだと思います。

いえ日本文化だけではありません。西洋でも左手で握手をすることを戒められてきました。右手は武器を握る手で、その武器を握る手に武器を握らず相手の前に差し出すのが、古今東西を問わず正しい作法だったと決められてきたのです。

この今の時代に左手で金品を渡してはダメだと目くじらを立てるようなことではありませんが、家庭内や親しい間柄ならともかく、公衆の場所や場面では右手で受け渡しすることが望ましいと考えられます。まして違和感や不快感を覚える方がたくさんいらっしゃるなら尚更のことです。それが正しい作法なのです。

自分は少々不自由であっても人さまのことを立てる。これが京都の心得ごとであり、制約の中から美しく嫋やかな所作が生まれることを京都びとは、知っているのです。

日本が世界に誇る新幹線で進行方向に向かって右に座席を取れば、客室乗務員さんが左手でおしぼりを渡されます。いつもそれを右手でしっかり受け取っている私は今の世の天邪鬼《あまのじゃく》でしょうか。

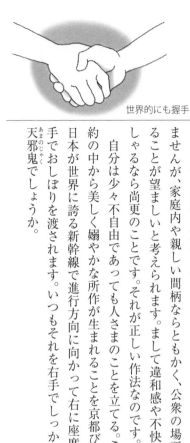

大安や佛滅などにこだわるのも、理由があります

決して迷信にとらわれて暦の吉凶にとらわれ気にかけているのではありません。暦をうまく活用することで暮らしのリズムをつくり出しているのです。

結婚式や結納の日取りを決める時に暦を持ち出すのは全国どこでも同じだと思いますが、京都は特にこの暦の吉凶にこだわることが他府県に比べて強いのです。

日頃は迷信だと片づけておいても、何か事があるとやはり気になるものです。

もし、あなたが結納おさめの佳き日を選ぶ場合、次のどの日がよいとお考えになるでしょうか。

		（六曜）	（中段）	（二十八宿）
①	○月○日（日）	大安	ひらく	室
②	○月○日（日）	先勝	あやぶ	柳
③	○月○日（日）	友引	みつ	星

いかがですか。答えは①です。

詳しいことは暦をご覧になればよいかと思いますが、簡単に説明しますと、六曜《ろくよう》には「先勝《せんかち》・友引《ともびき》・先負《さきまけ》・仏滅《ぶつめつ》・大安《だいあん》・赤口《じゃっこう》」とがあります。大安は一日中が吉の日、先勝は午前中が吉、友引は祝いごとはよいが葬儀は凶の日、先負は午後が吉、佛滅は一日中が凶、赤口は正午のみ吉となっています。

結納は午前中におさめなければいけないという約束《きまり》ごとがありますので、大安・先勝・友引が佳き日となります。ところが、暦に表された日の吉凶はこの六曜だけでは

デジタル時代でも日めくりカレンダーは便利

なく、中段《ちゅうだん》十二直といって「ひらく・あやぶ・とづ」など十二種の吉凶の日があり、また二十八宿《にじゅうはっしゅく》という「室・柳・星」など二十八個の吉凶の日があります。ですから、例え大安であっても中段や二十八宿が凶の日になることもよくあり、これらすべてが揃って吉の日というのはなかなかめぐってこないのです。それに、せっかく吉の日で揃っても「不成就日」というのがあって……。話がだんだん複雑になってきました。これでは結納をおさめる佳き日がないと思われる向きもあるかもしれませんが、「吉日は凶日に勝つ」と昔から言われていますので、一つでも吉の日であるならばそれを信じて事を行えばよいのです。このあたりがなんとも京都人の柔軟性というのか、ファジーな発想だとも思えるのです。

これらに科学的な根拠があるわけではありませんし、京都人が暦ばかりにこだわっているわけでもありません。暦の約束ごとを知ることで、おつき合いのルールを楽にしてきたのです。

次の大安にお祝いに行こうとか、この日から営業の開始をしようとか、棟上げはこの日、商品購入はこの日と、日の吉凶ですべてを決めることが出来る利便さがここにあるのです。如何でしょう。

暦にふりまわされるのではなく、それをうまく活用することで、暮らしのリズムともいうべきものをつくり出してきたのです。

赤ちゃんにも敬語を使います。

目上、目下は関係ありません。相手様のお家の大事な宝物に敬意を表すのはあたりまえです。思いやりの心から自然と使われる敬語なのです。

「あっ、この赤ちゃん笑《わ》ろたはる」

他所の地方の人には、この「〜してはる」という京都独特の言葉づかいが大変不思議な感じに聞こえるようです。

京都では、「赤ちゃん笑ろたはる」「泣いたはる」という具合に、赤ちゃんという、いわば自分より目下の者にも敬語を使います。

同じ関西でもよく似た言い方はありますが、目上の人にしか使わないように思います。

京都で赤ちゃんに敬語を使うのにも、これまた理由があるのです。赤ちゃんというのは、そのお家の方にとっては大事な大事な宝物です。その大切な先様の宝物に対して敬意を表すのはあたりまえで、「笑っている」というのはやはり失礼な言い方だと思います。時には、犬や猫などのペットにまでこの「〜しはる」を使うことがあるくらいです。京都では、小さい頃から相手のことを考えて敬語を使うことが、習慣として身についているのです。

また、「赤ちゃん笑ろたはる」という言葉は、もちろん敬語には違いありませんが、だからといって「笑っていらっしゃる」という、そんなよそよそしい敬語とは少し違います。赤ちゃんもそのお家の家族の一員だということをちゃんと認め、赤ちゃんの人格を

笑ろたはる赤ちゃんほど可愛いものはない

尊重した上で、親しみの気持ちを込めて言う言葉なのです。

人と人とのつながりを何よりも大事にする京都だからこそ生まれた言葉だと思いますし、他所ではおそらく聞くことができないでしょう。京都では、赤ちゃんに対しても、目上の方に対しても、同じ表現をするのです。

以前、ＴＶから「皇太子さまが見ています」というアナウンサーのコメントが流れてきたのには、一瞬、自分の耳を疑ってしまいました。いくらアナウンス業界の約束事だといってもやはりこれは「皇太子さまがご覧になっていらっしゃいます」と言うべきだと思いますし、京都でいえば、「皇太子さまが見たはります」となります。丁寧な言葉づかいほど耳に心地よいものはありません。

昔、宝塚のあるトップスターがお料理番組に出演された時、魚の尻尾のことを「おしっぽ」と言われ、あとで大笑いになりましたが、こういった間違いは、どこかほほえましいものです。

〝慇懃《いんぎん》無礼《ぶれい》〟という言葉も存在し、確かに、うわべだけが丁寧で、実は相手を見下しているのは大変失礼なことです。近年そういった書物も出版されていますが本物の京都人はけっして心地好いとは思ってはいません。それに、人様に対して上から目線の乱暴な言葉づかいや人を敬わない無礼な言葉を使うよりは、少々丁寧すぎても、その方がよいと京都人は考えているのです。

祝いの日の雨……。後世、〝雨降って地固まる〟といって験《げん》のいいことだと言われるようになりましたが、本当のところ、これは一種のなぐさめの言葉なのです。

誰が考えてみても、お祝いごとの日に雨が降っていいわけがありません。

お宮詣りをはじめとして、結納や婚礼の日はもちろんのこと、少し前まで京のあたりまえの儀礼であった荷出しの日に雨が降れば、娘のために今まで支度をしてきた親の気持ちは、察するにあまりあります。どうしても陰気になり、気が滅入ってしまうものです。

お祝いごとの日、雨が降るのは験《げん》がよろしおす。

〝雨降って地固まる〟と言いますが、もともとは当事者をなぐさめるために生まれた、京都人の心根のやさしさがうかがわれる言い伝えです。

人間にはどうすることも出来ない自然界のこと、誰もが空を見上げながら泣きたくなるのも当然です。そんな時、相手の気持ちを察して、「雨が降るのは地が固まって験がよろしいなあ」と話しかけるのです。この言葉に、当事者の方はどれだけ慰められ力づけられることか、はかり知れません。

いや、それだけではないのです。地が固まって験がいいだけで終わらさず、〝降《ふ》り込《こ》む〟〝入《い》り込《こ》む〟(福が来る、の意)などといった験のよい言葉をもつくり出したのです。これも暮らしの智恵であり、京都だけではありません。ひいては日本人の心根《こころね》のやさしさと言えるでしょう。

京都人は、単に迷信や言い伝えにこだわっているわけではありません。迷信や言い伝

てるてる坊主も見かけなくなりました

えから心のやさしさを取り出し、事を行ってきたのです。だからこそ全国津々浦々にまで、こんな言葉が広まったのだと思います。

　このように、儀式作法とは、本来、心根のやさしいものだったのですが、現在、若い人々からある種の反撥を受けているのはどうしてでしょうか。

　それは、本当の意味や心が正しく伝わらなかったためだと思います。ただ、表面上の形ばかりにとらわれて、儀式作法を一人歩きさせた責任を充分に自覚しながら、その反省の上に立ち、本当の意味、心を伝えていかなければと思います。それが伝承というものだと思いますし、京都の心を残す大切な事柄のひとつだと確信しています。

　これとよく似たことに、数字の〝八〟というのがあります。例えば、八万円の金額をお祝いとして受け取った時、本来〝八〟という数字は偶数の陰の数であり、あまりお祝いごとにはふさわしくないのです。しかし、頂戴した以上は仕方ありません。そんな時、「八は末広がり（八の字は正式には「裾《すそ》広《ひろ》がり」と言います）や」という言葉を使うことで、不快な心をなぐさめてきたのです。

　この他にも、人を思いやる言葉は数多くあると思いますし、それらのやさしい言葉を考え出し声がけすることで気落ちした人を慰め励まし力づけてきたのです。

　これこそ本当の智恵であり、いつの時代も人間が持ち続けなければいけない豊かな感性、言動なのです。

大つごもり、それは歳神様をお迎えする大事な日どす。

京都の町ではどこにいても除夜の鐘を聞くことができます。この音を聞きながら心静かにして歳神様を迎えるのは清々しく意義深いことです。

月々の終わりの日を〃つごもり〃といい、一年の終わりの十二月三十一日のことを〃大つごもり〃というのは、よくご存じのとおりです。しかし、この〃つごもり〃という言葉も、だんだん死語になりつつあり、〃大みそか〃が巾をきかせるようになりました。

この日、神社では大祓《おおはらい》の神事があり、紙を人型（形代《かたしろ》）に切ったものが氏子や参拝者に配られます。人々はその形代に息を吹きかけたり身体をなでたりして神社におさめ、それを火で焚き上げたり川に流してこの一年間の罪けがれを清めていただき、無病息災を祈ります。

また寺院では除夜の鐘を百八つ撞き鳴らされます。この百八つという数には諸説ありますが、一般には人間の持つ百八つの煩悩を消し去るためと言われています。鐘に刻まれた〃乳《ちち》〃と呼ばれる丸い突起物も百八つあるものもあります。一度数えてみられては如何でしょう。

京の町はお寺が多く、どこにいても耳を澄ませば必ずこの除夜の鐘を聞くことが出来ると言われています。この音を聞きながら一年をふり返り、心静かに新年（歳神様《としがみさま》）を迎えるのは清々しく、大変意義深いことと思います。以前、京都のある高僧から、次のような言葉を教えていただきました。

神棚はいつも清潔に

「鐘が鳴るか、撞木《しゅもく》が鳴るか。鐘と撞木の愛が鳴る」と。

撞木とは鐘を撞く棒木のことで、この言葉はかみしめればかみしめるほど、なんとも言えない奥深さを感じ、人の世の大切なことを教えていただいたと、私の座右の銘にしています。

ところで除夜には一体、どんな意味がひそんでいるのか、ご存じでしょうか。

除夜とは書いて字のごとく〝除く夜〟のことで、この夜は眠ってはいけないとお考えいただければよいと思います。この夜、眠ると白髪になるとか皺《しわ》が増えるなどと言い伝えられていますが、これは歳神様をお迎えするために、眠らずに待たなければいけないという古い信仰の名残りです。神様をお迎えする前に眠ってしまっては、神様に対して失礼だという思いがあったのです。その証拠に、昔はお寺や神社にお籠《こも》りして神迎えのために夜を明かすという風習があり、京の都では祇園社（八坂神社）や清水寺、それに愛宕《あたご》神社にお籠りされました。また、この夜、新しい浄火を頂戴する風習もあり、そのひとつが今でも多くの人々でにぎわう八坂神社の〝をけら詣り〟です。吉兆縄に火をつけ、その火を消さないように縄をまわしながら帰ります。そしてその火でお灯明をつけたり、お雑煮を炊いていただくと無病息災で暮らせると言い伝えられています。夜明けと共に東の山からお越しいただく歳神様に新たなエネルギーを頂戴し、無病息災に暮らせるようにと願う心は時代をこえて変わることはありません。

お歳暮やお中元といえば日本全国どこでも行われている風習ですので、今更取りたててお話しする必要はないかもしれません。しかし京都では、お歳暮・お中元といえばもともと分家から本家に対してご挨拶するところからはじまったもので、今でも親戚問のやりとりがその中心となります。そして、それは日頃お世話になっている人に対して感謝の気持ちを伝えるために贈るものだと、認識されているのです。

贈り先については全国どこでも大差はないと思いますが、あえてその割合の多い順からならべてみますと、親戚・仲人さん・お寺さん・学校の先生・お医者さん・習いごとの先生といったところでしょうか。もちろん、これは一つの例えであって、お家お家によって随分と異なると思いますが、京都では仕事の関係の上司などにはあまり贈らないものです。利害関係は優先しないのです。

京都人のお歳暮やお中元は、決して損得関係からではありまへん。

日頃お世話になっている人に感謝の心を込めて贈るのが、本来のお歳暮やお中元。この風習を虚礼にするもしないも、その人の心次第です。

例え上司や取引先などへ贈っても、「これからも何卒よろしくお願いします」というよりは、「今日までありがとうございました。おかげさまで……」という意味合いが強いのです。学校の先生に贈る場合も同じことで、我が子に特に目をかけてほしいというのではもちろんなく、純粋に感謝の心で贈っているのです。学校の先生には却ってご迷

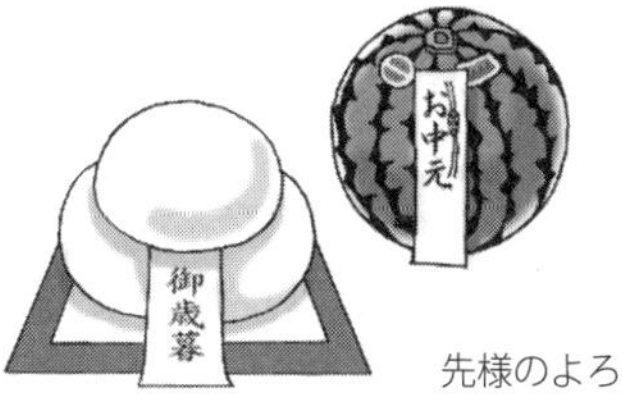

先様のよろこばれる顔を想像しながら

惑ご負担になるところから、ほとんど最近はなくなったように思います。

ただ「ありがとうございます」「感謝しております」という気持ちの表現であるお歳暮やお中元の本来の考え方が、京都にはまだ残っているのです。

それに、京都ではこのお歳暮・お中元にも、取引関係は除いて、必ずといっていいほどお返しがあります。仮に部下から上司がもらった場合でも、〝うつり〟と称して何がしかのものをお返しします。これもあとに借りをつくらない京都人のバランス感覚からだと思いますし、おつき合いの智恵でもあるのです。

また、お歳暮・お中元の品は、本来、相手のことを十分考慮し吟味して選ぶのが本当の心であり、そういう意味では現金で贈るということは考えられません。まず、誰に何を贈るかという気持ちからはじめるべきなのです。あそこのお家には小さなお子さんがいらっしゃるからとか、あちらは甘いものを召し上がらないからとか、みんなで顔を寄せ合い意見を出し合って、相手のことを想像しながら品物を選ぶことに意味があるのです。それが、ひいては先様を理解することになり、そんな話し合いをすることで、家族のコミュニケーションが豊かになり、和が生まれるのです。

最近、虚礼廃止という声をよく耳にしますが、虚礼はあくまでも虚礼、うわべだけの礼、嘘の礼です。この種の贈りものを虚礼にするのもしないのも、その人の心次第であると言えるでしょう。

〝京の着だおれ〟と言われますが、常着はそんなことありまへん。

いいものを着ることは自分の心の豊かさを表すためであり、また〝晴れ〟の日をより晴れやかにするための相手様への心くばりでもあるのです。

京都人は普段そんなに高価な服や着物を着ているわけではありません。それが、特別の〝晴れ〟の日には、うって変わっていいものを着るのです。その差がどの地方よりもはげしいように思います。

いいものを着るというのは、自分の心の豊かさを人々に表現するためでもありますが、それよりもまずは、人様にお会いするための心づかいです。決して見栄《みえ》といったことではなく見栄《みば》えです。常着《つねぎ》を着ることによって相手の人を不愉快な思いにさせないようにという、そんな気持ちからなのです。特別の日を、いいものを着ることで本当に特別の日になるように演出するのです。

人様に失礼にならないようにという、そんな発想が京都人のベースにありますので、病院に行く時にも、旅行に出かける時にも、真新しい下着に着がえて行くという人が京都には案外多いのです。それらはすべて人様に対する気くばりです。

〝京都の着だおれ〟とは、もともとこんな京都人の気質、考え方から発生したもののように思えます。

それに、京都人が着物を愛用した理由に、一つは地場産業を守るということがありま

やはり京都人は着物が好きです

した。京都人が着物を着ていること自体が西陣織や京友禅など、京のブランドのモデルとなり、自然に宣伝効果が上がったのです。

またその着こなしが大変上品で上手だったため、同じランクの着物でも本当に贅沢なものを着ているように見えたのです。

昔は、今よりもっと気軽に着物が買えたように思います。それぞれ、おかかえの呉服屋さんがあり、好みに合ったものをご紹介していただけたのです。それにお正月や十三詣りをはじめとして、一年を通じて〝晴れ〟の日の吉書吉書《きっしょきっしょ》（けじめ・きっかけ）も多かったため、どんどん着物が増えていったのだと思います。

昔の話ですが、京都のある貧しい家に泥棒が入りました。警官も「もっと、ましなところへ入ればいいのに」と思ったぐらい貧しい家だったのですが、その家を調べに行って箪笥《たんす》を開けたところ、その家にはとても似つかわしくないほどの高価な着物が沢山入っていたそうです。〝京の着だおれ〟を有名にしたエピソードです。

着物は日本の民族衣裳です。京都人自身がもう一度着物を着る機会を増やさなくてはいけません。他所の方も着物を着て、どんどん京都に来てください。そしてそのためにも、京都の町全体で、その着物姿を受け入れるシステムが必要だと思います。

〝着くずれ直し処《どころ》〟といったものが京の町のあちこちに出現してもよいのではないでしょうか。

京ことばに対する関心がこのところとみに高くなってきたようです。書店の書棚には幾冊もの京ことばに関する書籍がならべられ、京ことばの辞典まで登場し大変人気があると教えていただきました。

私もテレビやラジオで京ことばの解説を求められることがありますが、私はその専門家でもなければ研究家でもありません。そんな私が京ことばを解説すること自体、僭越なことですが、私の生まれ育った日常語であり、少しでも京都を理解してもらうためにお話しさせていただいています。

ひと口に京ことばといっても大変多彩で、御所を中心とした〝御所ことば〟、室町の商家に伝わる〝商人ことば〟、西陣地方の〝職人さんことば〟、祇園の花街で使われる〝芸妓さんや舞妓さんことば〟、それに一般の暮らしの中で交わされる〝暮らしのことば〟などがあります。また性別や世代によっても随分と異なり、人生の先輩方がおっしゃる言葉には、私の世代では理解出来ないことも多くあります。明治十一年生まれの祖母が生前言っていた〝おなぎ（うなぎ）〟〝おさぎ（うさぎ）〟などは最近まったく耳にしません。また今の中学生が〝おおきに（有難う）〟を使用しているのも聞いたことがありません。京都弁も少しずつ変化しているのです。今、私

どうぞ、〝まったり〟とお暮らしやす。

〝京都弁〟も時と共に少しずつ変化してきました。「ほっこり」「まったり」……。よく聞くこの言葉も、近頃は京都人さえ誤解して使っています。

「えらいすんまへんなぁ」

は京都弁と書きましたが、ある書籍に「京都人は京ことばを京都弁とは決して言わない」と書かれていました。しかし、そんなことはありません。私たちが使っているのは京ことばというよそよそしいものではなく、あったかみのある京都弁なのです。

ただ京都人が京ことばと言えば「考えときますわ」「これ違うのと違いますやろか」「おおきにえらいすんまへん」などのフレーズであり京都弁は「にぬき＝ゆで卵」「いかき＝笊」「ごもく＝ゴミ」などそのほとんどが単語でその地方だけに通じる方言といっても間違いないでしょう。「京都には方言がない」と反論される方もあると思いますが京都のみならず方言はその地の宝だと本物の京都人はちゃんと心得ているのです。

さて、その京都弁ですが、近頃、京都人も誤解しているのが前述したように「ほっこり」という言葉です。

それにもう一つ「まったり」という言葉です。この言葉はお料理の味つけを表現する時に使われ、とろんとしておだやかな口あたりという意味で使用されています。また、お人を評して使うこともあり、「まったりした人やなあ」という使い方をします。こう言われると、ぼんやりした愚鈍な人と評されたと思い、気を悪くされる方もいますが、本来、まったりとは、おだやかで重厚という意味の大変な誉め言葉なのです。まったりと、急がずあせらず――アニメのテーマソングではありませんが、どんなに時代が変化しても、そんな心だけは大切にしてほしいと京都人は願っているのです。

北国の冬も大層きびしいと思いますが、京都の冬のきびしさは北国の寒さとは少し異質なものです。大雪にこそ見舞われませんが、体の芯から冷えてくるような感じなのです。〝京の底冷《そこび》え〟とは本当にうまく表現されたものだと思います。

その上、夏の暑さはこれまた大変なものです。摂氏三十度を超えた程度でも、じとっと汗ばむようなむし暑さです。

しかし、この京都独特のきびしい暑さ寒さを、京都人はマイナスとは考えてこなかったのです。

春夏秋冬、このはっきりした四季の移り変わりがあったからこそ、〝鴨川の床《ゆか》〟などに見られるような涼しく過ごす智恵や、また他所にはない四季折々のさまざまな風景や風情が生まれてきました。これがもう少し過ごしやすい気候ならば、独特の色を持たない、何のおもしろみもない都になっていたかもしれません。

冬の底冷《そこび》え、夏のむし暑さ、京都は気候のきびしいところどす。

この京都独特のきびしい気候があったからこそ、京都人はそれをしのぐ智恵と工夫を重ね、四季折々のさまざまな風情を生み出してきたのです。

寒い冬の夜、一つのおこた（炬燵《こたつ》）を真ん中に置き、両方から足をさし入れて寝るのが、京都の子供のあたりまえでした。ある日、東京からお見えになった方が、縦長に寝ているその姿をご覧になって大層おどろかれたのを、今でも懐かしく思い出します。

暑い夏の日は、家の障子を取りはずして簾戸《すど》に替えたり、網代《あじろ》を敷いたり、夕方には

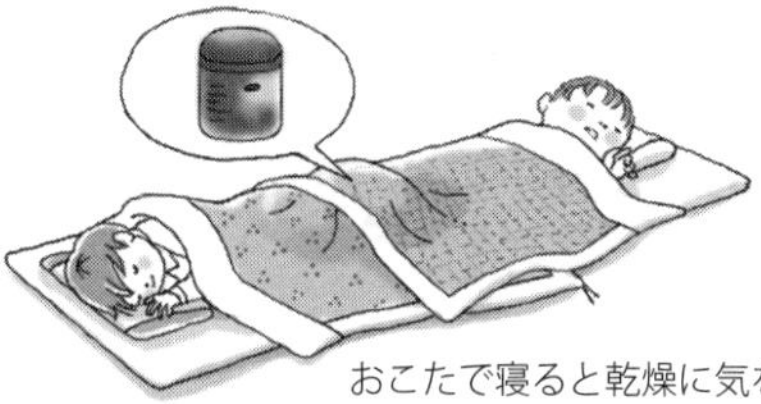
おこたで寝ると乾燥に気をつけないと

庭に打ち水をし、行水を済ませて浴衣《ゆかた》に着替え、くらかけ（床几《しょうぎ》）を表（通り）に出しての夕涼み。こんな京の風情も、今では見ることがめっきり少なくなりましたが、京都人はきびしい夏と冬をこのようなさまざまな智恵と工夫でしのいできたのです。

それは、ちょうど京都の町がこの間の戦争とも言われる応仁の乱をはじめとしていろいろな戦乱の時代をくぐりぬけてきた姿と似ているように思います。きびしい状況を克服することで、京都の伝統に新しい味をつけ加え、独特の個性や、情報を発信していくための文化力ともいえるものを持つようになったのが、京都という町なのです。

そしてその文化力は、京の暮らしの中に秘められているのです。

それが東の京《みやこ》とは異なるところだと京都人は自負しています。しかし、いつまでもうぬぼれているだけではいけません。

これから先は、今まで経験したことのないスピードで、いろんな感性やいろんな文化が京都におし寄せてくることでしょう。いやもう確実におし寄せています。そして、それは底冷えする冬よりも、むし暑い夏よりも、もっときびしいものです。

しかしながら、そのきびしさの中からまた新しい独特の京の文化力をつくっていかなくてはなりません。そのためには、京都人がこれから先も確かな智恵と工夫を持ちつづけなければいけないと思っています。

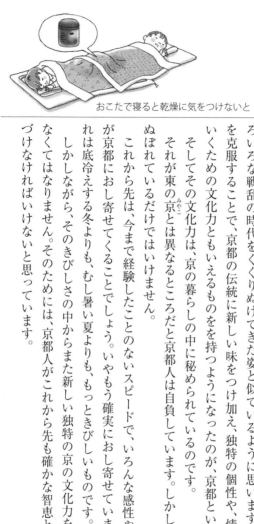

〝おやかまっさんどした〟

京都では売る方がプロなら買う方もプロです。よいものを手に入れたいという気持ちがお客様のマナーを育て、店側の心と結ばれます。

「おやかまっさんどした」というのは、「お騒がせしてすみませんでした」という意味合いで、実際にはお客様が、つまり買いものにお見えになった側が言う言葉です。いろいろと数多くの商品を見せていただいたとか、詳しい説明を受けたとかそういった時に、感謝の心を込めてお店の人に対して「おやかまっさんどした」と言うのです。

こんなお客様がお店にとって本当の上客で、この言葉を聞くとうれしくなり、「是非、またご来店下さい。この次には、今日よりもっとよい品をご覧いただけるよう努力し、また充分なご説明もさせてもらいます」と、本心からそう思うものなのです。

「えらい、おやかまっさんどした」
「めっそうもあらしまへん」
「ほんまに助かりました」
「なにおっしゃいますやら。おおきに有難うございました」

こんなやりとりが京のお店では交わされます。京都ではお客様もお買いもののプロなのです。ですから常にへりくだって買いものされます。お客様がお店の人より先にお辞儀をされるような感じで、「すんまへんなあ」と買いに来られ、「おおきに」と帰って行かれます。「よう売ってくれはった」という気持ちがお店の人に伝われば、必ず間違

店先での大切なコミュニケーション

いのない品を買い求めることが出来ることを、京都人はちゃんと心得ているのです。これは決して打算的なものの考え方ではなく、お店の人とのコミュニケーションというかあたたかいふれ合いを大切に考えているからです。

当然といえば当然のことですが、お昼時の買いものや閉店間際の買いもの、日用品ならともかく大切な品物なら、こういった時間帯は出来る限り避けるのがお客としてのマナーであり、気くばりでもあるのです。「いつ頃お伺いしたら、よろしおすやろ」と、前もって電話をかけられることも京都ではよくあることです。

また、お金を支払う時にも、わずかな買いものに一万円札を出せば、「大きいものですいまへん」と言いますし、大きい買いものに小さなお金を出せば、「こまこうて（細かくて）すいまへん」と、こんな言葉を使います。

このように礼儀正しいお客様には、お買い上げ金額の大小にかかわらず最大限の応対、ご説明、サービスをするのが京都の商売人と心得ているのです。

〝よいものを販売したい〟

〝よいものを買い求めたい〟

〝買ってもらってる〟

〝売ってもらってる〟

お店とお客様とが阿吽《あうん》の呼吸で結ばれて、京都の商売は成り立っているのです。

家族や家庭の絆が希薄になり、人としての優しさが消滅しつつある現代、家庭の問題や伝統や慣わしの継承といった問題が提起されるたびに、「それは、日本の家族形態がむかしのような大家族でなくなり、核家族が進んだためですね」というコメンテーターの論説がテレビやラジオから聞こえてきます。

この種の問題解決には核家族の是正以外にないという主旨での発言だとおもわれますが、果たしてこういった発言をされるコメンテーターは、日本の本家、分家の慣わしごとをどの程度、実感されているのかと疑問に思うことがあります。

日本の家族は、古くから兄弟姉妹がいる場合、ある程度大人になるまではもちろん育った家庭で過ごしますが、結婚の有無に関わらず、大人になれば独立して家を出て行きました。いわゆる分家です。例え同居をしていたとしても分家としておつき合いをしました。結納時の家族書を紐解けば一目瞭然です。例外は別として、分家は当然、自身の親とは同居していませんので、「核家族」ということになります。

核家族が原因だと言うたら、分家は皆あきまへんか。

伝統は受け継ぐものですが、伝承はそれを伝えてゆくことです。

だからと言って、分家の家庭に本家の慣わしや行事ごとが伝承されていないと考えるのは早計です。本家、分家に関係なく、成長していく過程が大きく関係するのです。

紋のバリエーションは素晴らしい文化です

斯く言う私も三男で分家の身ですが、本家がやっていた正月やお盆の行事。それにお祝いごとの儀礼もお悔やみごとの儀礼も、しっかりと受け継いできました。そこには、伝える側、受け継ぐ側双方の気持ちが大切ではないでしょうか。

ある歌舞伎の俳優さんが「歌舞伎は伝統芸能ではなく、伝承芸能である」とおっしゃいました。伝統は受け継ぐものですが、伝承はそれを次世代に如何に伝えていくかが大切だとお話しされたのです。その言葉の奥には次に伝えて行く使命感といったものが間違いなく存在します。この言葉に私も共感しますし伝えなければいけないと思う心が必要不可欠だと思います。

日本の良き伝統ともいえる家族とか家庭の絆を伝承伝播していくには、それなりの智恵が必要なのです。それが京都には、今尚存在するのです。具体的にお話ししますと、それは家庭に伝わって来た「定紋」、即ち「男紋」と「女紋」です。その男紋女紋の継承の約束事をきちっと心得ることによって紋から発展する京都人としてのアイデンティティ（存在意義）を伝えて来たのです。紋は、着物に、広蓋・ふくさ・風呂敷などの儀礼工芸品につけられ大切に扱われてきました。もし、京都からこの文化が喪失してしまえば、京都が京都で無くなってしまうのです。それは正に日本文化の衰退に他なりません。

核家族を嘆くのではなく、この京都の智恵ともいえる暮らしの中に息づく文化の重要さを認識しなければと確信しています。

京都には大きな縁日が毎月二つあります。一つは毎月二十一日の東寺（南区）の縁日、もう一つは毎月二十五日の北野天満宮（上京区）の縁日です。これらを京都人は親しみを込めて前者を〝弘法《こうぼう》さん（お大師《だいっ》さん）〟、後者を〝天神《てんじん》さん〟と呼んでいます。そしてそれは京都人のひと月の生活サイクルの中にすっかり定着しているのです。二十一日、二十五日というのは、それぞれ弘法大師（空海上人）と菅原道真《すがわらのみちざね》公の命日にあたります。

この縁日は共に多くの露店が立ちならび、毎月大変なにぎわいを見せています。特に、一月の初弘法、初天神と十二月の終《しま》い弘法、終《しま》い天神は黒山の人となり、身動きも出来ないほどです。本来はお詣りが主であることは言うまでもありませんが、今ではこの露店の方を目当てに訪れる人も多く、弘法さん、天神さんと言えば露店のことだと思っている人もあるくらいです。露店の楽しさがあったからこそ、これだけ有名になったのだとも思います。

京都では、何か探しものがあれば、「弘法さんに行ったら見つかるで」などとよく言います。どんなものがあるか一例をあげますと、傘の柄《え》、靴のへり止め、糸通しの器具、ざる、金網などの日用品から、あらゆる骨董品の山また山、それに古着に時代裂《ぎれ》、呉服に

二十一日は弘法さん、二十五日は天神さんです。

このニつの大きな縁日は京都人のひと月の生活サイクルにすっかり定着しています。千数百軒の露店が立ちならび、毎月大変なにぎわいです。

いつも賑わっています

反物、靴・草履、病除《やまい》けの箸や食品などなど、手に入りにくいようなものがここに来るとあるのです。

私も子供の頃には祖母に連れられて毎月お大師さんにお詣りし、たち込めるお線香のけむりを頭にあてて賢くなれるようにと拝んだものです。境内におよそ二メートルもある弘法大師像があり、子供ごころに何かすごいインパクトを感じていました。

一方、天神さんは、祖母の実家が近くにあったことから、二十五日に限らず子供の頃によく遊んだところです。境内にはいくつかの牛の石像があり、その中の特にりっぱな黒い牛をなでると願いごとがかなうと言われています。天神さんは学問の神様とも言われ、受験期になりますと幼稚園から大学受験までの子供たちと、そのご両親で境内はあふれんばかりです。合格祈願の絵馬をかけるのもひと苦労で、目ざす学校を一つだけにしぼってないとご利益《りやく》がないとも言われています。

京都人が神に対しても佛に対しても宗教と親しみを感じるのは、この二つの縁日があったからかもしれません。

また、二十一日が晴れなら二十五日は雨、二十一日が雨なら二十五日は晴れると昔から言われ、例えば二十一日が晴れで二十五日が雨になれば、その月は「お大師さんが勝たはった」という言い方をします。太秦《うずまさ》にある映画会社では、映画のロケーションの日程をこの二つの縁日の天候に合わせて計画されるほどです。

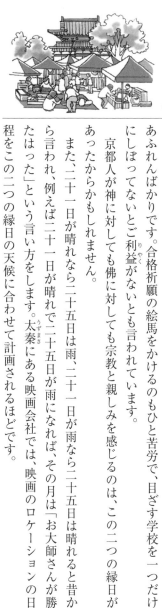

「ムトウですか?」「カトウですか?」と尋ねられたことがありました。ある喫茶店でホットコーヒーを頼んだ時のことです。「加糖でお願いします」と答えた自分が不思議でもありましたが、傍にいた私より二十歳も若い男性が怪訝な顔をしていました。しばらくして、彼もその言葉の意味に気づいて「先生、良くお解かりになりましたね」と聞かれました。正直言って何故かその折だけ理解出来たのであって、今の若い人の言葉はほとんど理解できません。特にメディア機器を購入する時の説明は、ほとんど理解不能です。ただ、若い人の言葉づかいに目くじらを立てて非難するつもりはありません。「もの申す」が「もしもし」に変化し、また阪東妻三郎さんのことを「ばんつま」と言ったり、嵐寛寿郎さんを「あらかん」と略して言うことは、私より上の世代の方々の言葉です。

教えたつもり、習ったつもりが多くなりました。

理解するだけでなく、納得することが本当の学びなのです。

それはともかく、先日、ある企業さんのプレゼンテーションに参加した時のことです。たいへん手の込んだスライドを使用し口調もしっかりとしているにもかかわらず、もう一つ内容が心に響かないのです。そのことが長く気になっていましたところ、ある高名な大学の名誉教授から「それは、大学でも同じで、スライドを使用することで、説明するものは説明したつもり、聞いたものは、説明を受けたつもりになっているだけ、

最近はこういったプレゼンが流行りですが

現代の大学の授業が正にそれで、教授の研究発表会を講義と勘違いしている。スライドを使用するなら、そのスライドのフレームの外を教え、学ばなければいけない。教授は教えたつもり、学生は学んだつもりになっているだけ」とご教示いただきました。

また、解剖学者としても有名な名誉教授は、耳は感情を動かし、人を動かす。目ではなく耳に訴えることの大切さを説いておられました。またある人から日本の小説は何故縦書きになっているかといえば、それは行間を読むためだと教えていただきました。ここに学びの基本があるのだと、先生方のお話を拝聴し充分納得したのです。

私は長年、結納品の説明と販売に携わってきました。結納の儀礼作法を如何に説明しても、お客さまが理解してくださるだけでは販売に結びつかないことを身を以て知っています。理解ではなく納得していただくことが何よりも大事なのです。

プレゼンテーションも講義も解説も説明も、この「納得」を外しては、独りよがりの発表会になってしまいます。

言葉は、相手にその意味を伝達するものであることは、今更言うまでもありませんが、最近の言葉は、相手の理解度に任せるという形に変化してきたように感じるのは私だけでしょうか。

今度、喫茶店で「ムトウですか?」「カトウですか?」と尋ねられたら、「いえ、イワガミです」と答えようと思っています。これが京都人のイケズなところでしょうか?

しきたりやお作法を重んじることは、相手の心を大切に思いやることどす。

しきたりやお作法は虚礼でも前近代的な考え方でもありません。人と人との結びつきを強め、毎日を暮らしやすくするための潤滑油なのです。

しきたりとかお作法という言葉を聞いただけで、拒否される方も中にはいらっしゃるかもしれません。また、虚礼廃止という名のもとに、すべてを簡素化しようとする考え方もあるでしょう。しかし、しきたりとかお作法というものは、決して虚礼ではありませんし、前近代的なものの考え方でもありません。人と人とが暮らしていくための潤滑油のような役目があるのです。

私たちの先輩である遠い昔の京都人が暮らしの中から考案され、長い歴史の中でより良きようにいろいろ工夫し、今日まで伝えられてきた京都のしきたりとお作法は、そのいずれを取り出して考えてみても、人と人とのふれ合いと結びつきを大事にするという発想がベースとなって行われてきたものばかりです。すべての心は同じところに通じていると思います。

しきたりやお作法は、自分が恥をかかないためにあることは言うまでもありません。しかし、それ以上に、やはり先様（相手）の心を思いやることを大切にし、先様に無礼、失礼にならないために、また、先様に恥をかかせないために存在しているのです。

この儀式のこの時には、このように事を運ぶといった、完成されたしきたりとお作法

敷居は外と内との境界です

をしっかりと学ぶこともなく勝手な解釈をしてアレンジしてしまうことで、かえって話はむずかしい方向へと展開し、ひいては先様まで混乱させてしまう結果になるのです。近年こういった状況を大変よく耳にします。

古来より受け継がれてきたその本当の意味と意義を充分に理解し、大事に大事にすることが、人と人とのつながりをより一層強いものに高めていくのです。

しかし、人とのふれ合いといっても、京都のそれはべったりとしたおつき合いではなく、自分を少し引いたところで相手を立てるところが他所とは異なるのです。一般的にイメージされるものより、京都のしきたりとお作法は現代的でスマートでお洒落なものなのです。ですから京都には、風俗、習俗、民俗といった言葉が、なぜかあてはまらないようにも思います。いくら親しくなっても、他所で見られるような奥座敷まで上がり込むといったものが京都にはありません。自分の領域をきっちりと守りながらおつき合いをしているのです。これも京の折れ反れの一つです。

「京都人のおつき合いは敷居の上」と生前に大村しげ先生がおっしゃっていましたが、まったくそのとおりだと思います。敷居の中に入ればあつかましくなり、外に出ていると水くさい人になります。おつき合いはちょうど敷居の上（本当は敷居を踏んではいけません）ぐらいの、入るでもなし、出るでもないといったところがよく、これが京都流であり、世界に誇る都の感性なのです。

一見《いちげん》さんおことわり

決してお客様を差別しているのではありません。お客様に、より充分な満足を味わってもらうための商売の原点ともいうべきシステムなのです。

〝一見《いちげん》さんおことわり〟とは、初めてのお客様だけでのご来店はおことわりします、という意味で、主に祇園のお茶屋さんなどで行われているシステムです。

祇園に一力《いちりき》というお芝居の『忠臣蔵』でも有名なお茶屋さんがあり、

「一力につれてってえな」

「わかった、つれてったる、前まで」

という京都には笑い話がありますが、そのお茶屋さんにはお馴染みさん（顧客）の紹介がない限り、中に入れてもらえないのです。

表面的には、京都の商売はお客様を差別しているようにとらえられるかもしれませんが、決してそうではありません。本当は、お客様により満足してもらい、幸福感を味わっていただきたいと願う京都商法の原点ともいうべきものなのです。

京都は、お馴染みさんともご贔屓《ひいき》さんとも言われる顧客をとても大事にするところです。大切な時間をさいて来ていただいたお客様に楽しいひと時を過ごしていただけるように最大限の努力をするのです。そのために、一見さんをおことわりしているとも言えるでしょう。

商売の常道から言えば、不特定多数の人々にご来店いただき、売上を上げることが最も

一見さんには入りづらい
雰囲気もあります

大切だと考えられがちですが、そこには本当の意味でのサービスが存在しないと京都の商売人は知っているのです。

京都で言うところの本当のサービスとは価格競争でもありませんし、うわべだけの美しい言葉や笑顔でも決してありません。お客様の好みなどをしっかり把握し、その人に合わせた応対、おもてなしをさせていただくのが、最高のサービスなのです。お客様のお好みのお部屋を用意し、掛軸や花を選び、そのお客様が本当にご満足いただけるように心くばりをするのです。

一見のお客様を粗末にするということではなくて、一見さんには心からおもてなしをするデータそのものがないのです。お嫌いなものは、お出し出来ないのです。

京都の商売は一過性のものを好みません。例え細々であっても、長く続けていくことが一番大切だと思っています。お客様とのおつき合いを長く続けていくことに神経を遣い、そのお客様のご要望にお応えしていきたいと願っているのです。京都人は商売が下手だと言われますが、むしろそう言われることに誇りを持っています。

京都ならではの〝一見さんおことわり〟。こんなところにも京都人の気質を知り得ることが出来ると思いますし、マニュアル化されすぎたサービスが少しずつ見直されてきた昨今、京都のサービスの真心と智恵を的確に把握することが、今も、これからも商売人として確実に生き延びることが出来る最良の道ではないでしょうか。

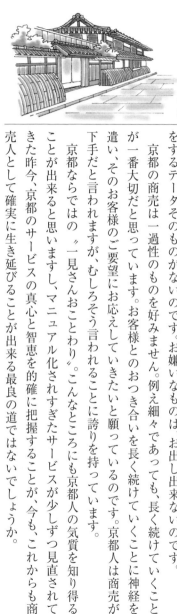

「郷に入れば郷に従え」という言葉がありますが、京都には他所から引っ越して来られた人に対しての試験というものがあるように感じます。

京都という土地で生活する限り、京都流をマスターされる方が大変に暮らしやすいわけで、そこに導くため、手を変え品を変えて教育するのです。ですから、これは決して試験というものではなくて、京都人として合格してもらうための家庭教師と考えるべきかもしれません（白みそのお雑煮がつくれるようになると、りっぱな京都の主婦だと言われます）。しかし、他所の人から見れば、この京都人の行動が〝いけず〟とか〝性悪〟に映るようです。

京のしきたりは大事に守りますが、よその文化も尊重しますのや。

京都人は他所の人に自分のやり方をおしつけることはしません。〝郷に入れば郷に従う〟、その柔軟さもまた京都流です。

では、京都人が他所に行けば何とするでしょうか。心の奥底では、自分は京都から来たという誇りと自負を持ち、日本中で京都が一番すばらしい地であると思いつつも、京都流をふりまわさず、素直にその郷に従うと思います。これが京都人なのです。

京都人は、案外どこの地においてもすんなりとけ込む柔軟性といったものを持ち合わせているのです。他所の地方の方が、かえって〝その地のやり方〟〝我が家のやり方〟にこだわり、他におしつけておられるように思います。

このことを儀式作法におきかえてお話をすれば、異なる地域での結納時に、京都は決

スカイツリーも尊重します

して相手方に京都のしきたりをおしつけたりはしないものです。当方は京都流でやらせていただきたいと主張しながら、相手方には相手方のやり方でお運びください、と相手を尊重することによって話をまとめ、事をスムーズに運んでいくのです。

告別式のことを頭にえがいてみてください。

同じ佛教であっても宗旨（宗派）があることは、皆さんご存じのとおりです。だからといって、ご自分の宗旨と異なる告別式に参列しても相手の宗旨に合わせて念珠を持参することはないでしょうし、口の中でとなえる言葉はご自分の宗旨の法を読誦されると思います。これなのです。近松門左衛門ではありませんが、皮膜の間を大切にしているのです。なんとも言えない感情のきびを大切にして、事を行います。

京都は他所の文化を侵したり生活をおびやかすようなことは決して致しませんし、また他のよいところはどんどん吸収してきたのです。しかし近年、京都にあって我を張って自分流を押し通したり、僻《ひが》み心から京都を斜めから論じられる方がありますが、よくよく聞いてみるとビジネス上、仕方ないのだという答えが返ってきました。この方らもほんとうは京都がお好きなのだと感じました。

それはともかく、現在、京都にあまりにも多くの異なる文化が入り込み、巾をきかせ、何が本来の京都の文化なのかがだんだんわからなくなってきました。今、我々がこの都の文化をしっかりと把握し、伝承しなければいけない、そんな時期にきているように思います。

京都の商売は実利よりも心を尊びます。

お客様に本当に役立つ品物を販売し、後々までその本物のよさとそれを使用する喜びを感じてもらうことが、京の商売人が何よりも望むことです。

京都の商売は「儲からんでも」とどこかで思っているように感じます。お客様が望まれるものなら、例えそれがおすすめ出来ない商品であっても販売さえすればよいというのではなく、お客様に本当の意味で役立つ品を販売し、仮にその時、そのよさがご理解いただけなくても、のちのち本当によいものを購入したと喜んでいただければ、これほど商売冥利なことはありませんし、京都の商売人が一番望むところなのです。

漆器という商品を例にとれば、数十工程の手間をかけ時間をかけて作成したものも、安直につくったものも、ただ見た目には同じように見えることもあるでしょう。しかし、長い間それを使用していると必ず差が出てきます。どちらがどれだけ儲かるか、と利潤ばかりに走ることではなく、お客様に本物を手にしてほしいという、そんな心を大事にして商売をしているのです。

京都の老舗の中には店先に何もならべていないところもあります。お菓子屋さんでも毎日午後四時すぎには早々と売り切れてしまうお店があります。お客様の需要があるのですから、もっと多くつくればもっと売れるのにと思われる人もおられるでしょうが、それ以上大量に製造することでそのもの自体が雑なものとなり、ひいてはお客様

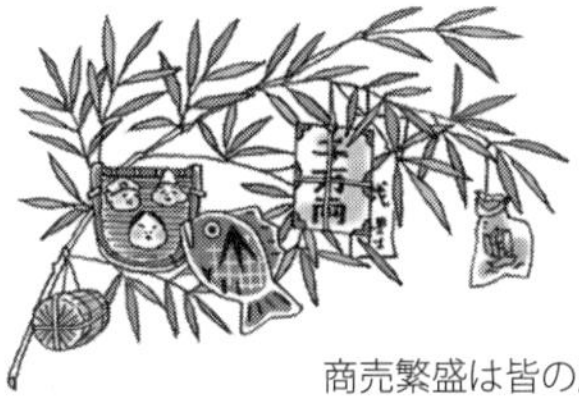
商売繁盛は皆の願い

に喜んでもらえるものをご提供出来なくなってしまうことが、一番許せないのです。

お客様をごまかすことは自分をごまかすことだと考えているのです。

一方お客様の方もそういった心を十分に理解され、よいものを買い求めるためにお店を選びます。安心感と幸福感を手に入れられるからでしょう。

京都の商売は、お客様に品物をお渡しした時点で完了するのではありません。お客様との長いおつき合いが大事だと考えているのです。

一般には、メーカー→問屋→小売店→消費者という図式が成り立ちますが、自分の直接の相手に目を向けているだけが商売ではありません。メーカーは小売店のことを、問屋は消費者のことを、小売店は消費者の手に渡ったそののちのちまでを気にかけながら商うことが京都の商法だと思います。

戦後、もののない時代はとにかく量が大切でしたが、それから時は流れ、量から質へ、質から感性へと移行したと言われるようになり、現在ではお客様の感性やニーズに合わせるのが商売の主流となりました。

しかし、京都はお客様に対して高圧的にならず、また卑屈にもならず半歩前を歩いているように思います。それは〝お客様の感性を変革する〟ということです。こんなことを、京都ではずーっと昔の平安の時代から商売の基本としてきたように思うのは私だけでしょうか。

他所の地方では、見て見ぬふりをして、聞いて聞かないふりをしたなら、そのままものを言わないのが普通です。ところが、京都ではその上で相手のためにものを言うのです。そこが他所とは少し違うところです。

見て見ぬふり、聞いて聞かないふりをして、あえてものを言います。

相手の立場に立ち、その気持ちを察しながら、わざと一言口に出すことでフォローしてあげる。それが京都流のやさしさです。

京都に伝わる昔話をお話ししましょう。昔々あるお寺に、大層親孝行のお坊様がいらっしゃいました。ある時、そのお坊様のお母様が重い病気になられ食事も進まず、だんだん弱っていかれたのです。ある日、そのお母様が蛸を食べてみたいと言われました。しかし、ご存じのとおり、お寺では〝なまぐさ〟である蛸を食することは出来ません。しかし、どうしても食べてみたいと懇願される母親の姿を見て、お坊様は魚屋さんに蛸を買いに行かれました。そして、その蛸を大事そうに持ってお寺の山門を入ろうとされた時です。運悪く町の人々にその姿を見られてしまいました。ところが町の人たちはお坊様をとがめもせず、その上で、「ぎょうさん（沢山）お経の本をかかえて。きつう（大層）勉強したはりますねんなあ」と言ったのです。その言葉を聞いて、お坊様は「ああよかった」と胸をなで下ろしました。そして、ふと本堂の方を見ると、そこに薬師如来が後光を放って立っていらっしゃったのです。お坊様の心が通じたのでしょう。蛸を食されたことでお

佛さまもたまには見て見ぬふり

母様は日に日に元気を取り戻され、やがてすっかり快復されました。蛸薬師《たこやくし》という通りの名前になっている地名も、この話から生まれたようです。

この話は薬師如来の有難いご利益《りやく》の話ということになっていますが、私には、見て見ぬふりをしてそれをフォローする形でものを言う京都人のやさしさを表した昔話のように思えます。もしこの時、町の人々が何も言わなければ、そのお坊様の心の中に、蛸を持っているところを見られてしまったというわだかまりがいつまでも残ったと思います。しかし、町の人々がものを言ったことで、お坊様は救われ、ほっとされたのです。この話からも、人の気持ちを察してものを言うことの大切さが十分におわかりいただけると思います。

病院で見かけた人に対して、「顔色が悪いようですが、どこかお悪いのですか?」と声をかけるより、顔色のことはふれずに、「どなたかのお見舞いですか?」と言う方が相手に対する気くばりであると京都人は考えるのです。

自分がその人の立場になれば、どうしてもらうことがうれしいかが自然と見えてくるものです。

相手が困られることなら、見て見ぬふり、聞いて聞かないふりをしてものを言う。これが京都人の一面であり、また本質でもあると思います。

こういった京都人の本質を育んだのは、薬師如来様のお陰なのかもしれません。

京都人というのは、よく言えば〝もの静か〟で、悪く言えば〝陰気〟だと思われがちです。特に男性は黙っていて暗いと見られていますが、本当は決して無口でも陰気でもありません。男性も女性も実に明るく、元気に声も大きく、よく喋ります。ご多分にもれず、私もそのひとりです。

京都の人は決して無口でも陰気でもあらしまへん。

京都人も本当はよく喋ります。ただ他府県の人が相手だと京都の微妙な言いまわしが通じずに誤解されそうで、ついつい黙ってしまうのです。

しかし、それは自分と相手とがお互いに心を開いているからであって、心を開くまでは至って無口です。知らない人には臆病で、人見知りするのです。

京都人は恥ずかしがり屋だとも言えますが、本音を言うと、知らない人が恐いのです。それは、この間の戦争（応仁の乱）からです。そのため、初めて会った人には、「どこのお人ですか」とすぐに聞きます。それをまず聞いておかないと、恐くて話が出来ないのです。その結果が他府県の人だと、とたんに無口になってしまうところがあります。自分の真意が相手に伝わらないというじれったさがそうさせるのだと思います。

京都の言葉には、否定語がないとよく言われます。「考えときまっさ」というのは必要ないという意味ですし、「新しい感覚を持ったはるお人は、勇気があってよろしいなあ」というのは、それはそこにはふさわしくないという意味なのです。前にも書いたよ

おじさんも集まればようしゃべらはります

うに、よく使われる「おおきに」という言葉も決して有難うという意味だけではなく、その逆の場合もあるのです。また、人の意見に賛同できない時に、「それは違うのと、違いますやろか」といった言い方をついつい京都人はしてしまいます。これが、長い年月を経てつちかわれた京ことばというものだと思いますし、一つ一つの言葉に都の歴史というか、簡単にひと言で説明出来ない言いまわしが多々あるのです。

それを言い出したらきりがありませんし、言ってもわかってもらえないというあきらめが入り混じり、またそれが誤解を生む結果にもなります。だから、京都人は自然と口を閉ざしてしまうのです。

最近、ＴＶなどで京都人の学者や文化人の先生方が発言されているのをよく拝聴しますが、京都人が話す独特の京ことばのニュアンスが、どれだけ一般視聴者に伝わっているだろうかと心配に思うこともあります。

言葉とは〝物理的に〟〝意味的に〟〝感情的に〟相手に伝わらなくてはいけないと言われていますが、京都の言葉は感情の奥のものを包み込んで話しますので、肌で感じてもらわないとなかなか理解出来ないところがあるのです。

「言うてもわかってもらえへんし、なんにも言わんと、おとなし（く）しとこ」

これが京都人の、また一面でもあるのです。

ただ私は黙っていては仕事になりません。あしからず……。

京都の人が京都をけなしていても、つられて悪口を言ってはいけまへん。

京都の人が京都をけなしている時は、単に謙遜しているだけです。誰になんと言われようとも京都を好きでたまらないのが京都人です。

もともと、京都人は、京都に悪いところがあるなどとは更々思ってはおりません。もしあなたがお会いになった京都人から、「京都はあきまへんわ」とこんな言葉を聞かれたら、それは謙遜以外の何ものでもありませんし、単にへり下っているだけとご理解ください。ところが京都人の、そのへり下り方が強烈なため、ついそれにつられて、他所の人は京都の悪口を言ってしまうことがあるようです。

京都人は、常日頃から自分のことはもちろんのこと、家族のことも住居《すまい》や暮らしのこともすべてけなすというか、へり下ったものの言い方をします。それが、京都ではまたあたりまえなのです。

TVの討論会などでも、パネリストとして出演した京都人が、よくこれほどまで京都の悪口を言えるものだと私共が感心するほどのことを、平気で発言されることがあります。しかし、それを第三者の方からつっ込まれると、手のひらを返したように「いや、そんなことあらしまへん」と開き直るのです。自分が悪いところをさんざん言っておきながら、「だから京都はだめなのだ」と人に言われると必死になって反論し、最後は「ほっといとくれやす」とまで言い切るのです。

確かに京都も考えるべき問題はあるでしょう。それらをとらえて、他所の人から「京

討論会ではいろいろ言いますが・・・

都はしきたりとか格式とか言うくせに、こんなことも出来ずに文化も何もあったものではない！」と批判されることもしばしばです。そんな時、口では「ほんまにそうどすなあ」と言ってはいても、本心ではそんな京都が京都人は大好きなのです。

結局のところは、京都人は人になんと言われようとも京都が好きで好きでたまらないのです。極端なものの言い方をすれば、例え地球が崩壊しても京都だけは残ってほしいと願っているようなところがあります。今でも日本の本当の都は京都であり、京都は世界の頂点だともまじめに思っているのです。（例えが正しくありません。お詫びいたします）ですから、京都のことをフランスのパリなどと比較されると、「京都は京都、一緒にせんといてほしいわ」と心の中で思うのです（というような、自分の文化へのうぬぼれの強さがパリ人と似ていたりしますが……）。

これだけ京都に思い入れる京都人は、ある意味で一番幸せだと思いますし、世の中にはこんなうぬぼれがあってもよいのではないでしょうか。

京都には、昔から、こんな歌とも言葉とも言えぬものが伝わっています。「ほっちっち（ほっといて）、かもてなや（構わんといて）、お前の子じゃなし孫じゃなし、あかの他人じゃ、ほっちっち」。これをお聞きになった読者の方は、一体どんな感想をお持ちになるでしょうか。私には、どことなくさみしそうな京都人の姿がそこにあるように思えてなりません。

私ごとで恐縮ですが、父親によく「上等に生きろ」と言われました。

この、上等に生きろというのは、非常に奥深い言葉であり、なかなかひと言で言い表すことは出来ませんが、あえて言うならば「心豊かになって本物を知れ」ということになると思います。

京都人はけちではありまへん、上等に生きたいだけどす。

上等に生きるとは、すなわち本物を知ること。そこからまた新たな本物が生み出されるのです。「安物買いの銭うしない」はしたくありません。心の豊かさを求めているのです。

「安物買いの銭うしない」京都ではよく言われる言葉ですが、間に合わせに安価なものを買うのであれば、高価な本物を買えるまで我慢しなさいということで、このへんのところをとらえて京都人のことを〝けち〟だと評されるのでしょう。確かに一面では、それはあたらずといえども遠からずかもしれませんが、京都人自身、決して〝けち〟だとは思っていないのです。

普段は〝お漬けものとお茶づけ〟に代表されるように食事も質素倹約を第一に心がけますが、それにも理由があります。これは、特別の日のための蓄積ともいうべきものであり、〝晴れ〟の日には高価な着物を着て、一席数万円もする顔見世《かおみせ》にも足を運ぶのです。そして、そこで本物とは一体何であるかを学び取るのです。お芝居は、ただ美しいとか楽しいとかいっただけのものではなく、人間としての上等な感性を修得することも出来るのです。

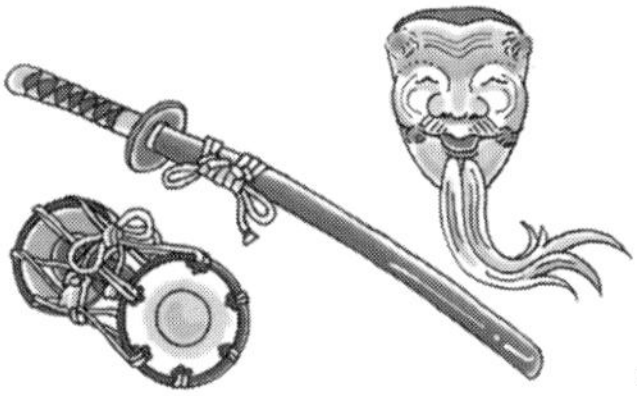

本物と偽物の区別は難しいものです

例えば刀の好きな方から刀を見せてもらおうと思えば、ある程度の刀の知識がないと刀にふれさせてももらえないでしょう。同じように、能面を手にさせてもらうことも、鼓《つづみ》や笛も、漆器も陶器も、袱紗《ふくさ》や小袖《こそで》や帯も、和紙も墨も硯《すずり》も、およそ日本的なものの中には、必ず本物と呼ばれるものがあり、手にふれてはじめてその物のよさが理解出来るようになるのです。

この、本物を見きわめる眼を持つということは、一朝一夕に出来るものではありません。本物を見る機会をつくると共に、いろいろと教えていただける人にめぐり会わなければいけません。

そのためには、常日頃から本物を知ることに神経を使っていなければいけませんし、安物に生きないで上等に生きていなければならないのです。

ひとつの品を手にした時に、ひしひしとその品のぬくもりが伝わってくる本物の逸品。高価なものだからよいのではなく、よい品だからこそ高価なものだと京都人はずっーと考えてきたのです。

そして、京都人が本物にこだわる限り、後世に伝えるだけの価値のある本物の品が、今後も永遠に絶えることなく、つくり出されていくと思います。

本物を知る生き方というのは、上等に生きることであり、そこからまた新しい本物が生まれ、心の豊かさをも手にすることが出来るのです。

気くばり、眼くばり、耳くばり、それが大切どす。

「人のふり見て我がふり直せ」。京都人は、自分に直接関係はなくても、常にまわりの状況を観察することで自分をしつけ、磨いてきました。

気くばり、眼くばり、耳くばり。これを京都人は日常生活の中で、ごくあたりまえに行っているのです。自分には直接関係はなくても、まわりの会話を聞いていたり、眼を向けたり、神経がそこにそそがれているのです。

野球に例えてお話しをすれば、もしあなたがサード（三塁）を守っていたとしましょう。バッター（打者）がセカンド（二塁）にボールを打ちました。その時です。自分が守っているところにボールが飛んで来なかったからといって、決して休憩ではありません。ボールの行方をしっかりと見ておかなければ、これから起こり得るいろんな状況を想定し対応することは出来ません。これと同じことなのです。

京都人は日々の暮らしの中で、自分のまわりのいろんな出来事に神経を行き届かせているのです。そして、それが人として最も大切なことだと考えてきました。

このあたりのことをしっかり会得することが出来れば、京都ほど生活しやすい地はありません。

しかし、これが出来なければ、京都人の中にはなかなか入り込めないのです。

また、京都人は「人のふり見て我がふり直せ」という言葉をよく使いますが、人々の

おしまいせずに立ち去るのはあきまへん

言動をよく見聞きすることで自分の感性を高め、自分を磨いていくのです。

例えば、おうどん屋さんに入った時、食べ終わったお箸を箸紙におさめなかった人がいたとします。その人の立居振舞《たちいふるまい》というか所作をじっと観察し、そして、そのあと店員さんがどういう態度で片づけられるかまでをしっかり見ているのです。店員さんへの気くばりとしても、やはりこういった不作法なことはすべきではないと深く心に刻み込み、自分を自分でしつけるのです。

それにまた、自分の立居振舞や所作も、すべて人に見られているのだという意識を持つことが大切なことだと考えています。それがひいては人のためにも着飾るという〝京の着だおれ〟の発想にもつながっていくのです。

気くばり、眼くばり、耳くばりは、決して人を批判するためのものではありません。自分が人に迷惑をかけないために、また恥ずかしい振る舞いをしないために心得るもので、いわば自分を守るためのお作法なのです。

いつの時代にも都を守る必要があった京都人は、都を守ると同時に自分をもしっかりと守って今日まで暮らしてきたのです。

これから先、京都人はお作法上もますます自分を守る必要が起こり得ることを想定していかなければいけないように思います。

昔は京都で京都のものを〝京都風〟とか〝京都式〟などという必要はまったくありませんでした。ところが、今では他府県からあまりにもさまざまなものが京都に入り込んできたため、あえて〝京都風〟と表現しなければわけがわからなくなってしまいました。

京都は本来もてなしの文化を重んじるところですので、他所から入ってきたからといって排他的な思考をすることはありませんが、それがあまりにも強力で大きくなりすぎたために、京都人の方が逆に小さくなってしまった感があります。

京都で〝京都風〟とか〝京都式〟とか言うのはかなしいことです。

他所から入ってきた文化に追いやられ、京都人自身、何が京都本来の文化かわからなくなってしまっているのが、残念ながら京都の現状です。

しきたりやお作法にもこの影響が強く、京都人が今までやってきたあたりまえを他人《ひと》に非難されることによって、京都人自身が京都のしきたりを横に追いやってしまいました。そのため、他府県のしきたりをまるで京都のしきたりのように思っておられる人さえあるのです。まさに軒を貸して母屋を取られた思いです。

京都のしきたりがゆがめられ、ただの形式になってしまうことに、一抹のさみしさを感じてはいるものの、内気な京都人はじっと黙って耐え忍んでいるのです。そして、そうすることが歴史的にも京都人の智恵だったのです。しかし、それは心の中に「やがて、いつかは」と再生の気概があった時の話で、今はもう内なるものも音をたててこわさ

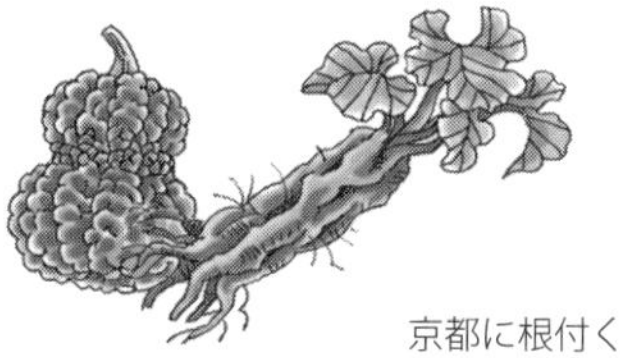

京都に根付く鹿ヶ谷カボチャと堀川ゴボウ

れてしまいました。熨斗の意味や水引の色や結びや家紋の継承、女紋の定め方、等々。このままでは、再び立ち上がることは不可能のように思います。

わかる人だけがわかればよいという発想ではなく、今こそ京都の心を各地に発信していかなければいけない時代だと思いますし、〝京都風〟と言わなければいけないことにさみしさを感じているだけではなく、一体何が〝京都風〟なのかを掘り起こし、しっかり認識した上で強力にアピールしなければと思います。

ほんの少し前までは、結婚式といえば自宅で行われるものでした。それが、最近ではホテルがあたりまえとなり、またこれに対抗するかのように京の料亭やレストランなども力を入れておられます。それはそれなりに、いろいろと多くの利点があると思いますし、大変結構なことだと思います。しかし、いかにそれが利便であっても、自宅で行われていた本来の意義と心だけは、きちんと後世に残していただきたいと思います。

古《いにしえ》から脈々と伝わってきた京都の人々の心を充分に把握され、ご両人、ご両家の末永い幸せを本当の意味で大事にしてもらいたいと願っているのです。

京都というブランドをベースにした〝京都風〟の結婚式や披露宴等が生まれてもよいように思います。

また、あらゆる業種においても、京都的な品々に、〝京都風〟とか〝京都式〟といったようなラベルやシールを貼ってアピールしていくのも一つの方法ではないでしょうか。

京都の地下鉄の中で何度も目に飛び込んできた「日本に京都があってよかった」というキャッチコピーは、好きなコピーの一つですが、ある日の講演会で受講者から「日本が京都にあってよかった」のほうがいいとのお声を承りました。その折は、大変失礼ながら軽く言葉を濁しておきました。勿論このコピーの作者の意図を推し量ることは出来ませんが、私はこれをただ単にその所在地のことをいっているのではなく、感性・気質・文化のことを指しているのだと解釈しています。だから「日本に京都があってよかった」は日本を形成するために京都が必要不可欠であるという意味になります。

今更言うまでもなく、京都には優れた日本の感性・気質・文化が備わっていると京都人は信じて疑うことがありません。日本の姿、形は京都が成しているのです。

そんな自負を持ちながら日々過ごしていましたら、またまた新聞の見出しに「歴史の中に京都がある」というものを見つけました。

多くの京都人は、歴史の中に京都が埋没しているような言葉は好きではありませんし、京都の歴史を学び知り感じることで日本の歴史がわかると考えているのです。

さまざまなご意見が同じ京都人の中にもおありだと思いますが、曲がりなりにも京

歴史の中に京都があるなんて京都人は思てません。

京都の歴史を学ぶことは、日本の歴史を学ぶことです。

鴨川の流れは日本の歴史ともいえます

都の歴史を語るものとして何を伝承すればいいかと思いを巡らせています。

ある時、歴史学の権威から、「ネットの情報は間違いが多くてダメだ。歴史学という学問は文献以外にない」とご教示いただきました。至極ごもっともです。

しかし、やがてネットの情報も市民権を得て文献になる日がそう遠くない時代に訪れると思います。いや、それともネットの情報は文献にはなり得ないのでしょうか。

昭和から平成にかけて行われてきた京都の儀礼作法は、大学に儀礼作法学がない以上、そのうち歴史の大きなうねりの中に埋没してしまうでしょう。

京都の暮らしの儀礼文化は、京都だけで行われていたのではありません。元々、おためもおうつりも各地に存在したのです。いつしか日本の何処からも消滅してしまった儀礼も、未だ京都だけに存在するからこそ、京都は日本なのだと、儀礼を愛する京都人は思っているのです。しかし、それらは殆んど文献には登場しないのです。

歴史に「もし、たら」はない、言われるのは充分承知の上で申し上げますが、京に息づいてきた儀礼作法の歴史は、「もしも」を大切にして後世に語り伝えてほしいと願っています。

むかし聞いた植物学の先生の話に、植物学の本質は生命の尊厳、平たく言えば、命の大切さを学び教えるものだと聞きました。その時、妙に感心したのを覚えています。

京の歴史学の本質は何処にあるのでしょうか。こんな疑問を持ち続ける京都人の感性を、後世へ伝えていくことが、また京都人の「あたりまえ」なのです。

京都人は、お人の名前だけではなくて、お店や百貨店や社寺などにも敬称をつけることがあります。では、その「さん」と「はん」の使い分けをご存じでしょうか。京都人は、上手く自然に使い分けているのです。その法則をお話ししましょう。しばらくおつき合いくださいませ。

「さん」と「はん」の使い分けにも京都人の感性が見えてきます。

京都の感覚は、京都の匂いや空気から生まれてくるものです。

母音の「い」「う」と「ん」で終わる場合は「さん」をつけ、それ以外の「あ」「え」「お」は「はん」をつけます。ただし、「はん」は「さん」に言い換えることはありますが、「さん」を「はん」に言い換えることはありません。

例えば私の名前の「岩上」は「み」で終わるので母音は「い」ですから、いわがみ「さん」と呼ばれ、いわがみ「はん」と呼ばれることはないのです。

また、この法則とは別に、京都人は「はん」よりも「さん」の方に尊敬の念を込め、「はん」の方には同等の親しみを込めているのです。

例えば「ご先祖」は「ぞ」で終わりますので母音は「お」で、法則では「はん」になりますが、ご先祖「さん」と言って、ご先祖「はん」とは絶対に言いません。これはご先祖に尊敬の念を込めているからで、尊敬の念ということが法則よりも優先するからです。お公家さん、佛さんも同様です。

夏座敷での昼寝は格別

「おばさん」と「おばはん」は、どちらに尊敬の念があるでしょうか。京都人の多くが「おばさん」に手をあげます。これが京都人の感覚なのです。

この感覚をどのように伝承してきたのかを学術的に説明する能力が私にはありませんが、間違いなくこの感覚が存在するのです。感覚を説明するのは至難の技ですが、その感覚を養う方法はあります。それは、自分勝手な解釈で京都を鷲づかみせず、白無地の状態で京都に身を委ねるようにして、京都の冠婚葬祭贈礼法を心得て実践している人とおつき合いするところから、京都らしい感覚が見えてくるのです。

近年は、京都のことを学ばれている方が全国に大勢いらっしゃいます。だが、この空気感は、なかなか理解しづらいものです。「田舎の勉強、京都の昼寝」という言葉があります。京都では昼寝していても京都の感覚を感じることができるけれど、田舎では勉強しても追い付かないといった意味でしょう。

しかし、お住みになるのは難しくても、京都にお見えになった折には、是非とも五感を充分に働かせて、京都の匂いや空気を感じていただきたいと思います。

長年住んでおられても、全くこの感覚をお持ちでないお人もいらっしゃいますので、京都大好き人間さん、どうぞ諦めないでくださいませ。

貴方に、京都の感覚が身につきましたら、今まで見えなかった京都の本物が見えてきますし、京都の感覚が理解できない似非京都人の姿も感覚的に解るようになるのです。

博物館や美術館に行くと、入口の近くで展示品の解説としてイヤホンガイドの使用を薦められることがあります。近年は南座さんなどの劇場でも歌舞伎の興行時にはテレビの劇場中継の影響もあってか、イヤホンガイドを使用される方が年々多くなってきたように感じます。

イヤホンガイドもよろしおすけど、使わんようにしてますねん。

「藝」そのものを観て感じることがお芝居の醍醐味です。

ご存じない方にお芝居のイヤホンガイドについて、少々お話しさせていただきます。

イヤホンガイドとは、胸ポケットに入る程度の大きさで一方の耳にイヤホンを差し入れ、解説を聞く器械のことです。昭和五十一年十月に東京の国立劇場の歌舞伎公演で登場し、南座さんでは、平成四年二月から始められたと承知しています。

その内容は、徐々に進化して現代では舞台の上手下手や花道、廻り盆やセリやすっぽんなどの舞台機構から、芝居の約束事、それに舞台の進行に合わせて、役者の紹介や役柄や関係、物語の歴史的背景やあらすじ・セリフの意味や感情・大道具・小道具・かつら・衣裳・音楽などをタイミングよく専門家に解説してもらえます。料金も廉価で歌舞伎に詳しいガイドさんと共に観劇していると思えば決して高くはありません。歌舞伎を理解するための必須アイテムだといえるでしょう。

ガイドを聞いてもわからないかも

しかし、ある役者さんもお薦めにならないように、小さい頃から歌舞伎を観つづけてきた私には、イヤホンガイドには、何故か気持ちが釈然としないのです。

「歌舞伎は、難しく解からない」とのお声をよく聞きますが、「どのあたりが難しく解からないのですか？」と訊ねると、大概は「筋が解からない」との声が帰ってきます。確かに、筋のベースになる時代が江戸時代なのに鎌倉時代として描かれたり、言葉や感情も現代人には理解出来ないものが多々あります。ある意味おっしゃる通りです。でも、だからこそ、お芝居は、非日常で、その世界で遊ぶ楽しさがあるのです。

筋は、どうでもいいとは申しませんが、お芝居は筋を理解することではありません。筋よりも大切なものがあるのです。それは、「芸」そのものを観て感じることです。そして、その芸は舞台に立つ役者さんだけではなく、大道具の、小道具の、衣裳の、かつらの、下座音楽の、長唄や義太夫などの歌い物や語り物の、柝《き》やつけ打ちの磨きぬかれた「芸」を身体で感じ取ることなのです。身体で覚えた感動は一生涯抜け落ちるものではありません。そこに本当の芝居の醍醐味があるのです。近年、イヤホンガイドの解説を回りのお友達に解説されている光景を拝見しますが、マナー違反も甚だしいかぎりです。

観劇の本質は、京都を知り感じることに通じます。いくら学術的に表面上をなぞっていても、京都の本質も心も観えてはきません。マナーを心得、京都に身を委ねてこそ本物の京都が身体に染み入るのです。

観音さんとは、「観世音」とも書き表します。「観」いう字は、ただ眼にするというだけではなく理解するという意味があります。「世」は世の中の事で、「音」は音声、願いのことです。ゆえに「観世音菩薩」とは、世の人々の願いと祈りを理解し施し、我々をお救いくださる方と考えていただければ間違いありません。

頭につける「南無」の文字は、帰依＝すなわち信じています、信仰しています。という意味なのです。

しかし、そのご利益を具現化した観世音菩薩さまの佛像を眼にすることはあっても、その本当のお姿が私たちには見えないのです。

観音さんは、私たちには見えないのどす。

信仰がなければご利益もありません。

このことを、むかし音羽山清水寺の貫主であった大西良慶上人さまが、次のように教えてくださいました。

「観音さまは上界におられ、我々は下界に住んでいる。下界からは上界のことが見えませんが、上界からは下界のことが見えるのです。例えて言うなら人間と池の鯉との関係と同じで、人間が上界にいると考えれば、下界に住む池の鯉が泳いでいる姿はたやすく見ることが出来ますが、池の鯉には人間の営みや姿や形など全くわかりません。」

このお話を承った時、この人間と鯉との例え話が何ともわかりやすく私は眼から鱗が落ちるとはこのことかと大いに感動しました。

たくさんの手でお救いいただきます

その折、大西良慶上人さまは、つづけて信仰についてもお話になりました。

「清水寺の観音様は御一体しかなくても、いくら大勢の人が一度に拝んでも、空にあるお月さまと同じで、器に信仰という水を汲んだら、北海道の水にも九州の水にもお月様が映るように何方《どなた》の願いも聞いていただき、すぐに畏《おそ》れがないように施していただける」とおっしゃいました。このことは、浄土宗を開かれた法然上人さまの「月影のいたらぬ里はなかれども、ながむる人の心にぞ住む」という御歌にも通じるものです。

さらに、人間と犬との関係について言及されました。人間を信じる犬は、人間が差し出す餌にすぐにありつくが、信じない犬は人間が餌を差し出しても逃げていってしまう。これも観音さまに対して信仰がなければ、人間はご利益が得られないという例えです。

ただ信仰とは、「お金がほしい」といったことに施していただくものではなく、お金を手に入れるための方法を教えて下さるのです。そして、観音さまのそのお声は天から聞こえてくるのではなく、親や兄弟姉妹や親族や友人知人の口を借りて優しく教えていただけるもので、心静かに思い巡らしていると悩みを解決してくださる方法が必ず聞こえてくるもの、これが観音さまの「妙智力」＝何とも言えない不思議な智恵の力の意味で、ここに、観音信仰の坐りがあります、と述べられたのです。

そのお話を承って以来、観音さまに手を合わすと不思議と心休まります。京都に清水寺があって良かったと思っています。

京都人は排他的ではのうて、恥ずかしがり屋なだけなのどす。

他府県の人でも京都の感性を認めてくれる人は大歓迎します。ただ恐がりで内弁慶なところがあるため、いろいろ誤解されてしまうのです。

他府県の人が京都に引っ越して来ると、京都人はその人に対して〝いけず〟をするように思われているようですが、京都にとけ込もうとする人には決して排他的になったりはしないものです。

歴史的に見ても、茶道の大成者である堺出身の茶人千利休《せんのりきゅう》さんをあたたかく受け入れたように、その人が京都の感性を認めてくださるならば、京都人は拒むどころか大歓迎するのです。

しかし一方で、他所からやって来られた方に、京都人はさまざまな試験をしたり、サインを出したりしますので、それがおそらく〝いけず〟に映るのでしょう。どんな試験・サインかといえば、ほんの一例ですが、隣に越して来られた人に対して家の前に打ち水をするとか、ごもく（ごみ）を掃いてあげたりするのです。次の日、こちらの方に水をまいてくださったり、掃いてくだされば、もうそれでそのことは合格です。ところが試験問題は一つや二つではありません。多岐多様にわたっていますので、すべてをクリアされるためには長い年月が必要になるかもしれません。しかしそれは決して意地悪からではなく、それなりの理由があるのです。

本当は京都人自身、自分たちが疎外されるようで、恐くて安心しておつき合いが出来

目隠しと宣伝を兼ねた暖簾の美

ないと感じるからこんなことをするのです。これは京都人流の自己防衛なのです。見方によっては、外国の人たちに対する日本人の感覚と、どこか似ているように思います。

京都のしきたりやお作法などの生活文化を守ろうと考えるのであれば、京都人が自らもっと声を大にして訴えなければいけませんし、勝手に学んだらいいという態度は改めるべきだと思います。

ところが、もともと京都人は都そのものに住んでいたため外に出ることが少なく、困ったことに内弁慶で大変な恥ずかしがり屋でもあるのです。

話は少々横道にそれますが、恥ずかしがり屋の京都人は買いものをしているところを人に見られたり、食事をしているところを見られたりするのを極端に嫌います。ですから通りに面したガラスばりのお店とか、店内に置いてある休憩用のソファなどは、京都人にはあまり好まれません。うなぎの寝床といわれる京都の家も、奥をのぞかれない工夫が随所にほどこされているのです。

現代の京都人気質というのは、自らの暮らしを守らなければいけない、という長い歴史の中で経験してきたことが最大のベースとなって形成されてきたように思います。

目まぐるしく変化するこの時代。その、時代の波に乗り遅れてはいけないと思いながらも、はげしく変わることを恐れているのです。そして、それを批判されればされるほど京都人は心を閉ざしてしまい、それがまた排他的に見られるのだと思います。

「最近の生徒たちは質問に来るとき、先生との距離感がどうも測れないようで不自然なことが多い」と、ある中学校の先生から承りました。必要以上に先生に近づいたり、何をしにきたのかわからないほど遠かったりするのだそうです。

近年「間」とか「溜め」とかの感覚がわからなくなったのでしょうか。

社会から「間」や「溜め」がなくなりました。

自分の領域と息づかい、相手の領域と息づかいを知ることが大事です。

「間」とは、文字通り人と人との間（あいだ）、空間の取り方、距離感の取り方であり、行動だけではなく、話し方にも勿論存在します。耳障りな話し方は、この間が上手く取れないからです。ほんの少し前までは、そういった間の取り方ということを教えられるまでもなく、心得ている人が多かったように感じます。

それはやはり、人への気遣いや気配りを学ぶことによって、人との言動における距離感というのも一緒に学んできたからではないでしょうか。人と人との関わりというのは、自分の領域と息づかい、相手の領域と息づかいを知ることが第一です。

現代は、相手の領域だけではなく、自分の領域さえも関心が薄らいできて、距離感がだんだん理解出来なくなってきているのではないでしょうか。

気質や感性の違いが誤解を生じて益々大きなわだかまりが出来ることがあります。こういった距離感をなくすには、やはり相手への思いやりを大切にして、相手の考えて

細やかな所作に人となりがでます

いることを一歩踏み込んで推察するということが必要なのです。作法はそのために存在します。「溜め」というのは「間」と違って経験などから築き上げた人生感や世界観など、一種の美学だと思います。京都人の暮らし方には、この「溜め」が求められるのです。例えば、他人の考えや行いに対して、すぐに反応せずに、一旦受け入れて自分の中で咀嚼《そしゃく》する、その受け入れるというのが、「溜め」なのです。京都ものと呼ばれる和の品や道具の扱いも「溜め」がなくては、美しさは感じられません。扇子や団扇も流れるような手の動きがなければ美しくありませんし、作り手に対してもたいへん失礼だと思います。

京の伝統工芸品の代表の一つでもある「着物」も、着ているがために受ける制約もありますが、袂の開きや揺れや乱れを防ぐためにもう一方の手でそっと袂をおさえる所作に、優しさが感じられ、そこに「溜め」の美学があるのです。

こういった和の文化というか、京都の嫋《たお》やかさを茶道や華道を嗜まない京都の大学生に教える必要性を感じたことがあって、教室で話そうとすれば「お行儀のようなものは教育ではないので、教えないでほしい」と担当の教授から釘を刺されたことがありました。もう数年前のことですが「京都は一体何処に行ってしまうのだろうか」と思った、あの日の衝撃が忘れられません。

近年、何事にも合理的なものが持てはやされ、感覚的なものを否定する風潮にありますが、京都は「間」や「溜め」を大切にする都でありつづけたいと願っています。

古来からのお作法を電話を使ってこなします

新しい文明機器が出てくることでお作法を簡略にするのではなく、それを使ってより細やかで丁寧なおつき合いをするのが京都人の発想です。

お作法の中には、「〇日〇時にお伺い致します」という〝前礼〟と、「過日は大変お世話になり有難うございました」という〝後礼〟とがあることを、ご存じの方も大勢いらっしゃると思います。

そして、それは電話というものがまったく存在し得なかった時代から、脈々と現代まで受け継がれてきたのです。

電話が生活の中にすっかりとけ込んだ現代――そんな時代に、こんな古来からのお作法をうまくこなしてしまうのが、これまた京都なのです。

〝呼び使い〟という言葉をお聞きになったことがあるでしょうか？　これは、本来は「〇月〇日に結納をおさめることになりました」とか、「誰々の年忌法要をつとめさせていただきます」などと主なる親族一軒一軒をまわってご報告し、ご足労いただけるようお願いすることですが、今ではそれを電話で報告依頼するようになりました。電話を利用することで、親族の誰が先で、誰が後日になるということもなくなり、ほとんど同時に親族一同に連絡出来るという利点もあるのです。

また、ひとむかし前にはこんな使い方もしたのです。

もう家の電話さえもなくなりつつあります

「ただ今から仲人様に当方を出発していただきます」
「ただ今、仲人様がお着きになりました」
「ただ今は、大変結構な結納の品を頂戴致しまして有難うございました」

如何ですか、昔には不可能だったリアルタイムなお作法を電話が可能にしたのです。古来から伝わってきたものを、より次元の高いものにし、そして、更にきめ細かく丁寧な形にするために京都人は電話を利用してきたのです。

こんなお作法を誰が発想立案し、どのように伝わり広まったかはわかりませんが、おそらく京都人の共通する感性が、同時発生的にそうさせたのだと思います。

本来なら一つの文明機器が出現し、それが便利であればあるほど、いろいろな手続きとか、しきたり作法といったものが簡略化されるように思います。

しかし、京都はそれを手に入れることで、それをうまく活用しながら、より一層高度なお作法を創作していくのです。

近頃はパソコンやスマホが普及し、電子メールというものでやりとりされる方も増えてきました。簡単なお礼を申し上げたい時など、電話だとわざわざ相手様のお時間をいただくことになります。その点、気軽に送れて、相手様の都合のよい時に見ていただける電子メールは便利です。今後、電子メールで一筆書き認《したた》めるという、より丁寧で京都的なお作法が生まれる可能性もあるかもしれません。

早くから喪中のはがきが来るのはおかしおす

本来の意味が薄まりパターン化されて変質しまったお作法。お作法とは自分の都合だけをお伝えするものではありません。

多くの人々が誤解をしておられるようですが、もともと喪中のはがきというのは、「当方は現在喪に服しておりますので、新年の挨拶を遠慮させていただきます」という意味であって、決して「当方は喪中ですから、お祝いの挨拶をしないでください」と、おことわりをしているのではありません。ですからお作法上は、京都ではお正月の準備がはじめる十二月十三日の事始め以降に出すべきものなのです。

ところが近年、十月のはじめ頃からすでに店頭に喪中はがきの受付の看板が出はじめ、そこでは相手様が年賀状を書かれないうちにお出しください」と誤った説明がなされているのです。

忌明けも済み、親戚の結婚式に出席しているにもかかわらず、なぜかお正月前になると「当方は喪中でございます」というのは、大変滑稽な話だと思います。明治七年に忌服令《きふくれい》というものが制定され、それによると、父母が死亡した場合の喪中は十三ヶ月と定められていますが、この現代において一年もさかのぼって、わざわざ喪中だというのは如何なものでしょうか。

また、以前は「喪中につき年末年始のご挨拶をご遠慮させていただきます」という文章だけだったのですが、最近は「○月○日に○○が死亡しました」とつけ加えられるよ

うになり、住所・氏名以外に、ご丁寧に電話番号まで書き添えられているのです。喪中のはがきは、何時《いつ》、誰れが死去したという告知をするためのものではありません。もし万が一、その時点でどうしても誰が亡くなったかをお知らせする必要がある相手様ならば、一筆、空白に書き添えればいいことなのです。

　喪中のはがきは、先様に対する気くばりとしてはじまったお作法ですが、いつしか自分の都合を主張するだけのものに変化してしまいました。

　そこで一つ、私から提案をさせていただきます。

　喪中のはがきは年内に出さず、お正月がすぎ、松の内（京都では一月十五日まで）が明けてから、寒中見舞として喪中であったことを書き添えるのです。「喪中につき年末年始のご挨拶をご遠慮させていただきました」という過去形の文章にしてお出しするのです。この折には誰れが死去したかを記されても差支えありません。

　また一方、先様が喪中とは知らずに年賀状を出してしまった場合には、「存じ上げず失礼致しました。おさみしいことと拝察致しますが、どうぞ、くれぐれも御身お大切に……」と書いてお出しになれば、形だけでなく心と心の交流が出来ると思います。

　喪中のはがきを、今もう一度、心の問題として考え直し、変質しゆがめられたお作法を修正することも、決して無意味なことではないと思います。

　そして喪中はがきは私的なもので公的なものではないことを申し添えておきます。

茶柱もおつき合いに使いのどす

めったにないことを喜んで吉兆と考えるだけでなく、それをおつき合いの演出にするところに、京都人の発想の原点が見えます。

「茶柱が立つと縁起が良い」

これは全国的に言われることですが、京都人の場合は、それをおつき合いに使うのです。

京都人は、立った茶柱をきれいに洗って和紙に包んで大切にしまっておきます。それで、今後とも交際を続けていきたいお客様がお見えになった時、その大切にとっておいた茶柱を入れて、お茶をお出しするのです。最初に茶柱を入れてからお茶を注ぐと、みごと茶柱が立ちます。そこで、「茶柱が立ちましたなあ」と言って和をつくり、話をよりよい方向へ持っていくのです。

例えば、結納とか結婚の相談というような時は〝茶々が入る〟といってお茶を出さないという約束ごとがあり、最初はこぶ茶をお出ししますが、御膳の席にお出しするのはもちろんお茶ということになります。この時に先ほどの茶柱を入れ、〝佳《よ》き日〟を表現する、というより演出するのです。

茶柱一本で交流を深めることが出来るのですから、最高の演出だと言えるでしょう。

このようなことをされる方は、今ではほとんどなくなってしまったようです。もしかすれば、祇園や上七軒《かみしちけん》などの花街には、今でも残っているかもしれません。

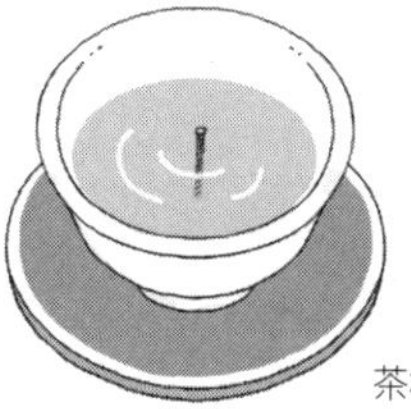

茶柱の入ったお茶を見ることが少なくなりました

人工的にこんな茶柱がつくれないかとあるお茶の販売業者に尋ねたところ、それは出来ないと一笑されました。やはり茶柱というのは、だてに験《げん》がいいと言われているものではないようです。（実際、茶柱のリサイクルはもちろん、保存さえも大変むずかしいそうです。しかし近年、なんとか人工的に、こんな茶柱がつくれないかと研究され実用化し販売されているお店があると、宇治の茶問屋のご主人に教えていただきました。）

茶柱が立つとよい、というのは、単に〝めったにないことを喜んで吉にしてしまう〟ことです。しかし、全国的には、この茶柱のことは別にして、めったにないことがあると験《げん》の悪い知らせと思われることが多いようです。

しかし、京都ではそれを逆に、すなわち、〝佳きこと〟と考えます。例えば、他所の地方では珠数が切れると験《げん》が悪いと言いますが、京都では珠数が切れるのは信仰があついということで、それだけ熱心に拝んでいるから切れたのだと考えるのです。

不可抗力で自然発生的に起こったことについては、よい方に考える暮らしの智恵を京都人は持っています。婚礼の時に雨が降れば験《げん》がよいというのも、これと同じようなことです。

茶柱が立つということをただ喜ぶだけでなく、もう一つ踏み込んでおつき合いの演出として使用するというところに、京都人の発想の原点があるように思います。

京都は後継ぎさんをつくるのが、本当に上手です

決しておしつけているのではありません。幼い頃から親の仕事を見つめ、しきたりが身に染みつくことで、自然と後を継ぐようになるのです。

後継者難と言われる昨今、「後継者がいなくて」と、そんな言葉をよく耳にしますが、京都では後継者がいないということをあまり聞きません。

蒔絵師《まきえし》のお家でも、染物屋さんも、織物屋さんも、珠数屋さんも、お菓子屋さんも、みんなりっぱな後継ぎさんがおられます。

そこには、後継者をつくる家々のマジックがあるのです。そのマジックの秘密は、生まれた時から期待やプレッシャーをかけることでは決してなく、つまるところ親子の断絶がないことが大きな要因だと思います。

なぜ親子の断絶がないのか、それをつきつめると、やはりそこにはしっかりと〝しきたり〟が存在しているのです。

お正月をはじめとする年中行事にしろ、人様とのおつき合いにしろ、儀式作法やしきたりが家族の和を生み出し、いろんな物事を言葉で言わなくても、うまく伝承してきたのです。

受け継いでいく方もおしつけられた感がなく、肌で感じ、自発的に自然な形で後を継いでいるのです。それをマジックというのはおかしいかもしれませんが、生活の中にこういったつながりがある限り、後継ぎが必ず育っていくと思います。それに、京都のも

正しい姿勢で書くと心も引き締まります

のを守るという誇りがそこにあるのもまた事実です。

私ごとで恐縮ですが、私の家は代々和紙と水引を取り扱う店でした（今もそれを細々と引き継いでいます）。目録を書くための墨と筆がいつも目にするところにあり、まだ文字も書けない時から筆を持って紙片になぐり書きをしていたものです。

まわりを墨で汚しても、親はそれを決してとがめることもなく自由にさせておいてくれました。それで、いつしか文字を覚え、書式を覚え、しきたりを覚えるようになりました。それと、幼い日から見ていた親の仕事が、ただ物品を販売するだけでなく、いかに人様に喜びを与え、本当の意味で役立つ仕事であるかが理解できるようになりました。そして、それがひいては京都を守るための仕事の一つでもある、と自覚することで決定的なものとなったのです。

一時期、京都を離れて別の仕事についていても、京都人は、いつしかまた京都に舞い戻ってくると言われています。それは、親元で暮らした一年一年のしきたりや行事が身体《からだ》の中に染みつき、再びそれを求めて帰ってくるのだと思います。

「かわいい子には旅をさせろ」ということわざがありますが、たくましく成長して必ず帰ってくるということを、京都の親はどこかで確かに感じているようにも思えます。

しかし、そんな京都人の智恵と工夫を現代社会の大きなシステムが破戒してしまうのは何とも嘆かわしいかぎりです。

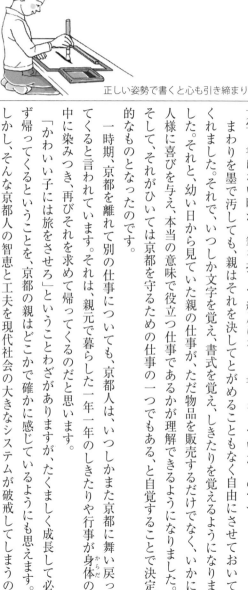

花嫁道具を人に見てもらうのは決して見栄ではありません

嫁入り道具を見せる、見せてもらう——それは地域の人との交流の中で生まれたよき風習です。「見栄だ」のひと言でこわれてしまいました。

花嫁道具を人様に見ていただくといったことは、京都だけではなく他所の地方でもあると思います。これはもともと、結婚される娘さんが、ご近所の人々に「私の花嫁道具を、ちょっと見てください」と声をかけた程度の単純なところからはじまったもので、決して悪い意味で言われている〝見栄〟ではありません。

私のために両親がこれだけのことをしてくれたという感謝の気持ちと、その喜びを人々に見てもらうための風習なのです。

そしてまた、そのお道具を見せてもらうことによって、何をどれだけ嫁入り道具に揃える必要があるのかといったことが、地域の人々のつながりの中でうまく伝承されてきたのです。決して見栄から出発した風習ではありません。しかし、今日までこうしてうまく人から人へと伝わっていたことが、「そんなのは見栄だ！」という言葉一つによって、本来のやり方がだんだんわからなくなってきたのもこれまた事実なのです。

人々の交流の中で生まれたよき風習を、どうして現代人はこうも簡単にこわしてしまうのでしょうか……。

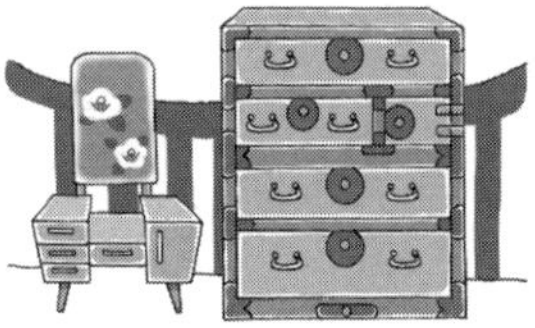

家が狭いという問題もあるかもしれません

嫁入りの道具を見てもらうことは、しきたりでもなければ儀式でもありません。それは京都の暮らし向きといったものだと思いますし、京都で大切にしなければいけないことの、これまた一つだったのです。

京都では、娘を嫁がせたあとも、花嫁の実家の方でいろいろな面倒を見るといったことがあります。赤ちゃんが出来れば、岩田帯からはじまり、初着《うぶぎ》に、おむつ、ベビーベッドにベビー箪笥《だんす》、それに女の子なら雛人形、男の子なら五月人形と鯉のぼり……。花嫁のご実家はつくづく大変だと思いますが、ある方がこんなことをおっしゃいました。

「これが楽しみなんです。娘にこれがしてやりたくて、今まで働いてきたのですから」

いやはや本当に恐れ入りました。しかし、これが京都の嫁の実家のあたりまえなのかもしれません。

最近、花嫁道具の披露も結婚の披露宴も、その本来の意味である感謝の心と、慶びを分かち合い、多くの人々に祝福してもらうといったことが、どこかに忘れ去られ、表面上のことばかりにとらわれているのは、何かかなしい思いがします。

本当の意味と意義を正しく伝えていくためには、やはり地域での人と人との交わりが大事だと思いますし、それがある限り、京都の心は永遠に続いていくと思っていたのですが……。

京都の町に、東京の匂いのする名前をつけるのは嫌いです

京都で繁華街をさすのは京極です。〇〇新宿や〇〇銀座といった東京の小型版の名前を持ってきても、京都人には受け入れられません。

　昔、四条大宮《しじょうおおみや》というところに〝大宮新宿〟という名前をつけられたことがあったそうですが、早々と廃止されました。こういう名前は京都では受け入れられません。〝新宿〟もだめですし、〝銀座〟もだめなのです。（銀座は京都の伏見が本家本元です。）京都で繁華街といえば昔から京極《きょうごく》（新京極）のことです。もともとは京の市街地の一番端、京の極みをさす地名ですが、京都人がそういった意味合いで〝京極〟をとらえているわけではありません。繁華街のことを京極と京都人は考えていたのです。昔、西陣に千《せん》本京極《ぼんきょうごく》というのがありましたが、〇〇京極ならいいのです。京極と聞くだけで、何故かウキウキとするものを感じるのです。

　京都の地に新宿とか銀座とかの名前がつくと排除しようとしますし、東京の匂いがするものも拒否してしまうのが京都人です。東京のデパートが京都に進出するにはかなりの努力をしないとむずかしいと言われてきたのはこのためだと思います。JRの京都駅の伊勢丹さんはオープンに先きだち、京都人気質についてかなり研究されたと聞きました。

　京都は情報を発信することを非常に心よしとするため、おしつけの情報をもらうのはあまり好みません。東京の小型を京都に持ってきてそのままつくろうとすると、どう

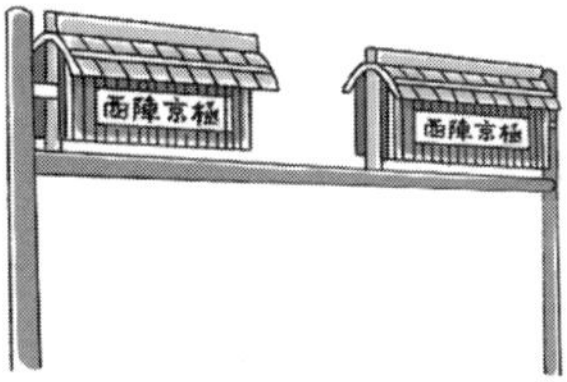

とても賑わっていた「西陣京極」

しても無理があるのです。

ところが、それとはうらはらに京都人の中には東京コンプレックスというものがあり、東京の匂いのするものにあこがれてしまうのも、これまた事実です。京都人の「ちょっと東京へ行ってきます」という言葉に、いやなところへ行くという雰囲気は微塵もありません。それどころか、どことなく自慢気でもあるのです。それは一体なぜなのか、確かなことは私にはわかりませんが、おそらくTVなどから流れる映像が京都人を刺激するのでしょう。東京はやはり躍動する街というイメージが強く、それが都人にはうらやましく映るのだと思います。もしかすれば、コンプレックスの裏返しから東京の匂いのするものに反撥するのかもしれません。

京都人は、決して他所の地方を嫌っているわけではありません。日本全国、北海道から沖縄まで、その地にはその地だけが誇れるすばらしいものがあるはずです。それを的確に把握され、各地に、いえ京都に情報発信していただくことを待ち望んでもいるのです。

しかし、くれぐれも地方のやり方を無闇におしつけることだけはしないでください。それは、お作法の原点に反しますから……。

京都は日本人の故郷だといわれていますが、その期待を裏切らないように、京都が京都でありつづけるために、京都人は努力をしなければと思います。京都に東京の名前をつけることを京都人が拒みつづけるのも、その努力の一つなのかもしれません。

もの一つ一つに、場所一つ一つに思い入れと思い出があるのどす

新しい文化施設ができるとしても、そのために京都人の思い入れまでこわされては困ります。文化のために文化をこわしてはいけません。

京都人は、今まで存在していたものがなくなることに深いかなしみをおぼえます。例えば岡崎の動物園。一時期、この動物園を移転させるという話を耳にしたことがありましたが、この話が表面化すれば、京都人はきっと猛反対したように思います。

京都人の中でこの動物園に足を運んだことのない人はおそらく一人もいないと思います。今でも岡崎といえば動物園を連想するように、子供を連れてこの動物園に行くことが京都人の一つのステータスなのです。昔は、京都の若いカップルが最初にデートする場所は動物園と言われたものです。「入口を入った右側にキリンがいて、」と誰もが思い出せるほど、京都人の生活の中にすっかりとけ込み、それぞれの人が、それぞれの思い入れと思い出を、またドラマを持っているのです。

この動物園の近くには全国的にも有名なホテルがあり、そこで結婚式を挙げ、やがて子供が出来ればその子供を連れて動物園へ行く、そこでその子供に、「お父ちゃんとお母ちゃんは、あのホテルで結婚式をしたんやで」と話してやる、そんな時にしみじみと家族の幸せを感じたと話してくださった人もあります。そしてまた、その子供が大きくなり、恋人と動物園へ行き、やがてその恋人と結婚式を……。

京都会館は形をのこして変わりました

素敵だと思われませんか？

動物園をこわして、例えそこに文化的な施設が建設されたとしても、京都人は決してそれを喜ばしいとは思いません。文化のために文化をこわしてはいけないのです。

近年、京都にも大きな槌音が響きわたり、新しい施設が次々に建設されつつあります。もちろん、町の発展も考えなくてはいけませんし、ビジネス上のこともいろいろあるでしょう。しかし、景観だけではなく、京都人がつちかってきた暮らしの文化ともいうべき〝習慣〟〝風習〟〝しきたり〟といったものまでこわされてしまわないかという危機感を、京都人はどこかで感じているのです。

ただ単に、新しいものをつくってはいけないと言うのではありません。都人の発想を充分に理解して、その感性をきちっと満たしてもらえるものならそれでいいのです。

建ち上がった次の日から、その価値が日一日と失われていくものではなく、一日一日その価値が増していき、そして、そこに思い入れを込められるものであることを望んでいるのです。京都の職人さんがつくられるような〝本物の品〟がほしいのです。

何かをモチーフとしたものをつくったり、どこかにあるものを持ってくるような形の物真似ではなく、本当に価値あるものが持つ心をしっかりと思考し、つくり上げなければなりません。人々の暮らしの中に根を下ろすことが出来る本物が京都には必要なのです。

新しい施設でも人々の思い入れを生み出す心と智恵が必要だと思います。

京都人間は論理的ではなく、物事を深く考えないと言われることがあります。ある意味では、それは的を射ていると思います。京都人は、元来、物事を論理的にうまく言い表すことが下手なのです。しかし、この論理的に物事を見つめないところに京都人の智恵が秘められているのです。

論理的に物事を見つめまへん

理屈にこだわることで〝大〟が〝小〟になることもあります。それよりも直感的に人間の心の機微を見つめ、それを大事にしたいのが京都人です。

論理的に深く思考することで話が途中から横道にそれてしまうことがあります。〝大〟が〝小〟になったり、〝善〟が〝悪〟になったり、〝きれいなもの〟が〝きたなく〟なってしまうことさえあるように思います。金閣寺《きんかくじ》がきれいだ、龍安寺《りょうあんじ》もきれいだし、銀閣寺《ぎんかくじ》もいい、それだけでよいのです。三者を比べてどこがどうだと論理的に見つめることが、京都人はあまり好きではないのです。

京都で花嫁道具をご近所の人々に見てもらうのは、これだけ親に支度をしてもらったので見てほしいという花嫁の感謝の心だけなのです。他人と比べてどうだとか、見せびらかすためでは決してありません。見せてもらう側も、「あの娘さんお嫁に行かはる、よかったなあ」と思う心が大切であり、それ以上、どこへとか、どんな人となどと詮索しだすと、本来のおめでたいと思う気持ちがどこかへ行ってしまいます。

多くの争いを見てきた蛤御門

ひと頃、矢を射られた鴨の姿が連日ＴＶに映し出されたことがありましたが、その鴨を見てただただ〝かわいそうに〟と思う、そんな発想が京都的なのです。しかし、その一方で人間は鴨を食しているではないかという論評もあり、なるほどその論評も筋道が通っていると思います。しかしながら、この事柄も論理的に深く考えることで〝鴨がかわいそうだ〟という本来のやさしい感情がどこかに行ってしまうことに、京都人は釈然としないのです。

京都人は直感のすばらしさを知っています。直感というのは、何も考えていないということではなく、その方が人間的な機微を表現するのにふさわしいと考えているのです。そして、その判断がおどろくほど正確なのです。そこには京都人の感情を大切にする心が基本にあり、〝しきたり〟や〝作法〟を通して、京都人の暮らしの中に、古《いにしえ》より脈々と伝えられてきた洞察力があるように思います。

幕末の頃、京都人は勤皇派、佐幕派の、どちらにもつきませんでした。勤皇の志士たちが殺されるのも新選組の人々が殺されるのも、同じ思いでかわいそうにと感じていたのでしょう。そして、それは京都人が社会の情勢にうといというのではなく、どの時代においても、人と人とがいがみ合うことが最もかなしいことだと考えてきたためだと思います。これが千二百年の間、はげしい世の移り変わりを間近で見てきた京都人の哲学かもしれません。

お料理屋さんにお伺いした時、敷いてある座布団を見ただけで、これから出していただくお料理の味がわかるものです。座布団一つにも心くばりがあるお店なら、必ず美味しいお料理を出していただけるはずです。

これは、何もお料理屋さんだけに限らず、他所のお家を訪問した時にも同じことが言えます。

座布団にも表裏・前うしろがあるのどす

座布団の出し方一つにも心をくばるのが本当のおもてなし。座布団一枚で相手への信用を表す高度なお作法が京都にはあります。

座布団がお作法どおりきちんと敷かれていれば、そのお家を訪問した喜びが一層感じられるものです。

座布団は、わさ（輪）になっているところが一ヶ所あり、それが前で、あとの三ヶ所には必ず縫い目がありま す。また、表と裏については、通常、房のある方が表で、〆糸がある方が裏ということになっていますが、どういうわけか最近のものは両面共に房がついたものが多く、ひと目見ただけでは表裏の判断がむずかしくなってきました。この場合は座布団の柄を見ればたやすく表裏がわかると思いますが、無地のものは縫い目で判断します。

お作法上、座布団の裏側を使用することはありません。時々、ご自分の使用していた座布団を裏返しにして人様にお出しになる光景をお見受け致しますが、本来それは大変失礼なことです。人様に座布団をお渡しになる時には、形を整えて前うしろに気をつ

わさ（輪）になっている方が前です

け、お出しになればよいのです。

座布団のお作法を、もう一つお話し致します。

座布団というものは、その人の座るべき位置をしめしたもので、勝手に動かしてはいけないことになっています。それに、正式な口上（例えば結納時の挨拶）を述べる時には、座布団は決して敷くものではありません。それには、こんな理由があります。

昔、部屋で敵におそわれた時に、足の保護、防御をする役目が座布団にはあったのです。ですから、他所のお家でご挨拶をする時に座布団をはずすということは、自分がへり下るという意味だけではなく、私はお宅を信用しています、という表現でもあったのです。お茶室において座布団を敷かないことは、皆様ご存じのとおりです。それは人を信用する茶道の伝統だとも思います。

また、昔は、人様に座布団をお出しする時には、必ず二つ折にしたものを広げて出すといったお作法がありました。これは、この座布団には貴方を傷つけるようなものを決して忍ばせておりません、という表現でもあったのです。

足の痛みをやわらげるだけが座布団の効用ではありません。座布団というものをとおして、相手への信用を言葉ではなく形で表現した、京都のハイレベルなお作法がここにあるのです。

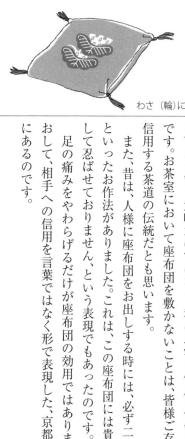

新国劇の名作『同期の桜』の一場面に、「散る桜、残る桜も散る桜」という名セリフがあるように、桜の散りぎわのよさは日本人の好むところですが、京都ではお祝いごとに桜の花を使うことはありません。〝散る〟という言葉から連想するものをどうしても受け入れることが出来ないのです。

お祝いごとに
桜はあきまへん

桜の花は〝散る〟から……。それだけと言えばそれだけのことですが、こんなこだわりようが京都人の京都人らしいところです。

他所《よそ》の地方では、お祝いの日に桜湯を飲むといったこともなされていますが、京都ではやはりこぶ茶があたりまえです。

昔、京都では四月の結婚式もあまりなかったのです。四月は桜が散る時期だったことと、四月の〝四〟の文字が〝死〟に通ずるためよくないとも言われていました。しかし、美智子さまが四月十日にご成婚されてからはあまり気にされなくなり、現在では四月の結婚はよくないと誰も言わなくなりました。

結納や結婚式は月によっては行ってはいけないとされていますが、その理由として、昔こんなことを聞いたことがあります。一月はお正月で忙しいからあかん、二月は逃げるからあかん、三月はお彼岸の月やからあかん、四月は桜が散るからあかん、五月はお茶で忙しいからあかん、六月は田植えの時期で農家の方が忙しいからあかん、七月は暑いためお料理が早く腐ってしまうからあかん、八月はお盆やからあかん、九月はまたまたお彼岸月やからあかんし……、十月は神無月やからあかん、十一月になると葉が落ちるからあかん、十二月は師走で忙しいからあかん」。これだと、一年中よい月がないことになってしまいます。すべてがNGなら、すべてOKということになります。

京都らしい話がありますので一つご紹介します。ある料亭（京都ではありません）で三月に会合が催された時のことです。松花堂のお弁当の蓋の上に、一枝の桜が添えられて出てきたそうです。おどろいた京都人の一人が「これは梅ですよね」と聞いたところ、仲居さんは「さあ、私にはわかりません」と返事をされました。そのやりとりを聞いていた人が「誰が見ても桜やで」と言ったのです。「梅ですね」と尋ねた人も、それが桜であると十分知った上で桜であってはいけないから、あえてそう言われたのです。その心を理解せず「桜だ」と言い放った人は、京都の心を解さぬ人だと言われたそうです。

最近、お金包み（金封）にも桜がデザインされたものを見かけますが、京都人にはあまり好まれません。

随分と桜の悪口を言いましたが、その実、京都人は桜のように散ってしまうもの、なくなってしまうものに、どこか共感をおぼえるのです。一時的にはなくなっても、いつか必ず再生するところが、平安の昔から何度もよみがえってきた京都そのもののイメージと、どこかでダブるのかもしれません。

これは、品物を粗末に扱ってはいけないという教えであり、しつけでもあるのです。当然といえば当然のことですが、京都の商売人は品物（商品）を販売するということを、自分の娘を嫁入りさせることと同じだと考えてきました。品物を人間に例えて大切にしてきたのです（人間を品物に例えてはいけません）。

どなたも嫁入り前の大事なかわいい娘をまたぐようなことはされないでしょう。そして、嫁入りさせたあとも、先様の家族の一員として、うまくとけ込み暮らしているだろうか、病気はしていないだろうかと気にかかるのは、親としてこれまたあたりまえのことです。

これと同じように、販売する商品も大切なものであり、またぐようなものでは決してありません。そして、お客様にお買い上げいただいたあとも、そのお家で役立っているだろうかなどと気にかけるのです。それが京都の本当の商売人だと思いますし、そんな心を大切にして一品一品販売しているのです。

もう何年も前のことですが、東京の八重洲口のあるレストランで旅行者が少し大きめのバッグを持って入店され、そのバッグを遠慮がちにご自分の席近くのフロアに置かれて座られました。そして、そこへ注文を聞きに来たウェイトレスが、お客のその

品物をまたいではいけまへん

商品は自分の子供と同じです。心を込めて大切にし、販売したあともあれこれ気にかけるのが、京都の商売人です。

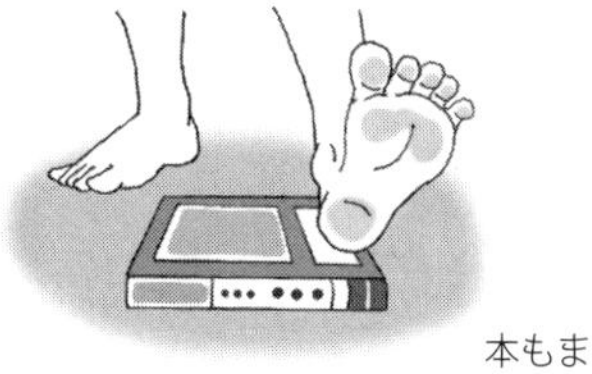

本もまたいではいけません

バッグをまたいだのです。お客は血相を変えて怒り出し、注文をしないで店を出て行かれました。この光景を見ていて、「あのお客はきっと京都人だ」と勝手に想像したのを覚えています。

また、こんなこともありました。私が若い日、劇団新国劇に在籍していた頃の話です。当時、座長であった辰巳《たつみ》柳太郎《りゅうたろう》先生には私も含めて三人の弟子がついておりましたが、ある日仲間のA君が楽屋で先生の台本（芝居の上演用脚本）をまたいだのです。そして、それは決して放り出してあった台本ではありませんでした。本人は、踏むよりはまたいだ方がよいと思ったらしいのですが、この時、先生は「台本は役者の命のようなもので、それをまたぐとは君は何を考えてるのだ！」と強く叱っておられたのを今でも鮮明に覚えています。私は京都生まれで、幼い日からやかましく言われて育ちましたので、この種の失敗は一度もありませんでした。

品物に心を込めて大切にするということは、京都人だけの発想ではありません。日本人すべての感性だと思います（ちなみに辰巳先生は兵庫県赤穂市の出身でした）。

私の家では商品はもちろんのこと、特にそろばんやお金、それに刃物（ナイフ・ハサミ）と砥石《といし》をまたいではいけないと厳しくしつけられました。

そのしつけの内には、大切なものをそのへんに放り出しておいてはいけないという教えもあったのだと思います。

ある著名な佛教学者の先生が、佛像をわかりやすく伝えるという意図で佛像にはランキングがあり、その役割を会社組織に例えられて解説されています。如来さまを社長、菩薩さまを重役、羅漢さまや高僧は部課長、明王さまは特命係、〇〇天はガードマンに例えられているのです。一見説得力があって京都でもそっくりそのままお話しされる他府県出身の先生がいらっしゃいますが、京都びとは佛さまをお人に例えたりは致しません。まして会社組織の役職に例えられることには釈然としないのです。

＊阿弥陀如来や大日如来など如来さまは、真の悟りを開かれた方で、社長ではありません。

＊観音菩薩や地蔵菩薩など菩薩さまは悟りを求めて修行される方で、重役ではありません。

＊不動明王や愛染明王など明王さまは如来の教えを正しく導く方で、特命係ではありません。

＊羅漢さんや道元禅師や法然上人らの高僧は、最高段階の修行者で、部課長ではありません。

＊四天王や帝釈天や弁財天などの〇〇天は、佛法の守護神で、ガードマンではありません。もう少し言及すれば、社長は会社の代表者であり、ガードマンは会社を守りますが、

佛さまをお人に例えたらあきまへん

ガードマンは守りのプロですがアイデンティティを守ってくれる訳ではないのです。

会社のアイデンティティを守るものではありません。佛教と会社組織とでは根本的に異なりますので、比喩することで余計に本質がわからなくなってしまうように感じます。

これに似かよったことに、私たちは、お寺にお参りすると「このお寺の御本尊は○○菩薩像です」という表現を耳にしたり、目にすることがあります。しかし、佛像はあくまで佛の教えや世界観を形にしたもので、佛さまそのものではありません。

そんな誤解が生じないためにお釈迦さまは当初、本質を見極めるために偶像を作ることを禁止されました。お釈迦さまの入滅から五百年ほど経って佛足跡が作られ、その後に佛像が作られるようになったそうです。佛像を拝するのではなく佛像の奥にあるものに対して拝むものだと、京都のあるお坊さんに教えていただきました。

「あの人は、菩薩さまのようだ」とお人を佛さまなどに例えることはあっても、その逆がないように、八坂神社の神紋は胡瓜の切り口に似ていると言うのは全く京都的ではありません。京都を表現するキャッチコピーに使用されたのには驚きましたが、これも逆で、胡瓜の切り口が、八坂神社の神紋に似ているのです。そういったことにこだわり続けて来たのが京都びとの気質・感性なのです。

「佛」という漢字も近年はほとんど「仏」と表記されるようになりましたが、佛という文字は、人の曲がった性根を法縄という縄でぐるぐると巻いて真っ直ぐにしたところから生まれた文字です。人偏にムと書いた略字からは、それが伝わってこないのです。

「えっ、そんなことがあるのか？」とおどろかれる方もいらっしゃると思いますが、京都では、結構こういったことが日常的にさりげなく行われているのです。

他店で買った品は、一度コインロッカーに預けてから次の店へ。これは、先様（お店）に対する気くばりであると同時に、自分に対する気くばりでもあるのです。

高島屋はんの下げ袋持って大丸さんには行きまへん

これはお店側に対する気くばりであると同時に、感じのよいお客としてきちんと応対してもらいたいと願う気持ちの表れでもあります。

このようにお話しすれば、自分に対する気くばりってなんだろうと思われるかもしれません。しかし、そもそもお作法というのは、自分が恥をかかない、また先様に不愉快に思われないために行うものでもあるのです。

最近は、デパートでも販売員さんの方があまり気にされなくなり、ちょっと様変わりしてきましたが、このお作法ももとをたどれば、感じのよいお客としてきちんと応対してもらいたいという気持ちの表れに他なりません。いわば自分のためであるとも言えるでしょう。その店にだけ来たとそのお店の人に伝われば、大事にもしてもらえますし、少しでもよい品を買えるというわけです。

それに、○○の品なら○○で、といったように、たとえお漬けもの一つでも最高においしいものを買い求めたいと考えるのが、これまた京都なのです。これは、何も京都だけに限ったことではないと思いますが、そういうことにこだわる人の比率が高いよう

どちらのデザインも素晴らしいです

に思います。

だからといって、ただ単に品物の品質のみにこだわっているのかといえば、それが決してそうではないところに、京都人の複雑な心理があります。つまり、品物を人様にさし上げる時には、中身はもちろんのことパッケージや包装紙に込められたお店の格と信頼を大切にするのです。デパートでも、誰が言い出したわけでもないのに、そのイメージをつくり上げ、同じ中身であっても、進物なら○○の包装紙で包んだものでなければいけないとか、高級品は○○で、庶民的なものは○○でとか、生活の中での贈りもののノウハウをきっちりと持ち合わせているのです。

包装紙にこだわるなんて、京都人は見栄のかたまりだと言われるかもしれません。しかし、京都では見栄のとらえ方が少し違うように思います。見栄とはみばえのことであり、人様に品物を贈呈するということは、何を贈るかではなく、どんな心を――気持ちを、相手に伝えるかを、大切にすることだと京都人は考えてきました。

祝福、感謝、哀悼、そのいずれの場合にも、相通ずるものがあると思うのですが……。

最近ある百貨店さんのサイフ売場でサイフを見ていたら「サイフですか？」と近づいてこられた販売員さん。もう一方の百貨店さんでは「どんな形のものをおさがしですか？」と声かけされました。さて、あなたならどちらの百貨店さんをお選びになるでしょう。こんなことにも京都人はこだわりを持っているのです。

きゅうりの切り口が、祇園さん（八坂神社）の神紋にどことなく似ていることから、その紋を食べてしまうのはあまりにももったいないと、京都では、祇園祭（八坂神社のお祭り）の間はきゅうりを食べないのです。神紋がきゅうりの切り口に似ているのではけっしてありませんので、念のために。

他の地方の人は、祇園祭といえば二、三日ぐらいの間と思っておられるかもしれませんが、祇園祭というのは随分長い期間にわたるお祭りでおよそ一ヶ月ほどあります。この間、特にきゅうりのおいしい時期に食しないのですから、結構大変なことなのです。

京都ではシンボリックな紋というものに対して敬う気持ちが非常に強く、大事にしているのです。

祇園さんのお祭りの間、きゅうりは食べまへん

八坂神社の紋を食べるようなもったいないこと、とてもできません。京都人の〝紋〟への思い入れが生んだ風習です。

最近、京都でも観光地に行きますと、紋入りのキーホルダーといったものを見かけますが、京都人は、あの種のものは、あまり買い求めないように思います。紋は、その家やその人を表すものであり、神聖なものだと考えていますので、あまり軽くは扱わないのです。家紋額といったものも、京都では他府県に比べてあまり売れないと、ある業者の方に聞いたことがあります。

京都では、広蓋《ひろぶた》とか袱紗《ふくさ》とか風呂敷《ふろしき》に、しっかりとご自分の家の紋が入っており、そ

織田家瓜

祇園守

のように代々残して伝えていくものがあるからかもしれません。そして、それはただの装飾品ではなく、日常生活の中で、事あるごとに使用するものでもあるのです。

日々の生活の中でつちかわれてきた、紋というものを重たく思い入れる心が、きゅうりを食しないことにつながっているのです。

もともと、紋はお公家さんが使っていた輿《こし》や牛車《ぎっしゃ》につけられたことがはじまりであると伝えられています。平安時代、御所や鴨川べりにならんだ輿や牛車は、まるで紋の品評会だったと想像されます。

このように、家紋発祥の地である京都には、紋に関するしきたりがあり、儀式作法には必ずと言っていいほど登場します。

京都人は自分の家の紋を知っているのがあたりまえであり、また、その紋には男紋と女紋があるのです。そして女紋の定め方にもしきたりがあるのです。こんなこと自体が、他所の地方から見れば不思議この上ないのかもしれません。

京都は紋＝シンボル（象徴）を敬い、大切にする地なのです。

それにしても祇園さんの祇園守の神紋がすっかり見られなくなりました。いつからきゅうりの切り口に似ている織田信長公の家紋と同じ「織田家瓜」が用いられ幅を利かすようになったのでしょうか。

家の棟上《むねあ》げの時、〃おたやん〃を棟に上げますのや

京都がどこよりも女性を大切にする地であると言われてるのは、〃おたやん〃という女性の面を家の一番高くに奉っているからかも知れません。

昔、大報恩寺（通称　千本釈迦堂）というお寺の本堂を建立する時に、長井《ながい》飛騨守《ひだのかみ》高《たか》次《つぐ》という大工の棟梁が、どうしたことか四本の柱の内の一本を誤って短く切りすぎてしまい、棟が上がらなくなってしまいました。

困り果てていた時、その棟梁の女房の阿亀《おかめ》さんが、残り三本も同じ長さに切って、その上に枡形を作り同じ高さにすればよいと提案したのです。その内助の功があって、無事に本堂は出来上がりました。しかし、その阿亀さんは竣工を待たず自害して亡くなってしまったのです。そのため、夫の高次は完成したお堂の棟に阿亀さんの福面を取りつけ、その遺徳と本堂の無事を祈ったのです。

これが、今でも棟上げの時に必ずおかめ（おたやん）の面を棟に上げる儀式の由緒《いわれ》です。

京都人が言うところの〃この間の戦争〃（応仁の乱）でも千本釈迦堂だけは焼えずに残りました。千本釈迦堂の境内には阿亀さんの像があり、今もその遺徳を偲んで節分には「おかめ節分会」が行われます。

京都は、女性をどこよりも大切にする地だとも言われます。それは、京都人が暮らしている家の一番高いところに女性を奉っているためなのかもしれません。

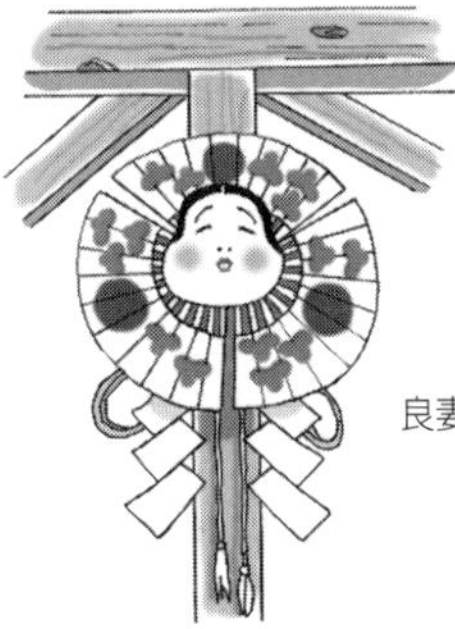

良妻のシンボル「おかめ」さん

実際の棟上げについて少々ご説明しますと、大工さんがおよそ長さ百八十センチ、巾十一センチぐらいの木材を準備されます。その木材の表に奉上棟と書き、下に施主、工務店、左官店等の名前を記します。そして、その裏に、棟上げの日付を書き入れるのです。木材の上には切り込みがあって、そこに御幣《ごへい》をはさみ込み、日の丸と松の絵柄からなる扇を三本広げて水引でくくりつけ、その中央に主人公である〝おたやん〟の面を取りつけて、それを棟に上げるのです。京都の民家をこぼ（壊）しますと、必ずこれが見つかります。そして、これを見れば、いつ誰が棟上げをしたかがわかるのです。

現在、京都でも新しい工法の住宅が次々と生まれつつありますが、例えプレハブメーカーが施工主であっても、やはりこの棟上げの儀式だけは、きっちり守られていると聞きました。

そして、京都の民家は儀式というものが出来得る間取りでなければなりません。そのためには全国的なパターンのものではなく、京都には京都に合った住宅が必要だと思いますし、住宅メーカーさんも、このへんのところをしっかりとおさえておかれることが大切だと思います。

京都では箸紙（箸袋）一つにも他所と違いがあります。

京都では、改まった席には、本来、水引のかかった箸紙が使われていました。

この箸紙、今ではお料理屋さんでも一般のご家庭でも、料理に対して横向きにして置くようになり、少しお作法がややこしくなってきましたが、お作法上は水引をかけたものを横にするのはおかしいことで、縦向きに置くのが正式なのです。

箸紙にも京風があるのどす

お箸の向こうにさえ神様を感じ、箸紙一つにも陰陽の思想がしっかりと息づいている。それが京都なんです。

縦向きなら金封と同じ形状でまったく問題はないのですが、横に置く場合は、図のように置かなければ、〝陽の姿〟、すなわち上が開いた形にならないのです。

東京式のようにお箸を上から箸袋にさし入れる形のものであれば左手で箸袋を持ち、右手でお箸を取り出すことが出来、このほうがスムーズだと考えられます。しかし、京都ではまず右手で箸紙を持ち、左手でお箸を取り出し、右手の箸紙は置きます。そののち、左手に持ったお箸を右手に持ちかえて使用するのです。

これにも意味があります。京都では神様と共に食事をしているという思い入れがあり、自分が使用するのとは反対側のもう一方は神様がご使用になるものなのです。そして、その神様の方を常に神聖にするため、箸紙にお箸をさし入れた時には、その方を紙

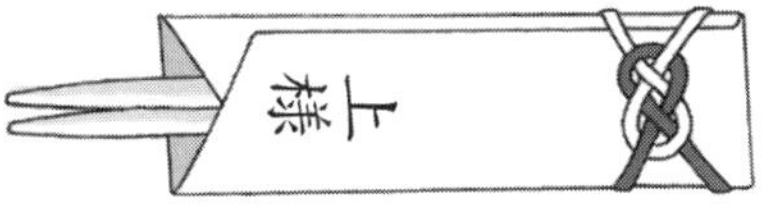

京都の思想のあらわれです

で包んで水引をかけるのです。東京のものは、人間が使用する方に水引がかかっていることになります。

どちらがよいとか悪いとかの問題ではなく、陰陽の思想が京都には昔からしっかりとあったという一つの証拠なのです。

これと同じように、帯結びにも京都式と東京式があり、京都では帯を時計まわり、つまり〝陽〟である右巻（左旋《させん》という）にしますが、東京はその逆に、〝陰〟である左巻（右旋《うせん》という）にします。

このように、昔から京都人は、陽と陰にこだわって生活をしてきました。今ではこういった細やかなお作法もだんだんなくなってきましたが、お箸の向こうに神を感じていた京都人の文化に、もう一度、こだわりを持ってみるのもおもしろいのではないかと思います。

近年、大相撲を観戦していると勝った力士に懸賞金を渡される折、金封の向きをどうされるか行司さんによってまちまちです。行司さんも迷っておられるのかもしれません。それとも、こんな作法はもう誰れも解説出来ない時代になったのでしょうか……。いえ、所作だけではありません。箸紙という言葉も柳箸という言葉もだんだん死語となりつつあってホームセンターではほとんど通じません。箸紙は箸入れに柳箸は祝箸と表記されています。

京都は家紋を大事にするところどす

京都で自分の家の家紋を知らない人はいません。家紋を知り、伝承することで家族や親族の絆を深め、自分たちの暮らしとアイデンティティを守ってきたのです。

本来、家紋というものは、平安時代、お公家さんの牛車《ぎっしゃ》や輿《こし》に、他の人のものと区別がつくように自分の目じるしとして文様をつけられたのが、その起こりだと言われています。それが、やがて武士の世界にも広まり、旗や幕をはじめとして、裃《かみしも》や羽織などの衣服に、そして調度品にも家紋が描かれるようになったのです。

一般庶民が広蓋《ひろぶた》や袱紗《ふくさ》などに紋をつけるようになったのは、明治になってからのことです。現在では、どこのお家でもご自分の紋を持っておられると思います。

その種類は四千とも五千とも言われていますが、京都ではご自分の家の家紋を知らない人はありません。京都は、家紋を知ることで家を守ってきたのです。

商人の町であった京都。その京都で商《あきな》う店を代々受け継いでいくことは、自分たちの生活を守るだけでなく人々の生活をも支え、ひいては京の都を形成し守っていくことでもあったのです。

親から家紋をもらうことで、店（家）を継ぐ責任感といったものが同時に芽ばえるのです。ここに京商人の智恵が感じられます。

現在、一般の方が紋にふれる機会は、おそらく冠婚葬祭の儀式の時ぐらいだと思います。他府県の方の雑煮椀に家紋は入っているでしょうか。

家紋の入った広蓋もあまり見かけなくなりました

昔、京都では、雑煮椀はもちろんのこと提灯や紋付の衣服などで紋を伝えてきました。今は広蓋・袱紗・風呂敷が代表的なものですが、京都は紋を伝承する一つのノウハウを持っています。家紋の入った品を普段はあまり目にふれないところにしまっておき、何か事ある時に取り出し丁重に扱うことで、ただ単なる装飾品ではなく大切なものとしてうまく伝承出来るのです。特に、雑煮椀に入れられた紋は、お正月に家族全員が顔を合わせたところで必ず話題になります。父親の紋、母親の紋、兄弟姉妹の紋を見比べて、京都の子供は幼い時からその紋の持つ意味を覚えていくのです。

紋には男紋と女紋があり、男紋は家庭紋とも言われ、代々その家に伝わってきたものです。女紋は女性個人のもので、母親の紋を継承したり、食《た》べ初《ぞ》めの時やお嫁入りの時に新たに定めることもあるのです。

このお嫁入りの時につくられる紋付（喪服）は、地方によっては嫁ぎ先の女紋を入れたり男紋を入れたりしますが、京都では必ず花嫁の実家で定めた女紋をつけて嫁いで行きます。ですから、実家に事あれば、その衣服の紋を見ることで「この人はこの家から嫁がれたのだ」ということがひと目でわかったのです。

京都で生まれた家紋は、千二百年の歴史を経て、今なお家族や親族の絆を守り、人々との交流を深め、都を支える大事なものとして、暮らしの中にしっかりと根を下ろし生きつづけているのです。

京都人は、ご先祖様に対する思いが強く、今、自分が安穏と暮らしていられるのも、すべてご先祖様のおかげだと考えています。

そのため、京都では、佛事作法というものがしっかりと暮らしの中に入り込んでいるのです。朝夕の礼拝はもちろんのこと、ご飯もお茶もすべて佛様にお供えしてからでなければ先にいただくことはありません。

お盆には虫を殺してはいけまへん

京都の人はご先祖様をとても大切にしています。お盆にはお浄土からご先祖様が虫に姿を変えて我が家に帰って来られるのです。

特に、お盆の時には枚挙にいとまがないほどの種々さまざまな風習や言い伝え、しきたりがあります。

その一つに、お盆には虫を殺してはいけないというものがあり、京都ではこれがあたりまえなのです。そして、そこにお盆の行事の本質があるように思います。

お盆の頃、ＴＶから流れる蚊取線香のＣＭに、どことなく釈然としないものを感じるのは、日本広しといえども、おそらく京都人だけではないでしょうか。

京都人は、子供の頃からお盆には昆虫採集をしてはいけないと言われて育ってきました。また、そう言われることになんの反撥も感じないのが、これまた京都の子供なのです。

〝おはぐろとんぼ〟という昆虫をご存じでしょうか？　黒くて細い上品なとんぼで、

ご先祖さまも蓮の葉で一休み

そのとんぼを見ていると、どこか京都の紅《くれない》の水引を連想します。京都ではご先祖様がこのとんぼに姿を変えられて、お浄土から我が家に帰って来られるのです。このとんぼのことを、京都では〝お精霊《しょらい》とんぼ〟と呼んでいます。他所《よそ》の地方からは滑稽だと言われるかもしれませんが、このお精霊とんぼに手を合わすこともあるのです。

また、佛様にお水をお供えする時、その器の中に蓮の葉や樒《しきみ》の葉を浮かべますが、これとても同じような意味があり、暑い夏の日に虫たちが水を飲みに来て、誤っておぼれてはいけないために……葉にとまって水が飲めるように……と殺生をしないために心をくばり、こんなことをしているのです。

もちろん、ご先祖様がとんぼに変身するとか、虫がおぼれないようになどと、そんなことを本気になって考えているわけではありません。しかし、そこには京都人のやさしい感性というべきものがあるように思います。

今年もまた、ご先祖様に気持ちよくお帰りいただくために、お佛壇をきれいに整え、提灯を吊るしたり、松明《たいまつ》を焚いたり、きゅうりやなすびにお箸で足をつけたり、麻殻《おがら》ではしご段を作ったりして、ご先祖様をお迎えするのです。京都におもてなしの文化が発展した極意がここにあります。

そして、そこに、その家その家の独特の風習が生まれ、それが、祖母から母へ、母から娘へと受け継がれていくのです。

商家では毎月一日にあらめを炊いて、月末の日におからを煎ります

商家にとって月のはじめと月末はとても大事な日です。あらめは利益が上がるように、おからは集金がうまくいくように、と願って食べます。

京都では、昔から〃八〃のつく日（八日・十八日・二十八日）にあらめ（荒布）を炊いて、きわの日（月末）におからを煎ると言われていますが、私の家（商家）では、〃お朔日《ついたち》〃（一日）にあらめを炊いて、きわの日におからを煎っていました。

商家のお朔日というのは一般の方の元旦と同じような思い入れがあります。

今月もお朔日を迎えられたという喜びと、この一ヶ月また、どうかうまくまわっていける（商売が出来る）ようにと願いを込める大切な日なのです。そして、この日当家では小豆ご飯におなます（膾《なます》）、それにあらめとお揚げ（油揚げ）の炊いたものを食べるのが習慣になっていました。小豆ご飯はお祝いの意味と〃まめ〃に働けるようにという願い、あらめは〃あらい・め〃が出るようにという願いを込めたものです。〃あらい・め〃とは、一般の方には聞きなれない言葉だと思いますが、これは原価（仕入値）と上代（売値）との差が大きいことをさし、利益が上がることを言うのです。

京都の商家には、このあらめを炊いた時に出る黒い煮汁をまく風習もあります。お客様がお見えいただく門口に、商売繁盛を願って〃あらい・め〃が出るようにとまくのです。

むかし私共の店は角店で、表の通りに面して門口が三間半、横の通りに面したところ

おからとあらめ

が七間あまりありましたので、この汁も相当量が必要だったのです。上《かみ》バケツ（食物を入れるバケツ）に、なみなみと入っていたように記憶しています。今考えれば、これは化学的に虫除けの役目もあったのかもしれません。

また、きわの日のことは、私たち商売人は〝つごもり（晦）〟とも言います（十二月三十一日を〝大晦《おおつごもり》〟と言います）が、特に忙しい日です。そのため、ご飯さえあればすぐに食事が出来るおからを煎ったのです。また、おからは、〝炊く〟とは言わず、〝煎《い》る〟と言うため、〝日銭が入る〟にかけ、集金がうまくいくようにと験《げん》をかついだのです。おからのことを〝きらず〟と言うところから、〝お金が切れないように〟〝お人とのご縁が切れないように〟とも言われました。

このように、京都の商家では月のはじめや月末を大切に考え、食べるものも決まっていたのです。

こういったことは何も商家だけではなく、それぞれのお家によっても、一年を通じてこの日にはこれを食べると決まっているものがありました。私の記憶を頼りに一例をあげてみますと、一月七日の七草粥《ななくさがゆ》、十五日の小豆粥《あずきがゆ》、二月節分の鰯《いわし》、七月土用のあんころ餅や鰻《うなぎ》、八月お盆の精進料理の品々、九月お月見のお芋、十二月八日の針供養のこんにゃく、冬至のかぼちゃ、それにお祭りの日の鯖寿司や鱧《はも》などです。京都のご婦人にお聞きになれば、もっともっと詳しいと思います。

〝まあ、お茶づけ一杯でも……〟

誤解が誤解を生み、京都人の〝いけず〟の代名詞と受け取られていますが、本当は、余韻を持ってお別れするための心あたたまる床しい言葉です。

「いや、まだよろしおすやん。お茶づけ一杯でも食べていっとくれやす」

京都のお家を訪問し、帰りぎわに「じゃあ、このへんで失礼します」と言うと、家人からこう言われることは、皆さんもよくご存じだと思います。これは、「私はあなたとまだお話ししていたい」という意味であり、そう思うほど楽しい時間を過ごせてよかったという親愛の情を表現した言葉なのです。

「失礼します」という言葉に対して、「そうですか」と答えるのが普通かもしれませんが、それではあまりにも味気ないと感じられませんか。それに、そう簡単に言ってしまうと、いかにも早く帰ってほしいと願っていたように受け取られては大変だと京都人は気をつかい、なんとか引きとめようとするのです。

本当に「さようなら」を言うまで、しつこいまでのやりとりでコミュニケーションをはかり、より親密なおつき合いをしてきたのです。

有名なこの「お茶づけ一杯」というのは、会話の一つの流れであり、折角のなごやかな雰囲気を断ち切らないように余韻を持ってお別れするためのものです。あくまでも、お客様を不愉快な気持ちにさせずお帰りいただくための心あたたまる言葉なのです。

最近は、誤解が誤解を生み、「そろそろ時間ですからお帰りください」という時に、京

お茶漬けでもどうどす？

都人が使用する言葉だと解釈されているようです。言葉がいつの間にか、勝手に一人歩きしてしまったのでしょう。よほど無作法な人にはそういう意味で使うことが、もしかすればあるかもしれませんが、実際にはそのような悪意を持って使われることは決してありません。「お茶づけ一杯でも――」という相手には、もうすでにお料理をお出ししているような大切なお客様なのですから。

家人がそう言って本当にお茶づけを準備されていることもあり、そのお茶づけを有難くいただいて帰るのがお作法の場合もあるのです。そのへんの判断を京都人はちゃんと心得ているのです。

心にもないことを平気で言う京都人の〝いやらしさ〟とか〝いけずなところ〟とか〝二面性〟だとか、悪いイメージだけが広まってしまいましたが、私はこの言葉を京都人の奥床しさの代名詞だと思っています。

転居通知というものをご存じだと思いますが、そこには必ず〝お近くにお越しの節には是非一度お立ち寄りくださいますよう、お待ち致しております〟と記されてあります（これは京都だけに限ったものではありません）。でも、いくらこのように書かれていても、そんなに親しくもない人のお家を、近所に来たからといって訪問されることはないと思います。社交辞令的なものが、すべていけないとは思えないのです。

百歩譲ってこのことからもその真意が見えてくるでしょう。

十三《じゅうさん》詣りの時、「渡月橋を渡りきるまでにふりむいたら、もらった智恵を返してしまいます」というこの言い伝えは、京都では大変有名なものです。

これは伝説や信仰といったものではなくて、子供に対するしつけ（お作法のはじまり）なのです。

昔は十三詣りに行きますと、お寺の境内で十三種のお菓子を買い求め、菩薩様にお供えし、それをおさがりとしていただいたそうです。そのお菓子を境内を出るまでにすべて食べきらなくては、授かった智恵を返してしまうとも言われていました。これとても同じことです。

小さな子供は、お菓子をいただいてもなかなか食べられなかったり、真っすぐ前を向いて歩かなかったりするものです。そこで、「智恵を返してしまいますよ」ということで、もう十三歳にもなったのだから世の中の決められた約束ごと（お作法）は守らなければいけない、というしつけをしてきたのです。これは、特にお寺様が言い出されたことではなくて、お詣りする人々の口から口へと伝わり、広まったものです。

渡月橋《とげつきょう》を渡りきるまでふりむいてはいけまへん

十三詣りの帰り、こう言われるのは智恵を返してしまうからだけではありません。約束ごとは守らなあかんという〝しつけ〟なんです。

十三詣りというこの儀式は、虚空蔵《こくうぞう》菩薩様の縁日にあたる旧暦の三月十三日（今は四月十三日）に、数え歳で十三歳（生まれた時の十二支に戻る歳で一歩踏み出すという

なんとなく振り返りたくなるものですね

意味があります）になった子供（現在では男女共）の大人の仲間入りを祝い、心身共に健康であるようにと祈り願う習わしとして生まれ、今日まで伝わってきたのです。子どもたちはこの日、「おめでとうさん」と祝われ、子供の着物から初めて本身裁ちの着物を着せてもらえます。着物文化の継承でもあったのです。

京都では、殊に嵐山の法輪寺《ほうりんじ》が有名で、「智恵もらい」とも言われて毎年大変なにぎわいを見せています。子供たちがこの法輪寺さんへの行きと帰りに渡るのが渡月橋なのです。（むかしは法輪寺橋と呼ばれたそうです）

私共の子供の頃には、学校から学年全員がこの十三詣りに行ったものです。宗教的な意味合いより〝しつけ〟として考えられていたからこそ、学校行事にもなったのだと思います。京都には、七五三行事といったものは昔はほとんどなく、この十三詣りが主流だったのです。

また、この十三詣りはもともと皇族の方々の行事だったものが民間に広まったもので、本来は男の子の行事であったとお寺様にお教えいただきましたが、過日拝読した京都のあるガイドブックに、「十三詣りは京都の女の子の行事である」と記されていたのには少々おどろきました。しかし、これが時代の推移とでもいうものでしょうか……。

京都のしきたりが、ここでもまた一つ、その形を変えようとしていることに、一抹のさみしさをおぼえます。

京都は古都ではありまへん

京都は現在も生きていますし、これからも生き続けなければなりません。大切なのは〝保存する〟ことではなく、〝伝えていく〟ことです。

〝古都〟という言葉の響きから良い印象を受ける人も多いでしょうが、古都というのはどう見つめても過去の都のことです。京都＝古都、これではただ古いだけのものと言われているような気がしてなりません。何も悪意を持って言われているわけではないでしょうが、「京都は、かつて、日本の都があったところです。」などとガイドの方が説明されることに大変なさみしさをおぼえますし、〝古都保存〟という言葉を聞きますと、京都が丸ごと冷凍庫に保存されてしまうように感じてなりません。

京都人は、京都は今でも日本の都だと考えているのです。伝統という名のもとに、ただそれにしがみついている地ではありません。寺院においても、「どうぞ歴史ある古いものを見てください」というだけではなく、現代に生きる人々に佛様の教えを理解してもらうことが大切だと思いますし、また、西陣織の帯というものも、伝統工芸品ということでただながめているだけのものではなく、実際に身体に結び、いかにそれが身体に馴染むすぐれた品であるかを全国の人に知っていただくことが大切だと思います。

京都のものはすべて現在進行形のものばかりなのです。

町並み保存という声をよく聞きます。それは大変に結構なことですが、この千二百年

ビルに囲まれても
しっかりと生きています

の間のどの時代の町並みを保存するのでしょうか。建物や景観などを守る必要は十分に感じますが、それよりましてもっと大事なことは、京都人が脈々と受け継いできた京都の感性をきちんと後世に伝えていくことだと思います。

京都の町は現在も生きていますし、これからも生きつづけなければいけません。そして、その呼吸する町の中で何をつぶして何を残していくのか、その選択が重要だと思います。

京都人は今でも都人《みやこびと》としての誇りと心得を持ちながら暮らしています。

京都を古くからあったもの、過去のものとしてただ保存するのではなく、この時代に息づく都人たる京都人の暮らしそのものを次の時代に伝えていきたいと考えているのです。

明治維新により天皇さんが東京に行かれて、京の都には、せみの脱け殻のような御所が残りました。京都はあの日からまるでエネルギーまでなくしてしまったのかもしれません。

イデオロギーは別として、今でも天皇さんにお帰りいただきたいと思っている京都人も多いはずです。あの日から百数十年がたちました。しかし、千二百年の歴史の中では、天皇さんは「ちょっと東京に行ってはるだけ」なのです。

第二章

京のならわし

男の子には〝大〟の字を、女の子には〝小〟の字を書いてお宮詣りします

公家衆らの額には位星と呼ばれる印をつけておられたことに通じます。

我が子の額《ひたい》に、頬紅で〝大〟や〝小〟の文字をふるえる手で書いた日の感動は、親として生涯忘れるものではありません。〝大〟は大きく、〝小〟はかわいく、という意味だけではありません。

〝大〟は力強く、それに世に立てるように即ち出世出来るように願い、〝小〟はやさしくたおやかに小さいことにも気遣いが出来る女性に育ってほしいと祈りながら、お宮詣りの前に心を込めて額にこの文字を書くのです。一種のおまじないのようなものです。

なぜ、〝大〟や〝小〟の文字を書くようになった起源はわかりません。京都の大文字の送り火の大の字だとか、暦の大の月、小の月からきているのだとか、いろいろな説がありますが、本来、このような風習風俗の発生は、その根拠がよくわからないことが多いのです。しかしながら、このような風習が京都を情報発信地として、少しずつその形を変えながらも、伝達手段のとぼしかった時代に、人から人へと広まったのは、すごいことだと思われませんか？それは、親の心、人の心というべきものが、どの地においても同様であった一つの証拠ではないでしょうか……。

お宮詣りは産土神《うぶすながみ》詣りともいわれ、本来はその土地の神様にお詣りするものです。

京都ではこのお宮詣りの時に初着《うぶぎ》につける宮詣りの扇（友白髪《ともしらが》、紐銭《ひもせん》ともいう）というものがあります。麻の緒で白髪を表現し、のし形の紙折に、扇子をさし入れたもので、男の子用は青（緑）、女の子用は赤です。誕生間もない子供の長寿と友達との〝和〟を願って用いられ、ご縁があるようにと、友白髪と記した半紙に五円、五十円、五百円玉を包んで贈ります。京都の神社には、この宮詣りの扇をお供えする場所が設けられています。

神前では、赤ちゃんをつねって泣かせます。その泣き声で、神様にその子を覚えていただき、これから先のご加護をお願いするのです。

内祝は、お宮詣りを済ませてから、赤ちゃんの名前で贈ります。このお宮詣りをはじめとして、お七夜《しちや》も食《た》べ初《ぞ》めも、儀式作法は当人のわからないところで事が行われているものだということにお気づきになると思います。昔は結納の日、花婿も花嫁もその場に居合わせることがありませんでしたし、結婚式にしても、まわりの人たちが脇役を演じているようで、実は主人公だったのです。

そもそも儀式とは、その当事者のために存在するものではなく、まわりの人々の〝絆〟を高めるために行われました。

それゆえに、今日においても、これらの儀式が私たちの暮らしの中にしっかりと生きつづけているのだと思います。言うまでもないことですが、かなしみの儀式もこれまた同じことが言えると思います。

祖母に抱かれた赤ちゃんを見守るようにして、父親や母親、祖父らと共にお宮詣りされている、なんともほほえましい光景をテレビや雑誌などで目にすることがありますが、京都ではこんな光景を、なかなか実際には見ることがありません。

お宮詣りといえば、必ず赤ちゃんの母親がついて行くものだと思われるでしょう。

お宮詣りの時、赤ちゃんの母親はお宮さんには行きまへん

お母さんは出産で大変だったので、お宮詣りの時ぐらい、おばあちゃんや親戚にまかせてゆっくり休みなさいという、いたわりの風習です。

しかし、京都では、お宮詣りには一緒に行かないのがあたりまえなのです。

「出産した女性は身体がけがれているので鳥居をくぐってはいけないのだ」と、まことしやかにおっしゃる方もいらっしゃいますが、決してそうではありません。

母親がお宮詣りに行かない本当の意味は、出産間もない母親の身体をいたわり、お宮詣りの時ぐらいは、おばあちゃんや親戚の人にまかせて、ほんの少しの間でもゆっくり休みなさい、という気くばりであり、思いやりなのです。赤ちゃんをおばあちゃんに見ていただき、まかせることで、おばあちゃんも孫を抱く喜びをしっかりと実感できるでしょうし、母親もまた、しばらくの間、休むことが出来るのです。まさに一挙両得、なんとすばらしい発想でしょう。これを〝しきたり〟とした京都の先人の智恵には、ただただ頭が下がります。

赤ちゃんのおっぱいをどうするのだろうかと、疑問を持たれる方もいらっしゃるかもしれませんが、母乳をしぼって哺乳瓶に入れたり、京の番茶を持って行くのです。京の番茶とは、カフェインやタンニンが少なく赤ちゃんには最適、最良の飲みものです。京都の赤ちゃんはこの味を覚えて大きくなり大人になってからも忘れられないのです。ところがこの番茶、京都市内でもなかなか手に入りにくく、中京の人がわざわざ宇治の老舗の茶問屋さんに足を運ばれることもあります。

話を戻しましょう。お正月にはほうきを持ってはいけない、と京都ではよく言われます。これとても、同じような意味があるのです。この言葉は決して男性が言い出したものではなく、女性が女性に対して、思いやり、いたわりの心で言い出した言葉なのです。女性をいたわる優しい気持ちがこんなしきたりを生んだのです。

かなしいことですが、日常的に女性を大切にするということがなかった時代がありました。しかし、京都ではその頃からずーっときちんと女性をいたわり、大切にしてきたのです。これは京都人の進歩的なすばらしさであり、一つの誇りでもあると思います。

この本を読みすすんでいただければ、いかに京都人が女性を大切にしてきたかが、きっとご理解いただけると思います。

お母さんはひとやすみ

食《た》べ初《ぞ》めやお雑煮《ぞうに》のお椀は赤が男用、黒が女用どっせ

お膳の足も男は低く、女は高くなっています。理由はともかく、こんなこだわりが千二百年も続いてきたところが京都なんです。

京都には〝食べ初め膳〟という特別のお膳があったり、お雑煮のお椀もお椀の蓋が椀の中にすっぽり入ってしまうような独特のものがあります。

蓋をすることの主たる役目は、ちりやほこりが中に入らないようにするためであることは申すまでもありません。しかし、京都ではお椀に蓋をしないのです。

本来お正月には、〝お正月様〟という神様をお迎えしているのですから、そのお部屋は神聖であり、ちりやほこり等があるはずがありません。だからお椀に蓋は必要ないのです。一見、蓋に見えるものは蓋ではなく、お煮しめの取り皿なのです。

お椀の色には黒と赤があるため、黒いものが男性用で赤いものが女性用と、一般的には思われることと思います。しかし、それが京都では逆なのです。内朱《うちしゅ》といって内が赤く外が黒いものが女性用で、惣朱《そうしゅ》、皆朱といって内も外も赤いものが男性用です。

古墳などから出土した土器には、よく赤い色が塗られているそうです。赤い色を塗ることによって、つくり出されたただの器に魂を吹き込み、その器を生あるものとして大切に扱ってきたのです。赤い色は、もちろん人間の血液を表現したものです。

それでは、なぜ女性のものが黒なのかということですが、赤い色を塗って魂を吹き込

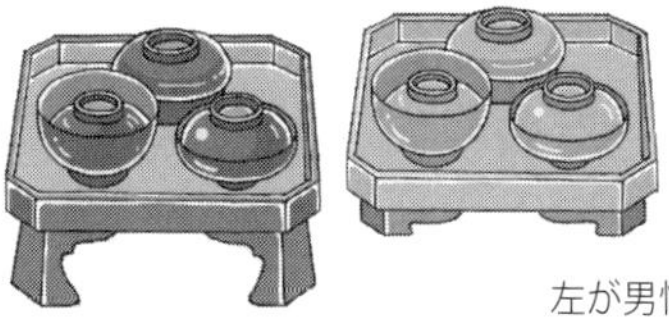

左が男性用、右が女性用です

んだあと、黒色、即ち水を表現した色を外側に塗り、より神聖に清めたのだとか、黒色を女性とした陰陽道の思想からきているのだとか、何度も何度も塗り重ねていくうちに黒くなったのだとか、さまざまな説がありますが、残念ながらまだはっきりとしたことはわかりません。

また、これら儀式用のお膳には、足高《あしだか》というものがあり、女性が使用します。男性のものは足が低くなっているのです。と申しますのは、男性の場合はあぐらを組んで食事をしますが、女性の場合は正座（立てひざ座り）をするのでお膳の足が高くなっているのです。

食べ初めもお正月も、食する時には必ず柳箸《やなぎばし》を使用し、塗箸《ぬりばし》を使うことはありません。

また、後世、これらお椀やお膳に七カ所定紋《じょうもん》を入れるようになりました。男性のものは金か黒色で、女性のものは銀で入れます。紋は入れることでより一層その物を大切に扱う気持ちが生まれてきます。

一つのものにこれほどこだわり、使い分けをしているのは、おそらく京都だけではないでしょうか。

たかがお椀、しかし、これもやはり暮らしに息づく京の文化ですし、こういったものが平安時代から千二百年もの長きにわたって今日まで伝わってきたということに、なぜか身がうちふるえるような感動をおぼえるのです。

神様には無言でお詣りしますし、結納おさめもまた無言です

無言になることは即ち一心になること。静寂がもたらす荘厳な雰囲気の中に、完成された日本の美を感じます。

無言詣りとは、何も京都に限ったことではなく、全国各地に見られるものですが、京都では、祇園祭の時、お旅所《たびしょ》まで無言詣りをするという風習があります。

一般の方が、今ではどれだけされているか確かなことはわかりませんが、祇園の舞妓さんや芸妓さんたちは、今でも願をかけてお旅所に無言でお詣りされています。

お祭りの間の八月十七日から二十四日まで、神様には八坂神社から新京極の前にある地までお出ましいただきますが、その地のことを〝お旅所〟といい、そこにお詣りするのです。そのお詣りには黙って行くという約束ごとがあり、例え人に話しかけられても、口をきいてはいけません。口をきくと願いごとがかなわなくなると言われています。

しかし、無言詣りはただ単なる言い伝えだけではなく、これにはそれなりの理由があるのです。それは、他のことは一切考えず、一つのことに一心になりなさいという教えでもあるのです。

以前四条小橋のところで首から〝無言詣り中〟と書いたプレートをさげたお人を見かけたことがあります。京都人の人を心を和ませるユーモアだと感じました。

家と家をつなぎ人と人を結ぶ結納も無言でおさめるものです。これも今では京都だ

無言だからこそ分かることもあります

けではなく、全国的な風習として定着しています。それでは、なぜ結納も無言でおさめるのでしょうか。これにも、もちろん理由があります。

結納とは、近年少なくなりましたが、仲人が婿方の大切な結納の品をあずかり、嫁方に持参するのが本来の形です。その折、仲人は嫁方の玄関においても目礼だけで言葉を出さず、黙って部屋に通り、所定の場所に結納の品を飾りつけます。そののち、仲人ははじめて正式な口上を述べるのです。ここまで仲人も嫁方も言葉を交わしません。それには、婿方からおあずかりした大切な結納の品を、まだ嫁方にお渡しせぬうちに余計なことを言ってはいけないという理由があるからです。それに、無言で事を行うということは、無言であることによって、より真剣な感情を先様にお伝えすることにもなるのです。

神前結婚式においても、神官以外は、婿も嫁も、両家の親族一同も、そばに控えた巫女も、ほとんど言葉を発せず進行していくことは、皆さん、ご存じのとおりです。

申すまでもなく神社参拝の折には無用なおしゃべりは厳に慎まなければいけません。ご神徳を得ることが出来ないのです。

無言の中では、今まで聞くことの出来なかった音がやさしく耳に入ってくることもあります。ゴッドパワーも授けられるでしょう。

ひと時の静寂は、大変荘厳な雰囲気をつくり出すものです。そして、そこに完成された日本の美を必ず感じとれることと思います。

一条戻り橋というのは、堀川通りの一条にかかる小さな橋で、死人がこの橋の上で生き返った（戻った）ところから、いつしか戻り橋と名づけられました。

その昔、その橋に愛宕山《あたごやま》の鬼が出没し人々を悩ませておりましたが、ある日、源頼光《みなもとのよりみつ》の四天王の一人渡辺綱《わたなべのつな》という武士がその鬼の腕を切り落としたという伝説があります。この話は『戻橋』という演題で歌舞伎にもなっています。また陰陽師の安倍晴明《あべのせいめい》がこの橋の下に式神《しきがみ》（鬼を飼い馴らしたもの）をひそませていたというエピソードでも、知られています。

京都では結構有名なところですが、婚礼儀式の時には、決してこの橋を渡ってはいけないと言い伝えられています。

お嫁入りの時、一条戻り橋は渡りまへん

ささいなことにこだわりながら、一つの儀式を大切にしていく。京都人の儀式作法の考え方の原点です。単なる迷信ではないのです。

これは、この橋の名称である戻り橋という名にこだわり、嫁ぎ先から嫁が戻って来ないように言い出されたことで、今でもそこを通らず、わざわざ遠まわりをするのです。

こういった場所は、この戻り橋だけではなく他にも見られます。

このようにお話ししますと、京都人は、またつまらぬことにこだわるのだなあと思われるかもしれませんが、ここに、京都人の事を行う儀式作法の原点と言うべきものがあるのです。ささいなことにも本気でこだわりながら、一つの儀式を大切にして

日常で通る機会は
あまりないかも知れません

きたのです。

婚礼という人生の一大儀式を軽く考えず、重たく考える発想から、道順というささいなことに神経を使い、まわりの者がいろいろと智恵を出し合いながら、時には一方通行の道路を警察署に書類を提出し、逆方向に通らせてもらうといったことまでしてきたのです（現在警察の方でこういったことが許可されるのかどうかは知り得ませんが、昔は儀式だからと粋《すい》なはからいをしていただいたものです）。

儀式に対する思い入れ、これこそ京都なのです。

京都の結納用品の専門店やデパートの婚礼用品の売場でも、「婚礼用品は、商品の性格上、返品は、お受け出来ませんので何卒ご了承くださいますようお願い申し上げます」といった返品おことわりの小さな看板を見かけることがあります。返品された商品を、わからなければよいといって他のお客様に販売するような、そんな感性を京都人は持ち合わせていないのです。こんなところにも、京都のこだわりといったものを感じるのは、決して私だけではないと思います。

この一条戻り橋には、戦争中、出征兵士を見送るのに、わざわざこの橋まで行って、必ず戻って来てほしいと願ったという悲しい話も残っています。

また現在は、京都を訪れた人がこの橋を渡れば、もう一度必ず京都に来ることが出来ると言われているとか……。

お葬式の時のお金包みは〝黄白〟が京都式どっせ

たかが水引の色とおっしゃるかもしれませんが、これを譲ってしまうことから千二百年の歴史が失われていくのだと思っています。

お葬式には〝黒白〟、年忌や法事には〝黄白〟の水引のかかった金封（お金包み）を使用するとまことしやかに言われていますが、これは大阪地方や東京地方（東京ではどちらも黒白を使用します）でのことで、京都では、お葬式、年忌、法事にかかわらず、〝黄白〟の水引のかかった金封を使用するのが正式なのです。

しかし、大変残念なことですが、この約束ごとが、今、京都で音をたてて崩壊してしまったように思います。と申しますのは、最近お葬式に参列しますと、黄白の金封は非常に少なく、ほとんどの方が黒白の金封を使用されているのです。（香典辞退も多くなりました）

京都で、黒白を使わず、黄白の水引を使ってきたのには理由があります。

昭和二十年頃までは、祝い時に使用する最も格の高い紅白（赤白ではありません）の水引というものがありました。この水引は、玉虫色に光り、大変美しく上品なものですが、一見、黒白と見間違えるため、黒白は昭和四十年代中頃まで、京都ではほとんど販売もされていなかったのです。

それに、京都は昔から黄色と佛の世界を結びつけてきました。浄土を表す黄泉《よみ》（黄土）の世界、これも黄色、聖徳太子が定められた冠位十二階でも黄色が佛の色とされていま

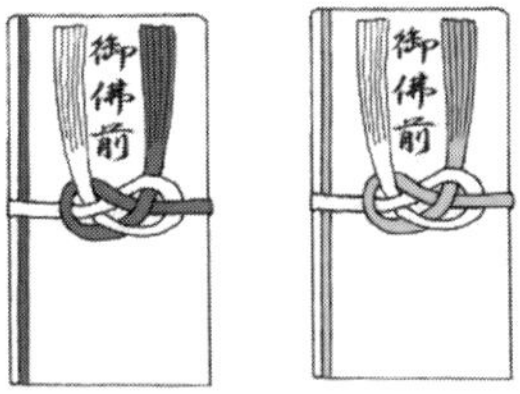

左が黒白、右が黄白

す。また、精進料理には必ず黄色の湯葉が添えられます。黄衣・黄河・黄檗《おうばく》といった文字からイメージするものも、やはり佛教ではないでしょうか……。

これほど京都人には黄色に思い入れがあったのに、一体どうしてここ数年の間に、これだけ変わってしまったのでしょうか？

それはやはり東京の強力なマスメディアがそうさせたのだと思います。京都のしきたりが他所《よそ》のしきたり、文化に完全に負けてしまったのです。

先年、京都でのあるお葬式の折、黒白の水引のものはすべて返されたことがあったと聞きましたが、京都人の中には、この黒白の水引に対して大変不快の念を持っておられる方もいらっしゃるのです。

お亡くなりになった方が土に帰られる（浄土に行く）ことを願って、黄白の水引で結び、手を合わせるのが、京都の心なのです。

黒白、それは碁石に代表されるように黒白《こくびゃく》をつける色であるとおっしゃるお坊様もいらっしゃいます。やさしい佛様の世界にふさわしい色とは思えません。

それに、表書きも〝御香典〟と書かずに〝御佛前〟と手書きできちんと書くのが京都式なのです。

昔、京都であたりまえであったことが、だんだんなくなっていくことに、はげしい憤りを感じるのは、決して私一人だけではないと思います。

お葬式の時に黒白の幕を張るようになったのは、最近のことどす

五十数年前までは浅葱色と白の幕があたりまえでした。黒白はもともとめでたい時に使われた色で、決してかなしみの色ではなかったのです。

ちょっと前まで、京都では、お葬式の時には浅葱色（薄いブルー）と白の幕を張りめぐらせていました。

五十数年前はそれがあたりまえだったのですが、いつしか他所《よそ》の地方に合わせて徐々に黒白の幕を張るようになり、今ではすっかり黒白で定着してしまった感があります。黒い色は、色が混ざって混ざり合って出来上がったものであり、白い色は、一切何も混ざらない状態のものです。つまり、黒白とは両極端な究極を表現した色彩だと言えるでしょう。

〝人の死〟という観点からすると、お葬式は究極の儀式とも言えるわけで、その儀式に究極の色彩である黒白の幕を張ることで、より一層きびしい状況を表現したものだと考えられます。

しかし、人の死という究極の時に究極の幕を張るという、そんなきびしさに追いうちをかけるような行為は如何なものでしょうか。

それに、この黒白の幕は、古来よりめでたき儀式の時に使用されたもので、伊勢神宮ではお正月に、伏見稲荷大社ではお田植祭などに、宇治の県《あがた》神社では県祭《あがたまつ》りに、最近まで黒白の幕が用いられていましたが……。

幕も黒白ではありません

私たちが日常的に見ることが出来る黒白の色を使ったものには、どんなものがあるでしょうか。

囲碁の碁石、弓の的、パトカー、日の丸の旗竿、結婚式の礼装のネクタイや靴下、黒い墨で白い和紙に書かれた結納の目録などなど。如何でしょう。黒白は決してかなしみを表現した色ではないのです。

喪服も昔は白だったのですが、西洋の影響やら、第二次世界大戦中の葬儀があまりにもたてつづけにあったため、汚れないように黒い色になっていったのだと言われています。現在においても、伝統を重んじるお家では黒喪服を着用されない方もいらっしゃいます。

お葬式に黒白の幕が張ってあるからといって、人様に迷惑がかかるわけではないため、京都においても黒白幕が定着してしまいましたが、京都というブランドにこだわるなら、もう一度こういったことに目を向けて考えてみるのもいいのではないかと思います。

京都には、葬儀が行われている室内だけは決して黒白の幕を張らないと、こだわりを持っておられる葬儀社もあります。この葬儀社のように京都から何かを再度発信していこうというエネルギッシュな姿勢が必要だと思います。そして、今、それが京都に求められている最も大事なことではないでしょうか？

長年続いてきたことが、少しの期間に変わってしまうことに、私は大きな不安を感じているのです。

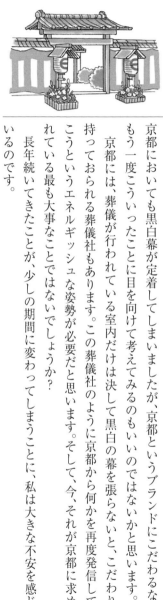

京都では、お客様をもてなす時、家庭料理を出さないのがあたりまえです。他のことには大変手間ひまをかける京都人が、お客様に出す料理は仕出し屋さんから取り寄せるのです。京都人の不思議なところだと思われるかもしれません。

では、その理由《わけ》をお話ししましょう。他所の地方では、お家の方が心を込めてその腕をふるわれ、あたたかい家庭料理を出すことがお客様に対する最高のおもてなしだと考えられていると思います。しかし、奥様方には誠に申しわけありませんが、家庭料理はいくら手を加え、いかに吟味してつくっても所詮は素人の味です。大切なお客様にはやはりプロの手にかかったものをお出しするのが、本当の意味でのおもてなしになるのです。不意のお客様でその準備が出来ていない時には、簡単にお寿司とお吸物だけをお出しすることもありますが、必ずプロのつくったものを召し上がっていただくのが礼儀だと京都人は考えているのです。

おもてなしに家庭料理は出しません

家庭料理は出す方も出される方も何かと気を使います。仕出し屋さんの美味しい料理を召し上がってもらうのが最高のおもてなしです。

殊に儀式などの特別の日に、そのお家の奥様が手料理に神経を使われていたら、儀式そのものがどこかへ行ってしまいます。

京都が儀式を重んじる土地であることは、今更申すまでもありません。儀式が主人公であって、決して料理が主人公ではないのです。

仕出し屋さんの料理はごちそうです

もし、あなたがお客として他家を訪問し、そこで手料理を出されたと想像してください。出された料理をほめなくてはいけないし、ましてや折角つくっていただいたものを残すと失礼になるし……。そんなことばかりに気を取られていたら、訪問した本来の用件がおろそかになるとは思われませんか。

家庭料理には、その家その家の味があります。それはそれで、とてもすばらしいことです。しかしだからといって、どなたの口にも合うわけではありません。仕出し屋さんなりのプロの味つけは、万人向けに研究研鑽され、つくり出されたものです。もし万が一、それがその人の口に合わなくて食べ残したとしても決して失礼にはなりませんし、料理を出した方も出された方も、気分よく気楽に食べられる利点もあるのです。

おもてなしの料理は仕出し屋さんから……。これも京都の暮らしの智恵と言えるでしょう。こんな京都の習慣が定着したのも、京都には多くの仕出し屋さんがあったからだと思いますし、またこの習慣が多くの仕出し屋さんを生み育てたのだとも思います。

「なんにも、あらしまへんけど」と言われて、昨日伺ったお家で出された仕出し屋さんのお料理。本当に美味しくて話もはずみ、楽しいひと時を過ごすことが出来ました……。しかし近年は、仕出し屋さんの年季の入った番重を見かけなくなったのはさびしいかぎりです。

お店に入って、おうどん（に限りませんが）を食べ終わったあとは、必ずお箸を箸紙（箸袋）におさめなくてはいけません。これは人々を不愉快にしないための小さな小さな気くばりなのです。どうせ捨てるものにそこまでしなくても、と思われるかもしれませんが、お箸の濡れているところを人様にお見せするというのは決して美しいことではありませんし、捨てる時にお店の人が不愉快な思いをされないようにと京都人は考えているのです。

ひどい人になるとおつゆの中にお箸をつけたままにしておく人もいますが、見た目にもきたないし、お店には他のお客様もいらっしゃるということを忘れてはいけません。

「いただきました」という感謝の心を込めてきちっとお箸を箸紙におさめる、これが京都の小さな小さな美学というものです。

正式なお作法をお話しすれば、お箸を箸紙におさめてから、使用したことを表すために箸紙の先の端をほんの少しだけ折り曲げておくのです。

箸紙を結んでそこに汚れたお箸の先をさし入れて汚れた部分をかくすといったお作法もありますが、花街ではあなたと結ばれたいという表現にもなると聞きましたので、

お店で食べたあとのお箸は、きちんと箸紙におさめるものです

どうせ捨てるものとはいえ、決して美しいものではありません。いただいた感謝の心を込めてきちんと箸紙に戻すのが京都人の美学です。

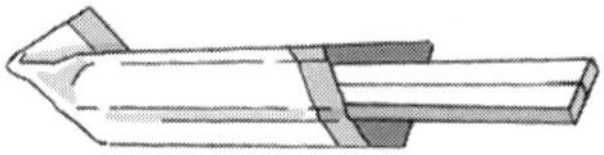

折る方向にも気を遣います

これはあまり無闇にされない方がよいかと思います。

昔、使い終わったお箸は必ず折らなければいけないといったお作法がありましたが、これは簡単に説明すれば、お箸はその人だけのもので他の人が同じものを使ってはいけないという約束ごとがあったためです。

しかし、折るという行為そのものに美しさを見い出せなかったことと、折らないことにより、決して使いまわすことをされないという相手への信頼を表す意味が生まれ、このお作法はだんだんなくなってきたのです。

後世、「箸を折ると、骨を折る」と、逆のことまで言われるようになりました。

それはともかくとして、お店でおうどんなどを食したあと、お箸を箸紙におさめるのはもちろんのこと、器も元どおりにきちんとならべておくぐらいの気くばりは誰もが心得てもらいたいと思いますし、使用した爪楊枝も箸紙の中に入れておくのがお作法です。

例え、ごちそうさまでしたと手を合わせなくても、食せた感謝の心だけは持っていたいと思います。京都人は、常日頃からこんなことを考えているのです。

女性の口紅が器につくことがありますが、それをそっと拭きとる女性が京都には多いように思います。なにげないこんな所作に、京都の女性のたおやかさ、美しさを感じるものです。

これは、どちらも結納儀式のことを言い表したものです。〝結納〟という言葉がいつ頃から使われるようになったかは定かではありませんが、その語源は〝結いの物〟、即ち婿方と嫁方とが共に飲食をする酒と肴を意味しているとも、また結婚の申し込み（たのみ）を意味する〝言《い》い納《い》れ〟という言葉から転じたとも言われています。

おもしろいことに、昔、京都では〝結納〟という言葉をあまり使わなかったのです。現在、〇〇結納店という看板をよく見かけますが、結納とは本来行動を意味する言葉であって、それに〝店〟をつけるのはどうもおかしいように思います。〝結納品店〟とか〝結納用品店〟なら、決しておかしいとは思いませんが……。

それはともかく、京都人がなぜ結納という言葉を使わなかったかと言うと、物事をストレートに言わない京都人気質がそうさせたのだと思います。

〝お扇子をおさめた〟〝しるしが入った〟これ、何だかわかりますか？

結納儀式のことをこう言うのですが、お金包みの表書きにしても、そのままストレートにものを言わないのが京都特有の言葉の美学なのです。

あなたと結ばれたい（結婚したい）という男性の気持ちを、言葉ではなく女性用の扇子一本に託して女性におさめ、女性の方もお受けしますというその心を、言葉ではなく男性用の扇子一本に託して男性に贈るのです。これを、京都では扇子交換の儀式と言い、結納儀式の前に執り行います。〝お扇子をおさめる〟とは、このことで、この扇子を包

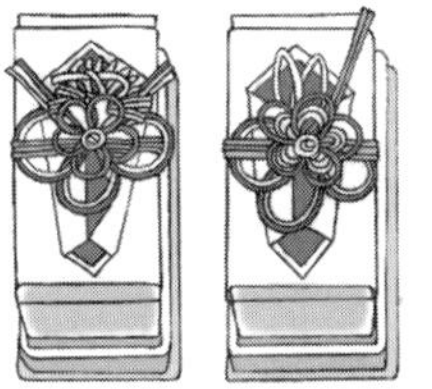

気持ちを表す行為です

んだ和紙に書きしるされる名は、必ず本人同士ということになっています。憲法に定められるずっと以前から、京都では本人たちの意志を充分に尊重していたのです。

〝しるしが入った〟の〝しるし〟とは結納品（男性側の心）そのもので、「もう少ししたら、しるしが入ります」という言い方をするのです。

京都では、結婚祝のお金包み（金封）にも〝御祝〟と書かないのが本式で、ましてや〝御結婚御祝〟などとは書きません。お祝いというのは結納と同じで行為を表す言葉だからです。

婿方へのお金包みには〝松魚《まつうお》〟、嫁方へのお金包みには〝五福《ごふく》〟と書くのです。〝松魚〟というのは、このお金でお酒のお肴でも買ってくださいということを表し、〝五福〟とはこれで帯締め一本でも買ってくださいという意味を表現しているのです。室町時代の話ではありませんよ。現代においても祝目録を添えられる時には必ず書かれる言葉なのです。近年は、目録（用紙）に目録と表書きされてあるものも見るようになりました。

ストレートにものを言わないところに、奥床しい京都らしさがあると思います。「結婚されたのですか？」よりも「一緒にならはったん？」と言いますし、「妊娠されたのですか？」と聞くよりも「お腹に赤ちゃんいはりますねんなあ」と言う方が、味わいがあり、やさしく美しい響きを持った言葉だと感じられませんか。これが、京都特有の言葉の美学だと思います。

結納は心をおさめるものです、省略したらあきまへんえ

京都の結納には人と人を結び、家と家をつなぐ深い意味があります。花婿の心を伝え、周囲の人々と共に慶び合うための床しい文化なのです。

結納ほど時代と共に変化し、長い時代を生きつづけてきたものはないと思います。

そして今また、その形が変貌しつつありますが、今までの変化は先様（嫁方）への気くばりを最優先にして、一体どのようにすれば嫁方に喜んでいただけるかと思う心で、よりよく形を整えられてきました。ところが昨今は、いかに省略するかに主眼がおかれ、結納金を銀行振込みで送金される方まで現れました。

結納とは単にお金や指輪などを嫁方にお渡しすることではなく、〝祝福・感謝・敬意・愛情・誠意〟等の心を形に変えて先様にお伝えするものです。

その結納の起源は古く、仁徳天皇の皇太子（のちの履中天皇）が后を迎えられる時に贈りものをされたと『日本書紀』にしるされています。

少し日本の婚姻史になりますが、結婚に先だって贈りものをするようになった理由をお話ししましょう。最も古い時代の結婚は男性と女性の二人だけの同意で結ばれましたが、やがて二人を見守る、かけがえのない人たち、即ち二人の両親や親族から祝福してもらう形となりました。当時の日本の婚姻は、皇族の方々以外はすべて〝婿入婚《むこいりこん》〟と言われるものでした。花嫁にお嫁入りしてもらう前にまず花婿が花嫁の家に入り、そこでお米を育てたり田畑

鶴は千年、亀は万年といいますが・・・

から作物を収穫したりして、嫁方の暮らしの基盤を強固なものにしてからお嫁入りしてもらうという〝しきたり〟があったのです。言ってみれば労働力の提供をしたのです。しかし武士の時代になると、自分の領地を守るために婿入りが出来なくなり、その代償として金品を贈るようになりました。これが結納のはじまりなのです。

ところが人様に金品をさし上げるということは本来失礼なことです。そこで、その金品に二人を祝福するさまざまな工夫が生まれ、それが祝の酒や肴となり、その後、人々の文化的水準が高くなるにしたがい、花婿の真心を表現する品々を添えるようになったのです。

結納は心を伝達する文化であると言われていますが、結納飾りに込められたそれぞれの意味が花婿の気持ちそのものなのです。殊に京都の結納には人と人とを結び、家と家とをつなぐ深い意味があるのです。

〝鶴と亀〟は長生きの象徴であると共に貞淑さを表し、〝松〟は変わらぬ愛を、〝竹〟は潔白と素直さを、〝梅〟は春に先がけて一番に花を咲かせ実を結ぶという思いがあります。

〝しきたり〟とか〝作法〟というのは、「しなければいけない」と義務に感じたり、「しなさい」と強制されるものではありません。先様に対する気くばりや思いやりをベースにして生まれた暮らしの智恵ともいうべきもので、周囲の人たち共々、慶び合える床しい日本文化なのです。

お祝いは必ず午前中にお伺いします

一見、時間をしばるようでいて、実はそうではありません。これも先様に対する心くばりから生まれた合理的で便利なお作法です。

お祝いは、大安、先勝、友引の午前中にお伺いするのがお作法であり、昼から伺うと験《げん》が悪いとまで言われていますが、昼から伺ったからといって決して験が悪いわけではありません。

もともと、ほんの少し前まで結婚式そのものが、夜に行われることがあたりまえであったことは、ちょっとご年配の方なら皆さんご存じだと思います。それなのに、なぜお祝いは午前中にと、時間までしばるようになったのでしょうか?

それは、先様に対する心づかい、気くばりからなのです。午前中に、と限っておくことで、お祝いごとのあるお家でも、気がねなしにお昼から外出が出来、午前中だけの拘束で済むようにと、こんなしきたりが生まれてきたのです。特に嫁方では、挙式前には挙式の打ち合わせだけではなく、細々としたものまで沢山買い揃えなければならないため、大変忙しく、時間がいくらでも必要なのです。そして、そのお買いものも新生活に必要なものですから、やはり大安などの佳き日に買い求めたいと思われるのも、これまた人情です。

こんなところからも、京都では、お祝いに伺ってもお部屋に上がらず、例え先様にすすめられてもおことわりをして、玄関先で失礼するのがお作法であり、あたりまえなの

金封、熨斗、寿恵廣を片木台にのせ、広蓋にのせます

です。

この時、先様がこぶ茶とお饅頭をお出しになります。こぶ茶はひと口でも飲まなくてはいけませんが、お饅頭はいただかないことになっています。お饅頭は、最初から別のものが、お持ち帰り用としてちゃんと半紙に包んであるのです。これも時間短縮の一つかもしれません。

しかし、いくら時間短縮をしても、お祝いの品は、決して他の地方のように金封一枚だけというものではありません。京都の結婚祝は、金銀の水引のかかった金封に、必ず熨斗《のし》と寿恵廣《すえひろ》を添え、片木《へぎ》台にのせます。そして、それを広蓋《ひろぶた》という漆器の盆にのせ、その上から袱紗《ふくさ》をかけ、それを定紋《じょうもん》入りの風呂敷に包んで持参するのです。他所では考えられないほど丁寧な形です。これが京都人の発想なのです。

こうして整えたお祝いの品を持参するのは、「必ず午前中に。昼からでは験が悪い」とする京都のこのしきたりは、長い長い経験の中から発想され、やがて一つの事柄でしばるようになったのです。そこには、先様に対する気くばりがしっかりと息づいているのです。一見、不合理、不便に見えるものが、その実、大変合理的であり、また非常に便利でもあるのです。

京都のしきたりやお作法は、人々がお互いに暮らしやすくするために考案されたものばかりなのです。

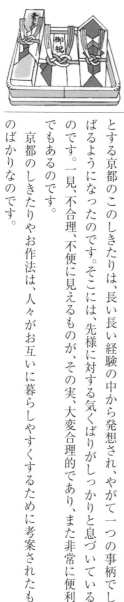

白い和紙で包むことはその品物自体を清める意味があり、風呂敷で包むことは大切な品物ですということを表現しているのです。

そうして、和紙にも風呂敷にも、その包み方にはお作法があります。

重ね合わせた時に、必ず向かって右が上にくるように包むのです。お人に着物を着せているとお考えになれば、たやすくおわかりいただけると思います。その左右を逆にして着物を着せる時はどういった時か――それは左前といって死去されたお人に着物を着せる時の作法です。ですから、これを一つ間違えますと、お祝いの品でもご不幸ごとの品になってしまうのです。

お店で買いものをし、包装紙をセロハンテープでとめていただく時にも、必ず向かって右が上にこなければなりません。このへんのところは、京都のお店ならよく心得ておられて、間違いなかったのですが、近年は京都でもそんなことなどおかまいなく無神経に包まれるお店があり、おどろくこともしばしばです。

この〝右上〟という考え方は、和紙や風呂敷だけではなく、目録も金封も敷紙も片木《へぎ》も三方《さんぼう》も、戸棚もふすまも障子も、みんな同じなのです。一度、お家の中のものをゆっくり

和紙にも風呂敷にも包み方にお作法があるのどす

もの言わぬものにもものを言わせる。品物を和紙や風呂敷でお作法どおりに包むことで、京都人はさまざまな意味や思いを表現します。

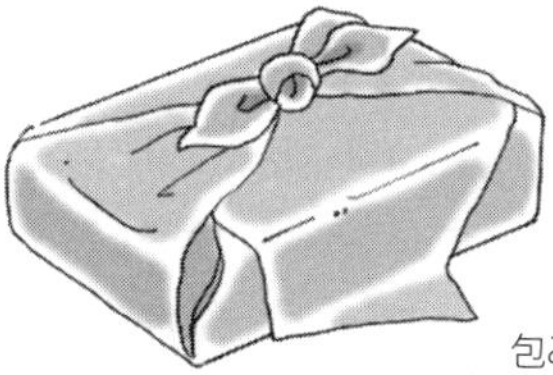

包み方にもいろいろあります

見まわしてみられては如何でしょうか?

お店のショーウインドウのガラス戸も必ず向かって右がお客さんの方から見てもお店の方から見ても上にしてはめられていなければいけません。

特殊な間取りの建具は別として一般のお家ではまず間違いはないと思います。

ところがです、有名な料理店の中には伺って左が上になっている戸や障子を見かけることがあります。儀式作法が暮らしの中からどんどん消滅していった結果なのかもしれません。私共にとってもおもてなし以前の問題だと思うのですが……。

京都では、ものを包み込むということには、自分をやさしくあたたかく包み込んでください、という思いも込められています。ですから、風呂敷を進物にするといったことは京都ではよくあることで、花嫁様の挨拶まわりの手みやげにも、風呂敷が最もよく用いられます。風呂敷に包んで風呂敷を持参するのです。

もの言わぬものにもの言わせる、といったことを好む京都人が、品物を和紙や風呂敷に包むことで、贈る心やいろいろな意味合いを表現してきたのです。

それに、和紙には縦目、横目というものがあり、これにも、きちんとした約束ごとがあったのですが、最近あまりやかましく言わなくなってしまったのは誠に残念なことだと思います。

〃おため〃〃おうつり〃のこと、ご存じどすか？

お祝い金をいただいた時のお返しのことです。おつき合いはバランスを保つことが大切。そのために考え出された高度な文化です。

結婚・出産・新築などの祝い時に、いただいたお祝い金の一割を返礼としてお返しすることを、またそのもの自体を〃おため〃〃おうつり〃と言うのです。

こういったお作法は何も京都だけに限ったものではなく、全国各地に見られます。ただし、大阪や滋賀などの一部の地域を除いて、他府県ではお金を返すという風習はありません。

お隣の家からおはぎ等を頂戴した時、その器に半紙を入れてお返しするといったことは、どこの地方でもありました。この時の半紙（和紙）のことをおため紙と言い、〃溜紙〃〃御為〃とも書き表します。また、この紙のことは移利紙《うつり》とも、また結婚時のものに限って夫婦紙《みょうと》・和合紙《わごう》・抱き合わせ紙とも呼ばれています。

現代では、その言葉の混乱をなくすために、紙のことを〃ため紙〃、一割を封入するお金包みのことを〃うつりの金封〃と一般的にそう呼んでいます。

このようなお作法がいつ頃からはじまったか定かではありませんが、京都からはじまったものであることだけは確かだと思います。

京都では、結婚・出産・新築などのお祝いを頂戴すれば、一帖（二十枚）の半紙（おため）と共にお祝い金の一割を金封（おうつり）に封入し、その場でご持参された先様の広蓋《ひろぶた》

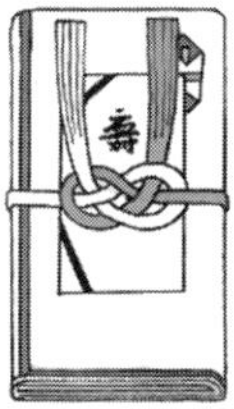
普段から用意していたものでしたが

や進物盆に入れてお渡しします。

おため紙をお渡しするということは、平たく言えば「当方にまた祝いごとがあれば、その折には今お渡しした紙に包んで次もお祝いしてくださいね」ということを表現したもので、「お宅様と当方とはこれから先も縁が切れず、おつき合いをつづけていきましょう」というそんな気持ちを半紙一帖に託しているのです。

一割を封入したおうつりの金封もよく似たことで、「当方の慶びごとの縁が、お宅様にもうつりますように」といった意味が込められているのです。

それに、祝い金の一割を封入することにもまた理由があります。返礼としていただいたおうつりの金封の中身に千円札が入ってあれば、間違いなく先様に一万円のお祝いをお渡ししたという確認が出来るのです。いわば領収証の代わりでもあるのです。文章で書き表すとなんだか複雑この上もないと思われるかもしれませんが、京都では誰もが心得ているお作法であり、日常的にごく自然になされていることです。

昔から京都人はバランス感覚が非常にすぐれていて、どちらかに片寄ることを好みません。頂戴したらすぐに返礼をすることで、おつき合いのバランスを保ってきたのです。こんなところからも京都の気質感性が見えてきます。

〝おため〟〝おうつり〟は、先様の心を気持ちよく頂戴するために考え出されたものであり、人と人とのつながりの大事さを伝えていくためのものでもあります。

結婚のお祝い金とは、本来、「このお金で何か役立つ品でも買ってください」という気持ちを贈るもので、決して披露宴でお料理を頂戴するその代償として持参しているのではありません。

このことをお考えいただくだけで、式場に結婚祝を持って行ってはいけないことがおわかりいただけると思いますが、この他にもまだまだいろんな理由があるのです。

結婚式場には結婚祝を持って行ってはいけまへん

結婚祝は式の参加費や心づけではありません。先様の人生最大の儀式であると考えれば、お家に持参して丁重にお祝いするのが本来の姿、形です。

式場に行くということはお招きいただいているということであり、そして、それはお葬式のような急な話ではなく、ご招待状が遅くてもひと月ほど前には届いていたはずです。折角ご招待をいただいたのですから、お家にお伺いしてお祝いされることが、先様に対する礼儀であり、お作法なのです。

「式場でお祝いをもらうのは、まるでお葬式のようで験《げん》が悪い」とまで言われる方も京都にはおられます。それは、お葬式の時に帳場（受付）で御佛前（御香奠）を頂戴している様子とまったく同じだと指摘されているのです。

それに、京都には〝おため〟〝おうつり〟というしきたりがあります。お祝いを式場に持参すれば、先様にこのお作法をさせないことになり、大変失礼です。他府県では式場に

式場で渡すものと思っていませんか？

持参することが一般化していますが、いただいたお祝い金を婿方、嫁方の両家で分けられる地方もあり、このへんのところも京都とは随分考え方が異なります。

そして、関東地方では、京都で言う〝お祝い〟のことを〝ご祝儀〟と言い表すようになってしまいました。京都をはじめとして関西では〝ご祝儀〟と言えば元々の意味であった〝心づけ〟のことであり、当事者の方がお世話になった方に包むものです。

話が少々横道にそれてしまいましたが、結婚祝はお家に持参するのがあたりまえの京都では、先様の結婚という人生最大の儀式を重たく考え、より丁重に、より厳かにすることが、お祝い本来の意義であると考えているのです。

それが人と人との交流というものであり、式場ではお礼のご挨拶も満足に出来ず、コミュニケーションを遮断したところで事が行われるところに、釈然としないものを感じるのです。

京都人は、儀礼、儀式を省略、簡素化することでコミュニケーションが希薄になってしまうことを一番恐れています。人と人との、心と心とのキャッチボール、ふれ合いを望んでいるのです。

京都は他所者《よそもの》をなかなか受け入れないと言われますが、決してそうではありません。いつでも誰とでも交流したいと思っているのですが、京都人を受け入れてくださる心が相手に感じられないため、拒否してしまうことがあるのです。

〝熨斗《のし》〟は、本来、鮑貝《あわび》の肉を長く伸ばしたもので、〝長く延ばす〟ということから延命に通ずるとも、食すれば精を出し命を延ばすとも言われ、古来より長生不死の妙薬として珍重されてきました。また武士の出陣、凱旋にも必ず熨斗あわびが添えられたと伝わっています。

のし袋の〝のし〟は、なんのためにつけるかご存じどすか?

〝のし〟は本来、長生不死の妙薬です。病気見舞につけるのも、早い回復を祈ってのこと。他所の慣習から間違った解釈されると困ります。

京都においても、室町時代中期以来今日まで、大切な進物品やめでたい儀式には、必ずこの熨斗あわびが添えられました。〝のし〟を添えるということは、その品は真新しく新鮮なものでございますという表現でもあるのです。本物はなかなか見る機会がありませんが、現在でも伊勢神宮では神前にこの本物の熨斗が供えられているそうです。

私たちが日常目にするのは、のし形をした紙折の中に小さな干しあわびを模したものをさし入れたものです。時代と共にその形は美しく整えられ、随分と変化してきましたが、先様の健康と長寿を祈るために用いられていることに、なんら変わるところはありません。

ところが、ここ数年前から、お見舞いを贈る時には、この〝のし〟をつけると病気が長引くので〝のし〟をつけないで贈りなさいと、まことしやかにご説明される方がおられ

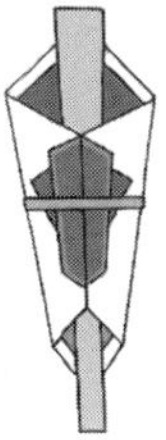

何にでもつけるものではありません

ます。しかし、あくまでも〝のし〟は長生不死の薬であり、延びるのは病気ではなく命なのです。本来、先様に元気を出してもらうためのお薬であった〝のし〟が、いつしかその本質を見失い、間違った理由をつけられ、今では京都でも、〝のしなし〟のお金包み（金封）が販売されるようになってしまいました。京都のAデパートでは、病気見舞は〝のしなし〟で、出産見舞は〝のしつき〟でと説明されていますし、Bデパートでは、病気見舞は〝のしつき〟で、火事見舞は〝のしなし〟でと言われ、デパートによってもこのようにおっしゃることが違うのでは、余計に話がややこしくなってしまいました。

お作法上は、いかなるお見舞いであっても〝のし〟をつけることが正式であり、先様に対する最高の気くばりの一つであることを十分に覚えておいてください。進物の金品に〝のし〟を添えない時は、佛事作法に関する時だけです。それは〝のし〟がなまぐさであるから、ということでご理解いただけると思います。

京都のあたりまえのお作法が、今また一つ消え去ろうとしています。

たかが〝のし〟一連のことかもしれませんが、こんな小さなことが復興再生出来なくて、どうして大きいことが進められるでしょうか……。

こわされないように守るのも大切なことだと思いますが、いつの時代にも不死鳥のごとくよみがえってきた京都人の智恵をもって、すでにこわれてしまったものをどう復興再生するかを考えねばならない時期に、もうきているように思います。

紅白の水引とは、古くは〝うく〟〝くれない〟とも呼ばれ、最も格の高い水引です。多くの方は、この〝紅白〟の水引を、〝赤白〟の水引と混同されていますが、本来、〝紅白〟と〝赤白〟とはまったく別のものです。

この紅白の水引は、一見、深緑色とも黒色とも見え、玉虫色に光り、大変美しく上品なものです。手に水をつけてしごきますと、手が真っ赤に染まり、紅の色であることがわかります。それに、この水引は一度結びますと二度と結び直しが出来ないもので、手につく紅色は、封かんの役目をしていたのです。

戦後間もない頃まで、結納や結婚祝などの婚礼儀式をはじめとした大切なお祝いごとには、必ずと言っていいほど、この紅白の水引が用いられていました。

戦後間もない頃と申しましても、応仁の乱ではありませんので念のため……。

この美しく気品のある京都らしい紅白の水引は、現在では皇室関係のみで用いられ、残念ながら一般には市販されていないのです。

製造方法も、マル秘中のマル秘で、なかなか知り得ることが出来ませんし、製造出来る人も、もういらっしゃらないと聞きました。このことからも、この紅白の水引がいか

本物の紅白の水引、ご覧になったことありますか？

紅白、紅白と気やすく言いますが、紅白と赤白はまったく違うものです。本物の紅白の水引はそれは美しく、大変上品なものです。

本物は玉虫色に輝いています

に貴重なものであるかをうかがい知ることが出来ます。

よく紅白の水引で結ぶとか、この儀式は紅白の水引を使用するなどと言われる方があったり書籍もありますが、おそらく、そうご説明される方はこの本物の紅白の水引をご覧になったことがないのだと思います。

通常〝紅白〟と言われているのは、すべて〝赤白〟のことなのです。〝紅白〟と〝赤白〟とが異なる水引であることすらご存じないお作法の先生には、京都人として憤りを感じますが、いくら時代が変ったといっても京都の結納用品店でこの水引をご存じないところは、ただの一軒もないと確信しています。時々催される結納展や結納儀礼相談会においても、必ずこの紅白の水引が展示されています。こういったことが大切なのです。心ある業界の人々の熱い思いが一般の方々に伝わることは大変有意義なことです。

ご年配の方々の集まりでこの水引の話をさせてもらったところ、懐かしいと喜んでいただき、次の世代にも正しく伝えていくことの責任を改めて感じました。

皇室に於いてはこの紅白の水引のことが教育の一つとしてなされていると皇室関係の方に教えていただきました。

例え水引一本でも、京都には今もなお本物が存在しているのです。

最後に改めて、もう一度申し上げます。〝紅白〟と〝赤白〟とは、まったく異なる水引なのです！

心を落ちつかせ墨をすり、筆にたっぷり墨をふくませて、慶びの心を……かなしみの心を……その筆にやどらせて、真心を込めて一文字一文字丁寧に書くこと——それが、先様に対する礼儀なのです。印刷をした安直なものを使用すると、大切な心が伝わりません。

目上の人には印刷で表書きした金封は使いまへん

自分で書くことが大事なのです。一文字一文字一画一画真心を込め丁寧に書くことで、先様に大切な心が伝わっていくのです。

また、できるだけ略字を使わず、画数の多い正式の漢字を使うべきです（これについては、またあとで詳しく書くことにします）。

字の上手、下手は関係ありません。筆で書くことが大事なのです。印刷されたものより筆ペンで、筆ペンよりも墨液で、墨液よりも、やはり、すった墨が一番です。その墨もお花墨ではなく、自分の好みに合った上質の墨を選び、筆を選び、その筆や墨になじむ硯石《すずりいし》を選ぶ——

大切な真心を伝えるための道具が、京都の家庭には必ず取り揃えてあったものです。いや、あったのではなく、心を相手に伝える文化を持つ京都には、今も必ず必要だと思うのは私だけでしょうか。

一時期、印刷された紙製の門松が門口に貼ってあることがありましたが、最近はあまり見かけなくなりました。まさに〝絵に描いたお餅〟です。こういった形式的なものを京

心をこめて筆をとりましょう

都人は好まないのです。

また、お葬式の時には薄墨で表書きをしなければいけない、と薄く書ける筆ペンまで登場しました。涙が墨の中に落ちて墨が薄くなったことを表現したものだと理由づけておられますが、こういうことは薄っぺらな表面だけの形式であって、決して京都的ではありませんし京都の儀礼作法ではありません。

お祝いの時も、お葬式の時も、墨はしっかりとすり、黒々としたもので心を込めて認《したた》めることがお作法なのです。ご不幸ごとのあった当事者の方が取り込んでおられて薄墨になったというのならともかく、一般会葬者の表現としては、決してすすめられるものではありません。

お金包みは外身ではなく中身が大切だという考え方もあるでしょうが、京都では、お金を人様にさし上げる行為そのものが失礼であると充分に心得た上で、文字に、水引に、包み方に、その思いを託しているのです。

〝礼法は心なり〟という、とても美しい言葉がありますが、その人の真心を形として表現し、その表現したところに確かな心がなければいけないのです。

一文字一文字に心を込める京都のこの感性は、必ずや先様にその心が響き伝わっていくと思います。

和の文化である筆文字を今一度見なおしてみてはいかがでしょうか。

香典返しは、無意味なものではありまへん

感謝の気持ちは真心をこめて表現するのが大人の作法です。

テレビであるコメンテーターが日本の香典返しほど意味のないものはないと発言されたのを聞いたことがあります。そこに居並ぶ知識人たちから何の反論も出なかったのは、どなたも同じ思いだったのでしょう。しかしながら、香典返しは、これら知識人の方々がお考えになるようなものでもありませんし、けっして無意味ではないのです。

香典返しは、贈り手と受け手のバランス感覚を大切にした作法だともいえますが、ただそれだけでもありません。そもそも香典とは、葬儀・告別式に際し、何かと物入りである当事者のことを察して少しでも何かに役立たせてくださいと相互扶助の心から香典を持参するという作法が生まれました。その温かい心遣いに対して、日本人の心情として「人は情けの下に住む」という言葉をひしひしと感じられます。しかし、取り込み中のため、ご挨拶さえ行き届かず作法も疎かになるのも仕方ありません。逮夜ごとに少しづつ日常を取り戻し、四十九日の忌明けを迎える頃、「やっとご会葬いただいた方々のことを考えるまでになりました」と報告の意味を込めて今後のおつき合いをお願いするもので、何かしらの品をお配りしご挨拶するのが、香典返しの本来の姿です。また、この香典返しという行為の根幹には、お人に対する感謝の気持ちがあります。

感謝の心を育むためにも香典返しという作法は大切であり、日本の大人の必須条件

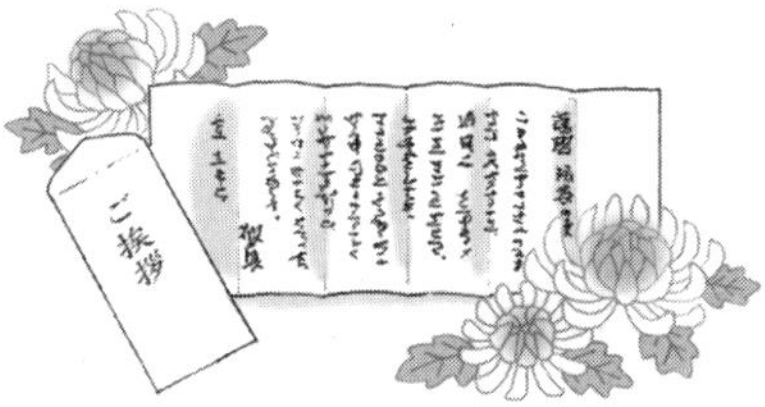

大切にしたい
大人のバランス感覚です

でもあるのです。

近年は、葬儀・告別式のあり方や考え方も大きく変化する時代となり、香典を辞退されることが多くなりました。それだけが原因だとは思いませんが、香典を包むことも、香典返しも無意味であるような風潮にいつしかなってしまいました。この種の儀礼作法は、すべて表面上の形だけだと勝手に決め込んで、面倒だからという理由でやめてしまうのは本末転倒です。

先様を気遣い香典を持参することも、その作法やご足労いただいたことに対してお礼を述べるのは、人としてあたりまえのことであり、心ある行為として京都人が長く守り通してきた大切な心得事だったのです。

香典を受け取らないというのは、受け取る側の考え方もありますので全てを否定するものではありませんが、ご会葬いただいた方への感謝の気持ちは真心をこめて表現するのが大人の作法です。忌明け時の香典返しのお品はなくても、忌明けの報告と今後のおつき合いを従前同様よろしくお願いしなければなりません。京都でもこの忌明けの挨拶が抜け落ちているのは悲しい限りです。なぜ、こういった儀礼の心得事が抜け落ちるようになったのでしょうか。それは、社会の大きな黒いうねりともいうべき現代の鵺《ぬえ》がアドバイスの場所を消滅させ、人と人との会話を奪って来たことに他なりません。何処かに源頼政公はいらっしゃらないでしょうか。

結納をせえへんから日本人は気配りが出来んようになったんどす

社会人として人に対する気配りを育むのが結納儀礼です。

近年、日本人が古くから育んできたお人に対する気配りが希薄になってきたと言われています。この十数年の変化は何が原因だと思われるでしょうか。

さまざまな要因があると考えられますが、私は日本人の暮らしから「結納儀礼」がなくなってきたからだと信じて疑いません。京都だけではありませんが、日本人は人と人とが優しくふれ合い交流を深めるために「十の儀礼」というものを構築し実践してきました。特に京都は近年まで、その十の儀礼を大切にしてきたのです。十の儀礼とは、出産、成人、新築、結婚、旅立、火災、水害、見舞、葬儀、法事です。出産の儀礼には、帯祝から宮参り、食初めなどが含まれますし、成人は十三詣りなど成長の過程の儀礼です。結婚は言うまでもなく結納、婚礼、披露の儀礼です。法事は年忌法要をはじめとしてお盆やお彼岸なども含みます。

この種の儀礼を行うことで、人としての大切な心得ごとを身に付けてきたのです。

殊に結婚に際しての結納時に、それまでの出産や成人といった身内だけの儀礼ではなく、他人様との関わりが生まれ、この結納の儀礼を滞りなく熟《こな》すことで本当の意味での社会人としての資格を習得し、ごく自然に、人に対する気配りを育んできたのです。

少々、結納の成り立ちをお話しさせていただきましょう。

必要だからこそ儀礼の
文化ができたと思います

そのむかし、結婚は男性と女性の二人だけの同意で成立しました。それから人々が少しずつ文化的な営みをするようになり、家族の存在を意識する時代になって、相手の生活の基盤を気遣う中から結納というものが考え出され、金品だけではない男性の気持ちを表現するものと発展したのです。

結納には、目録というものがあり、目録には相手の名前を書き入れます。その時に正しい文字を書かなければなりません。例えば、「さいとうさん」というお家のご苗字の文字が「斉」「斎」「齊」「齋」なのか、しっかりと熟知しなければなりません。こんなところから先様を思う「気配り」が始まるのです。

結納に添えられる家族書から家族を思い、親族書から親族を思う優しい感性が育まれ、そのことが不幸時にも活かされ、それはやがて社会を構成する人々に対する尊敬と愛情に繋がっていくのです。

「日本人の忘れ物」をテーマに論じられる時代になりました。それはそれなりに意味のあることですが、何をどこに置き忘れてきて、それをどうすれば取り戻せるのか、といったことを話される方がほとんどいらっしゃらないように感じます。

日本人が日本らしい心を後世に伝播していくためには、結納儀礼に込められたさまざまな心得ごとを学び知り得て実践しなければいけないと私は思っています。

結納儀礼を表面上の形だけにしない最後の砦、それが京都なのです。

第三章

京の言い伝え

京都では右が左どす

昔から京都では御所から見て左右を考えました。そのため、他所の地方とは逆になることが多くあります。

昔から、京都ではいつも御所《ごしょ》というものを目《ま》のあたりに見ることが出来たためでしょうか、町なかにおいても御所がいつも中心にあり、私たちの暮らしの中にしっかりとけ込んでいるのです。ですから御所を主体とした左と右に……即ち、左が右であることに、京都人はなんの疑問も持っていないのです。

京都では、現在の地名においても、御所に向かって右が左京区、左が右京区となっています。つまり、御所の方からご覧になって左右を決められたものですので、向かって〝右が左〟で〝左が右〟ということになったのです。おわかりいただけるでしょうか……。

そのために、京都ではお雛様をお飾りする時も、男雛を左側（向かって右側）に置きますし、左大臣、右大臣も、また左近の桜も右近の橘からも京の左と右が見えてきます。

結納飾りの尉《じょう》と姥《うば》の高砂人形も、これまた同じことが言えます（但し、高砂人形は姥が手にするほうきによって、あえて尉を右、即ち向かって左にする場合もあります）。

このことは、物事が京の都から他所に伝わっていく過程において、いかに誤りが起こり得たかという一つの証拠とも言えるでしょう。（江戸時代は東京をはじめとして他所の地方でも京都と同じ並べ方をしていました。）

左と右、この左右論ともいうべきものは、他にもいろいろとあります。

向かって右がお内裏さま

しめ縄も地域によりその巻き方が異なりますし、帯の巻き方にも京都式と関東式があります。京都では〝左巻き〟と言われていますが、実際には右に巻いていくのです。

金銀の水引のかかった金封を頭に思い浮かべてください。向かって右に金色、左に銀色がくるように結んであります。一説によれば、これは神話に登場する伊弉諾《いざなぎ》と伊弉冉《いざなみ》に由来し、この二神が出合われ仲むつまじく結ばれた姿を水引の結びで表現しているのだと言われています。

向かって右が陽で男性を表現した金色、向かって左が陰で女性を表現した銀色。これら金封の水引については不思議と全国的に統一されていますが、本来は向かって右に銀、左に金とする日頃目にするものとは逆に結ぶべきだとおっしゃる学者さんもおられますので一層話がややこしくなっています。

結婚式における新郎と新婦のならび方も、最近は、京都でもほとんどが関東式になってしまいました。

それはともかく、このようにいろいろな意味が込められた左と右、何が正しく何が誤りだと結論づけることは出来ませんが、こんなところにも何か京都的なものを感じますし、私たちが普段なにげなく見ているものの中にも、京都は存在しているのです。

お鏡さんは人の心を写す鏡どす

鏡餅から京都人は人としての生き方を学びます。形ばかりにとらわれず、そこに込められた古人の感性や発想こそ大切にしなければなりません。

鏡餅のことを京都では親しみを込めて〝お鏡さん〟と言います。

京のお鏡さんと言えば、大変りっぱな華やかなものを想像される方もおられることと思いますが、実は非常にシンプルで質素なものです。ただ京都人はこのお鏡さんに、京都が京都でありつづけるためのさまざまな思いを込めて、これを守りつづけてきたのです。そんな京の人々の感性をお話し致しましょう。

お餅の語源は〝持《も》ち飯《いい》〟と言って、持ち歩くための飯であるとも、また丸い形を表現した望月(もちづき＝満月)から生まれた言葉だとも言われていますが、京のお鏡さんは後者の説である〝丸い〟ということに意味があるのです。

丸餅は、まさに人の心、魂そのもので、その心や魂を写すところから〝餅鏡《もちかがみ》〟と呼ばれ、平安の世から今日まで伝わってきたのです。

神様に、その心、魂をお供えし、そこに歳神様が宿られ新たな力を頂戴するのです。

京のお鏡さんは、白い檜《ひのき》で作られた安定感のある鏡餅台(三方《さんぼう》ではありません)の上に清浄さを表現した和紙《わがみ》を敷きます。和紙は上《かみ》に通じ、また神《かみ》にも通ずるものと言われています。その紙の上に更に長命と潔白さを表現した裏白《うらじろ》(穂長)という葉を裏返しに

丸くて大きなお鏡さんをみると
豊かな気持ちに

して敷き、そして主人公のお餅をふた重ねにしてのせます。そのお餅と裏白との間にはさみ込むように親子草とも言われる〝ゆずり葉〟を添え、お餅の上に昆布（子生婦）をのせます。これらはいずれも子孫繁栄を願うものです。それに「外はにこにこ、内むつまじく」と外側に二個ずつ、内側に六個を串にさした古老柿《ころがき》（干し柿）を置き、一番上に代々繁栄するようにと橙《だいだい》を飾ります。

こんなお鏡さんに込められた意味を充分かみしめれば、人としての生き方が見えてきます。「心、清浄にして潔白正直に心を込めて丸く事を重ね、笑顔をたやさず仲良くなごやかに喜びごとに感謝し、代々繁栄するようにとあとをゆずる」――お鏡さんは私たちにこんな生き方を語りかけているのです。

なかなかこのような心境には到達出来ませんが、ただ表面上の形ばかりにとらわれて本来の意味や意義をなおざりにすることなく、古人の発想・感性だけは大切にしなければと思います。

新しいことを創造するより、古くから伝わってきたものの心を継承していくことの方がむずかしいと言われますが、京のお鏡さんも、その一つだと思います。

「お鏡さんなんて無駄なもんや」という無責任なひと言から、人のやさしさが崩壊し、人と人との絆が、心が希薄になることほど、さみしいことはありません。

お鏡さんは、京の人々の心を写す、まさに鏡なのです。

〝節分のおばけ〟見たことありますか？

昔の節分にはたくさんの〝おばけ〟が出て楽しいもんでした。〝笑い〟で悪いものを追い払おう、そんな発想がこんな仮装の風習を生んだのです。

ひと昔前、節分の日に女性が男性に扮したり、お年寄りが若い娘さんの恰好をしたりして、お宮様にお詣りする風習が京都にありました。

〝化ける〟ということから、これを〝おばけ〟と言ったのです。

いつ頃からあった風習かはわかりませんが、今では花街の芸・舞妓さんらに受け継がれているだけで、ほとんどその姿を見ることが出来なくなってしまいました。

昔は、節分の日に吉田神社（京都市左京区）にお詣りすると、境内は〝おばけ〟だらけでした。実際には、幼い女の子が娘さんの恰好をしていることが多かったように記憶しています。

〝おばけ〟になるということは、悪い鬼を化かすためのカムフラージュであったり、自分と違う恰好をすることによる厄除けのためであったり、また子供が娘さんの恰好をする場合は良縁を願うためであり、お年寄りが若い恰好をする場合は若返りのためであるなど、それぞれ意味があったのです。

これは、佛事や神事に関係なく、町人衆の風俗として広まり、昭和四十年頃までは盛んに行われていました。

娘さんに見える人も実は・・・

いろんな姿に化けた、その恰好がおかしくて、楽しく笑ったのですが、その〝笑い〟で悪いものを追い払うという意味が強かったのだと思います。

女性ばかりが化けるのではなく、男性が女性になることもありましたし、舞妓さんが町のおかみさんの恰好をしたり弥次喜多が登場したり、一時期旗本退屈男や織田信長なども見かけることがありました。現代盛んに行われているハロウィーンの日本版といったところでしょうか。

いろんなパターンの〝おばけ〟をそれぞれが工夫したのです。

京都独特の〝おばけ〟の風習、それは、まさに都人の高級な遊びのセンスが表れたものだと言えるでしょう。

京都人は、元来、演じること、仮装することが大変上手であり、また好きなのです。

日本舞踊や謡などの芸能を習っておられる方が多いのもうなづけます。

節分の〝おばけ〟をよく目にした頃には、巻寿司をまるかぶりするといったことはありませんでした。この風習は、大阪の海苔屋さんが発案されたと聞きましたが、冬を表現した黒海苔を食して春を迎えるという思いが込められています。

まるかぶりするその顔が、姿が、人々の笑いを誘い、家族の絆が深まるものであるならば、現代の新しい〝おばけ〟と言ってもよいのではないでしょうか……。

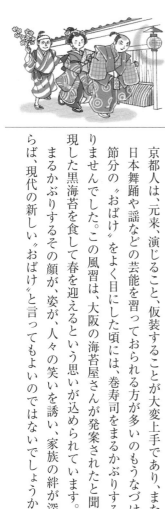

京都には〝大文字焼き〟なんてあらしまへん

例えむかしから大文字焼きと言っている人がいても、送り火の保存会の人々が焼きと言ってほしくないとおっしゃるなら〝焼〟と言わないのが京の気配りです。

八月十六日、京の夏の夜空に燃え上がる大文字。

この行事は全国的に有名ですが、決して京都の夏の夜の観光イベントではありません。八月のお盆の最後の行事として、ご先祖さまや佛さまや菩薩さまとご縁のなかった衆生をお浄土にお送りするための佛教行事なのです。

この大文字の送り火のことを、〝大文字焼き〟などと言われることがありますが、そう言われることを情のある京都人は快しと思っていないのです。たとえ個人的に〝大文字焼き〟と古くから言っておられても言ってほしくないとおっしゃる方がいらっしゃるかぎり〝焼〟と言わないのが人間としての優しさであり京のお作法です。

送り火は山焼きではありません。ご先祖さまをお送りするためにとぼす（ともす）清らかな〝火〟なのです。

この送り火がいつ頃からはじまったのか、確かな記録はありません。ということは、取りも直さずこの行事は一般民衆がはじめたものであると言えるでしょう。

お盆の十三日にお迎えしていた我が家のご先祖さまをお送りする送り火が、別れを惜しむかのように、門口から辻に、そしてより遠くまでと、人々が次第に山へと登りはじめ、それがやがて大文字の送り火にまで発展したのではないでしょうか？

「妙法」だけ二文字です

〝大〟の文字にもいろんな説があり、時の権力者に殺された町衆の姿を表しているとか、弘法大師さまが書かれた文字であるとか、これもいまだ確かなことはわかりません。

この行事は〝五山《ござん》の送り火〟とも言われるように、〝大〟の文字（如意《にょい》ヶ岳・大文字山）だけではなく、〝妙〟〝法〟（松ヶ崎・西山、東山）、船形（西賀茂・船山）、左大文字（大北山・大文字山）、鳥居形（嵯峨鳥居本・曼荼羅山）と、西へ西へ次々と点火されるのです。阿弥陀さまの西方浄土を意識して行われたものと考えられます。

昔はこの他にも、〝い〟〝一〟〝竹に鈴〟〝蛇〟〝長刀《なぎなた》〟などがあったと伝えられています。おそらく、それぞれ佛教的な意味があったのでしょう。

送り火の点火に用いられる護摩木に、姓名・年齢などを書いておさめると厄除けになると言われています。また、消し炭を白い奉書紙に巻いて水引をかけ家に吊るしておくと、災難除けや盗難除けのお守りになるとか、煎じて飲めば腹痛がおさまるとか、盃や盆に水を入れ大文字の大の文字を映して飲むと願いごとがかなうとも家内安全、無病息災に暮らせるとも言われています。水に映った大の字がこわれないようにそっと飲みほします。まさにこれが京都の発想なのです。

読者の皆さん、もし、大文字の送り火をご覧になる機会がありましたら、送り火を見ながらお酒を飲むといったことだけは、どうぞお避けくださいませ。今年もまた送り火に向かって手を合わせ、涙している京都人もいるのですから……。

〝愛宕《あたご》さん〟のおかげで京都には火事が少ないのどす

京都ならどこの台所でも見かける〝愛宕さんのお札〟。何が書いてあるかは知らなくても、その教えは京都人の心にしっかりと根づいています。

京都は、放火を別として、火事が大変少ないところであることをご存じでしょうか？

京都の町屋は、隣とくっついていることもあり、火事についての意識が高く、火を出してはいけないということに、昔から非常に神経を使ってきました。

念には念を入れて火の始末をするという京都人のしつこさで、町を火から守ってきたのです。

それぞれの住人の責任感の強さがそうさせてきたのでしょうが、京都人はこれを「愛宕《あたご》さん（愛宕神社）のおかげどす」と言うのです。ここに京都の一種独特の言葉づかいがあり、奥床しさがあるのです。

〝愛宕さんのお札〟。京都の家庭には、いや、家庭だけではありません。近代的なビルの中にも、お寺の厨房でもこのお札を見かけます。

毎年七月三十一日の夜から八月一日にかけて、右京区の愛宕山山頂にある愛宕神社で千日詣《せんにちもうで》というものがあり、この日にお詣りすれば千日分のご利益《りやく》があるとされています。また三歳までの子どもが参拝すると一生、火の難から逃れられるという言い伝えがあります。

この日はご町内単位でお詣りされるところもあり、毎年大変なにぎわいを見せてい

このお札があると安心です

ます。

しかし、だからといって、お詣りした人だけが、このお札を貼っているわけではありません。京都では、例え、愛宕さんがどこにあるかを知らない人でも、このお札のことは知っていて、町内会や親族、知人らからもらうなどして台所に貼ってあるものなのです。このへんがまた京都らしいところかもしれません。

そこで、幾人かの人に聞いてみました。

「あなたのところに愛宕さんのお札はんありますか？」

「はい、ありますよ」

「そのお札はん、何て書いてあるか、ご存じですか？」

「え？　なんて書いてましたやろ。火が何とか、でしたやろか？……」

返ってくる答えは、ほとんどこれでした。

愛宕さんにはまことに失礼なことですが、普段は気にとめてもいませんし、ゆっくりながめることもなければ、お札に手を合わせることもありません。いわばこのお札は、京都人にとって空気と同じような存在なのです。これほど自然にさりげなく、京都の人々の暮らしの中にとけ込んでいるお札というものも、他にはないように思います。

それでも、焚き火のあと、花火のあと、京都人の口から思わず出る言葉があります。

「火迺要慎《ひのようじん》、火迺要慎《ひのようじん》、火迺要慎《ひのようじん》、……」

〝清水《きよみず》の舞台〟の由緒《いわれ》、ご存じどすか？

〝清水の舞台から飛び降りる〟。今では誰もが使う例えですが、そこには京都人の暮らしの一部にとけ込んだ観音様を尊ぶ心が息づいています。

全国的に有名な〝清水《きよみず》の舞台〟。

今まで、清水さん（清水寺）の舞台を一度も見たことのない人でも、大変な決意で物事をする時の覚悟のほどを〝清水の舞台から飛び降りる〟と表現しますが、その由緒《いわれ》までご存じの方は少ないように思います。

修学旅行生が必ずこの清水寺をたずねるのも、案外、清水の舞台の高さを確かめに来ているのかもしれません（実際の柱の高さは十三メートルと言われていますが地上から二十メートル近くあるでしょう）。その由緒については、昔はガイドさんが詳しく説明されていたのですが、今では「いや、それは勇気ある人の行動です」とか「下に桜の木があるから、それがクッションになって死なない」などという話になっているようです。

実はこれにはいろんな説があります。しかし、そのいずれの説も、つまるところは御本尊である観音様にお守りいただき、そのおかげで死なないのだという、いわゆる観音信仰から発生したものなのです。

『宇治拾遺物語《うじしゅういものがたり》』の話を紹介しますと、ある若者が、ある日運悪く大勢の人間と斬り合いになり、清水の舞台に追いつめられました。そして、もうどうしようもない、殺され

京都の町に溶け込んでいる舞台

るだけだと思い、すべてを観音様に預けてその舞台から飛び降りたところ、不思議なことに死なずに助かったのです。こういった話がいくつもあると聞きましたが、どれをとっても、そこには京都人の観音様信仰の深さがうかがわれます。

お詣りに行った時、お寺の方に聞いた話によりますと、平成になってからも飛び降りた人が一人あったとのことでおどろきました。清水の歴史がはじまってから六十人以上の人が飛び降りたらしいのですが、今までに亡くなったのはご年配の一人だけだったということです。中には自殺をするつもりの人もいたらしいのですが、この人も信仰が篤かったのか、助かったということです。「もし、今、飛び降りる人を見はったらどうしはりますか?」と尋ねたら、「そんなん見たら止めますわ」と笑っておられました。

京都では、子供の頃から「観音さんは自分の前にいはって(居られて)、お地蔵さんは後にいはる」と教えられて大きくなりました。だからといって、清水さんに行き、理性を失うほど手を合わせて拝むということをするわけでもありません。宗教というと何か絶対的なものととらえられがちですが、京都の宗教は少し違って、いわゆる暮らしの一部に信仰があるという感じなのです。

そんな中から生まれたこの〝清水の舞台〟の喩え。今では、言葉だけがひとり歩きしてしまいましたが、京都人の中に自然ととけ込んだ観音様を尊ぶ心が、そこにしっかりと生きつづけているのです。

〝そんなことしたら冥加《みょうが》に悪おすえ〟

物を粗末にしてはいけないという教えですが、その根底には、どんな物にも生命があり、感情を持っているのだ、とする感性が流れています。

〝冥加《みょうが》〟というのは、神佛のご加護（助け）という意味です。

京都では、「そんなことをしたら冥加に悪い」とか「冥加につきる」など、この冥加という言葉を大変よく使います。

子供の頃、画用紙に絵を描いていて、まだ白い部分がたくさん残っているのに捨てたりすると、すぐ「そんな冥加の悪いことをして」と叱られたものです。

物を粗末に扱ってはいけない、そんなことをすると神佛のご加護が受けられない、もっと倹約しなさい、という意味で使われたのです。主に、大人が子供に対して使う言葉だと言えるでしょう。

他府県の人は、京都人のこういうところをさして、〝けち〟と言われるのだと思います。しかし、その根底に流れているのは、例え紙一枚でもその物が生きていると考えなさいという教えなのです。

例えば、ひもで品物をくくる時、余ってしまった部分を普通は捨てますが、捨てずに残しておけば、その短いひもでも充分役立つ時がある、そしてそのひもにも生命があるのだから大事にしなさいということです。一般に言うところの〝けち〟とは、少しその意味が違うのです。

お米一粒でも大切にしたいものです

この、物を大事にするといったことが発展し、京都人は一見つまらないと思えるものにも、大変愛着を持つのです。

例えば、自分の本や鞄なども、もともと大量生産されたものですのでいくらでも同じ品が存在します。しかし、そんなことは充分わかった上で、数ある中からその一つを自分が選び出し、自分の手元に嫁入りさせたということは、その品自体、大変幸福であると考えるのです。そして、その品を幸せにするためにかわいがってやらなくてはいけませんし、粗末に扱ったり投げ出してはいけない、とそんなふうに発想するのです。

不思議な縁で手に入れた品、そこに冥加という神佛のご加護や恵みがあって、はじめてその人の努力が実り、仕事や勉学が出来るようになると考えたのです。

もし仮に、それがこわれて捨てなければならなくなったら、何らかの思い（感謝）を持って捨てるようにと教えられました。

この、自分が手にした品物に生命を吹きかけ、その物自体が喜びを感じるくらい大事にしなさい、という考え方は、決して京都人特有のものではないと思います。日本人の根底には同じ感性が少なからずあるのではないでしょうか。

もう一度、そんな感性を思い出してみる必要があると思いますし、京都ではまだまだ暮らしの中にこういったことが息づいているのです。

京都人は自主的でないおしつけの寄付というものがきらいです。

見知らぬ団体への寄付金はおろか、自分のお寺や神社から集めに来られるのもあまり好きではありません。町内会が集める募金にしても、隣が五百円にしたのだったらうちも五百円にしておこう、というくらいに思っているようです。金額を決められて強要されると、特に抵抗感を感じてしまいます。

お布施の心は、生活の中にしっかりと根づいてます

寄付を強要されるのはきらいですが、一方で、「おうーほう」という雲水さんの声に、門口で待ってお布施をする子供の姿はよく見かけます。

ところが暮らしの中には〝お布施〟の心が昔からちゃんとあります。というのは、京都にはお寺さんが沢山あり、禅寺の雲水《うんすい》さん（修行僧）が「おうーほうー」と言ってまわって来られるのを子供もお金をにぎりしめて待ち、お布施をするのです。

一般に、私たちの耳には「おうーほうー」と聞こえますが、本当は「法《ほう》ー法《ほう》ー」と言われ、佛様の法《おしえ》を説き歩いておられるそうです。

雲水さんのこのよく通る声が遠くから聞こえてくれば、「おうーさん来はった」と家の人に知らせてお金をもらい、門口でお布施する子供の姿が今でも見られます。

現在の私の家の近所には黄檗山萬福寺《おうばくさんまんぷくじ》があり、月に一度か二度、大勢の雲水さんがお見えになります。お布施をしますと雲水さんは深々とお辞儀をされ拝んでくださるの

雲水さんにはよく出会います

ですが、これはその家に災難が起こらないようにといったことではありません。「これからも一所懸命、修行に励みます」という意味で、次のように拝まれるのです。

衆生無辺誓願度
煩悩無尽誓願断
法門無量誓願学
佛道無上誓願成

その雲水さんに対して「おきばりやす」と声をかけます。

このお布施、昔はお米や食物だったのですが、今ではほとんどがお金になったそうです。京都人はこういうお布施を率先して行ってきたのです。

お布施の心とは、決して自分の利益のためにするのではありません。お佛壇を拝んだり、お供えをする行動と同じ佛事作法の一つなのです。

佛様を、佛様の教えを、お坊様を、ご先祖様を大切に思う心が、京都には暮らしの中にしっかりと根づいているのです。

災害などで困っている人に対して、本当に役立つのならとお布施の心を持って自主的に寄付をするのが京都人なのです。

〝鍾馗《しょうき》さん〟が屋根の上におられるそのわけをお話ししまひょ

鍾旭さんは中国の故事に由来する魔除けの人形。魔除けのための鬼瓦に対抗して、さらに魔除けのものを置く――なんや京都らしい話です。

京都の中京《なかぎょう》や西陣などの昔ながらの町並みを歩いていますと、町屋の屋根瓦の上に、瓦人形が置いてあるのをよく見かけます。この人形は〝鍾馗《しょうき》さん〟と呼ばれ、姿、形はいろいろですが、二一〜三十センチくらいの大きさで、右手には太刀を持ち藍袍《あいほう》を身にまとって、前方をにらみつけています。恐い顔ですが、どこかしらユーモアな印象です。

なぜ屋根の上に鍾旭さんを置くようになったのか、その由緒《いわれ》をお話ししましょう。

昔々、三条のあたりの薬屋さんが大きな家を建てたそうです。その屋根に大変大きい鬼瓦を置いたところ、この瓦を見たその家の向かいの器量のいい娘さんが、その鬼ににらまれているような気がして夜ごとうなされ、病気になって寝込んでしまいました。あれこれ手をつくしましたが、一向によくならないため、向かいの薬屋さんに鬼瓦を取りはずしてくれるように頼みに行ったのですが、大金を払って苦心して取りつけた鬼瓦だからはずせないと言われてしまいました。そこで鬼に勝つものは何かと考え、鍾馗さんの形をした瓦を特別に瓦屋さんにつくってもらったのです。

鍾馗さんとは、その昔、唐の玄宗《げんそう》皇帝が病に伏した時、夢の中で鬼が楊貴妃《ようきひ》の宝物を

屋根の上で守ってくれています

盗もうとしたところ、そこに出てきてその鬼を退治した伝説の人物です。

その物語にならって鍾馗さんを鬼瓦に向けて置いたところ、娘さんの病気はすっかりよくなったのです。これが鍾馗さんを屋根の上に置くようになった由緒です。もちろん鬼瓦も魔除けなのですから、鍾馗さんはこの鬼瓦に対して二重の防衛としてつくられたことになります。しかし、今では隣家の鬼瓦に対抗しているわけではなく、ただ自分の家に降りかかる邪気から我が家を守るために取りつけられているのです。

本当なら鬼瓦を降ろせば済むことですが、無理矢理降ろして角《かど》を立てるより、鍾馗さんで解決しようとしたところに京都人らしさを感じます。

それにこの話、ご近所よりも大きな鬼瓦を取りつけてはいけないという教えでもあるのです。一度機会があれば、京の鬼瓦をとくとご覧ください。他所のものと比べて、どことなく上品でやさしい感じがするものです。

京都の家では魔除けとしては鍾馗さんの他に、〝鬼門《きもん》〟を大変気にします。鬼門とは陰陽道で鬼がいるとされる方角で、東北の角を表鬼門、南西の角を裏鬼門といいます。そこで家の東北や南西の角に南天《なんてん》や桃の木などを植えて、鬼の侵入から家を守るのです。

御所にもその東北角に猿《さる》ヶ辻《つじ》と呼ばれる魔除けの猿が置かれた場所があり、さらに東北方向に遠く目を向けると、赤山禅院《せきさんぜんいん》や比叡山延暦寺《ひえいさんえんりゃくじ》があります。念には念を入れて鬼門を守っているのです。

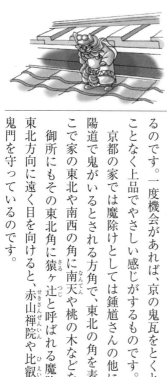

琵琶湖疏水は、京都の町をよみがえらせた命の水どす

明治になって廃都寸前だった京都を救ったのが、琵琶湖疏水の大事業でした。先人たちの叡智と不屈の精神が、明日への指針を与えてくれます。

「京美人は鴨川の水でつくられる」と表現されることもあり、京都は古《いにしえ》より大変水に恵まれた地だと思っておられる方もいらっしゃるでしょう。しかし、鴨川も桂川も水量に乏しく、京都の人々は長年水不足に苦しんできたのです。

井戸水にたよらなくてはならない町にとっては、ひと度火事が起これば消火活動もままならず、大火となって被害が拡大する危険性をいつも感じながら暮らしていました。

天から与えられた大きな水がめである琵琶湖をながめながら、あの水を京の都に引くことが出来ればと、平清盛が、豊臣秀吉が、徳川家康が夢をえがいていたと伝えられていますが、長等山《ながらさん》という山に阻まれ、いつの時代も断念しなければならなかったのです。

しかし、明治十四年に三代目の京都府知事に就任した北垣国道《きたがきくにみち》氏がこの疏水《そすい》計画に着手し、当時、東京工部大学校（現・東大工学部）を卒業したばかりの田辺朔郎《たなべさくろう》氏を起用し、測量技師の島田道生《しまだどうせい》氏らと共に、この一大事業に挑戦しました。

その頃の京都は、天皇さんが東京に移られ、それに合わせてお公家さんや多くの商人たちも東行したため、人口が激減してしまい、まるで〝廃都〟そのものだったそうです。

琵琶湖疏水の分線の南禅寺水路閣

そんな状況の中で琵琶湖疏水計画が進められていきました。北垣知事は京都の人々を説得してまわり、お金を集め、労働力を集め、叡智を結集し、そしてこの難工事がはじまったのです。日本人だけによる土木工事としては今までに例を見ない大工事でしたが、山を両側から掘るだけではなく山の上から垂直に穴を掘りすすめていく竪坑《たてこう》方式なども採用し、工事の促進を図りました。またダイナマイトやセメント以外の資材は自給自足し、夜に技術者を養成しては昼間その学習を実践するという努力の積み重ねでした。

それから五年、完成間近に田辺朔郎氏は、この水を利用した水力発電の実用化に踏み切ります。そして、この日本最初の水力発電の発想が、やがて日本最初のチンチン電車を東洞院塩小路（現京都駅付近）と伏見下油掛町の間で開通開業させることになるのです。

琵琶湖疏水の完成で多くの物資が京都に運び込まれ、水道水も確保されて新しい工場も次から次に建設されました。京都は活気をとり戻し、再びよみがえったのです。琵琶湖疏水は、まさに京都の命の水となり、現在も京都の町をとうとうと流れています。

東山区の蹴上《けあげ》には昭和二十三年まで物資の運搬に働きつづけた〝インクライン（傾斜鉄道）〟が型態保存されています。

このインクラインの前に停むと、当時の人々の不屈の精神が、ひしひしと伝わってきます。そして京都で暮らす私たちに、明日への指針と勇気と希望を与えてくれるように感じるのです。

梅雨とは、梅の実が熟《つ》ゆる頃の雨というのが語源です。シトシトと降る長雨は気が枯れて憂鬱になるものですが、やっと梅雨明けを迎える頃、京都では、一段と雨足が強まり屋根を打ちつけるような音が、地面をたたくような音が、雨樋を勢いよく流れる音が聞こえてきます。犬矢来や紅殻格子にも容赦なく雨水が濡らします。そんな雨音が合成されて、武士たちの鎧《よろい》がガシャガシャと擦れ合うような音に聞こえ、「梅雨明けの頃の夜、宗全が駆け抜ける」と西陣の地で言い伝えられてきました。この地で生まれ育った祖母からも何度となく聞かされたものです。

梅雨明けの頃、宗全が駆け抜けますのや

歴史は振り返るだけではいけません。しっかりと受け継いでいくものです。

宗全とは、京都人が言うところの「この間《あいだ》の戦争」すなわち「応仁の乱」で、西に陣をかまえた総大将「山名宗全」のことです。

今からおよそ五五〇年前に、時の権力者の世継ぎ問題に端を発した応仁の乱は、十一年もの長きにわたって京の都を戦乱の渦に巻き込み、都は壊滅的な打撃を被りました。当時の歌人、飯尾清方が「汝《な》れ知る都は野辺の夕雲雀、上るを見ても落つる涙は」と読みました。かつて西陣の地は平安時代の「織部司」につながる地で高級織物を生産していました。申すまでもなく有名な「西陣織」はこの地から生まれ、ブランド名となったのです。でも一体それは何故なのでしょうか。応仁の乱で、西軍に陣を構えた山名宗全の屋敷

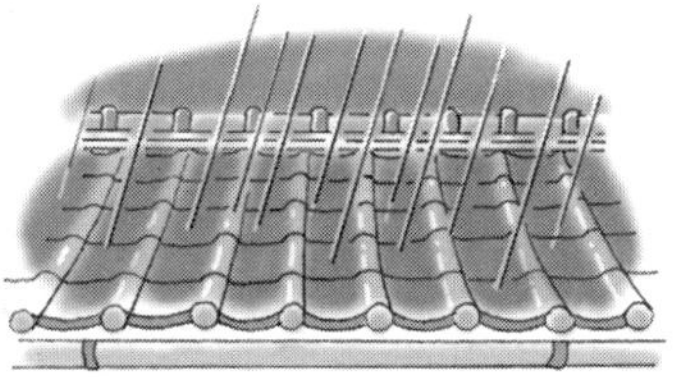
祇園祭の前は本当によく雨が降ります

があったにせよ、京都の町を焦土と化した戦乱にちなむ名称をそのまま地名のように伝えてきた理由は何処にあるのでしょうか。それは、京都人が比喩として応仁の乱のことを「この間の戦争」と言いうことにも繋がるのだと思います。京の町を焼き尽くした応仁の乱の悲惨な記憶を留めるとともに、そこから這い上がって強く生きぬく事の大切さを後世に伝えようとの思いから、命名されたように感じるのです。

ほんの少し前まで、西陣の子どもたちは地蔵盆になると、南禅寺にある山名宗全のお墓にお参りに行くと聞きました。山名宗全に手を合わせ、宗全を弔い、戦乱の記憶を語り継ぐためのこれも一つの智恵だったのでしょう。

西陣の将、山名宗全が関わった応仁の乱によって、文化的にも大切なものが失われましたが、いつまでも嘆いていては前には進めません。過去を忘れるのではなく、記憶を確かなものとし、受け継いで生きなければいけないというメッセージを「西陣」の名に遺したのではないでしょうか。

歴史は、過去を振り返り変遷を知り、事項を学ぶだけではありません。その時代に生きた人々の気持ちを推し量り、その思考感性を知り得て、今日をしっかりと見つめ、未来を切り開くためにあるのだと思います。これが京都の心を伝えて行く本義なのです。

梅雨が明けると、京都人が待ちに待った「祇園祭」がはじまります。ここにも戦乱に屈せず蘇った京都人の熱い歴史があるのです。

花街は何で生まれたか知ったはりますか

京の最上のおもてなしがここにあります。

京都には、祇園甲部・祇園東・宮川町・先斗町・上七軒の五花街と島原という花街があります。現代の島原の地は別として、五花街の近くには、遠来から大勢の方が参拝される社寺があります。

祇園や宮川町や先斗町には、祇園社（現：八坂神社）が、上七軒には北野社（現：北野天満宮）が存在します。しかし、その地は洛外の地であり、野ッ原でもありました。参拝道も今のように整備されていなかったのです。一旦雨が降ると道がぬかるんでお参りもままなりませんでした。

そんなところから、祇園社への参拝者ために、鴨川の河原には「雨やみ地蔵」というお地蔵さまが建立され、ひたすら雨が上がるのを願い祈りました。

また、いつしか雨宿りのための茶店が出現したのです。茶店ですので、言うまでもなくお茶を饗していただくのですが、お参りの人々からお酒も出してほしいとの要望が生まれました。そのお酒もお客による手酌ではなく、嫋《たお》やかな女性にお酌をしてほしいとの声が高まり、お酒の肴やお料理、それに芸も見せてほしいと、要求がどんどんエスカレートしていきました。これまた人心の自然な感情です。

参拝客の需要に合わせて茶店がお茶屋となり、芸を磨いた芸妓さんや舞妓さんの登

祇園には舞妓さんがよく似合います

場となったのです。また料理をお茶屋に出前する仕出し文化も発展しました。

茶店から始まった花街の歴史は、現代の「花街の踊り」に受け継がれています。歌舞練場のロビーで芸・舞妓さんが美味しいお茶を点てていただき私たちの心を和ませてもらえます。これも花街の踊りに足を運ぶ楽しみであり、嬉しいひとときです。

芸妓さんの姿は、京の商家のおかみさん、舞妓さん姿はお嬢さんの姿だと教えていただきました。艶やかな着物の着こなしや身のこなし、所作の美しさはどこまでも品よく、また花街の言葉は、訛《なまり》を取り除き、否定語を極端に少なくして、何とも言えないやわらかさで、お客様に心優しく心豊かになっていただくために練り上げられたものです。

ここからも京の最上のおもてなしの真髄が見えてきます。

道路の整備がすすみ、「雨やみ地蔵」は、眼病平癒にご利益のある「目やみ地蔵」として、今も参拝道の仲源寺さんに祀られています。

時代と共に京の花街もその姿を変えたところもありますが、おもてなしの本質は変わることなく受け継がれています。

それに京の暮らしの中にあった祇園祭の時に御旅所に詣でる「無言詣り」や八月朔日にお世話になっている方にご挨拶にあがる「八朔」、お正月の準備が出来る喜びごとの十二月十三日の「事始め」など、長い間京都びとが大事にしてきた京の行事も花街には、今尚しっかりと息づいているのです。

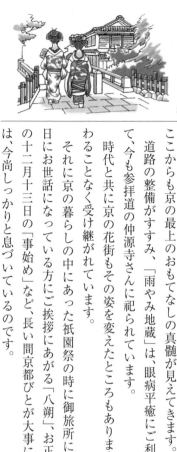

和紙には神様の力が宿っているのどす

墨を吸収し、光を通す和紙は、人の生き方を教えてくれているのです。

和紙を取り扱っているお店でのことです。ご来店になったお客様から「和紙をください」と言われ、お店の方が「どんな和紙をさしあげましょうか？」と尋ねられたところ、「和紙は和紙や！」と叱られたそうです。

近年、和紙をご理解いただけないお人が多くなったことが寂しいと笑っておられましたが、ひと口に和紙と言ってもたくさんの種類があります。

半紙も画仙紙も美濃紙も杉原紙も吉野紙も檀紙も仙花紙も奉書紙も鳥の子紙等々も、すべて和紙です。そして、その何れも生漉きと機械漉きがあります。

それはともかく、和紙の原料は、楮《こうぞ》・三椏《みつまた》・雁皮《がんぴ》です。そこに神様の力が宿っているという意味が潜んでいるのです。

御存じの通り、楮も三椏も雁皮も草木です。草木は、太陽の恵みを受けて生育するもので、言い換えれば、太陽の力が込められています。古くから太陽は天照皇大神《あまてらすおおみかみ》であるとも考えられ、その天照皇大神さまの力が宿り、和（倭）の紙が作られているのです。

また和紙の白い色は清浄さを表し、神さまが好まれる色でもあり、神聖という意味もあるのです。

では、和紙はどんなところに使用され、何処で目にすることが出来るでしょうか。

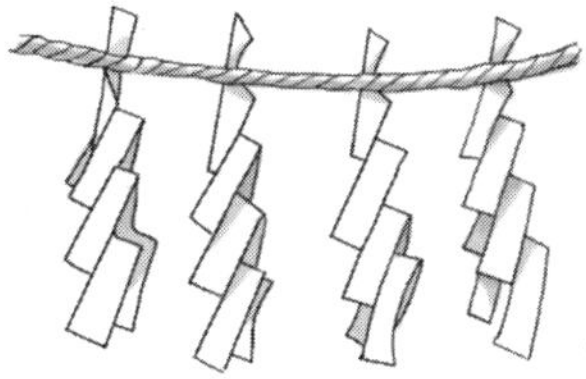

清らかで凛々しいですね

神社の鳥居に張られたしめ縄の紙垂《しで》に・・・、世の禍々《まがまが》しいものを祓い清める御幣《ごへい》や榊《さかき》に・・・、神のご降臨のための梵天や門松に・・・、鏡餅をはじめとして神への供え物にも必ず和紙を敷きますし、大文字の送り火の消し炭も蛇の抜け殻も和紙に巻いて吊るします。それに儀礼に使用する目録も金封も熨斗《のし》も水引も和紙で作られています。大切にしなければいけないものばかりです。

そんなところから、「紙を粗末にしたらあの世で紙の橋を渡ることになる」という京の言い伝えが生まれたのでしょう。

この京の言い伝えは、死後七日目に三途の川を渡る時に、生前に良い行いをした人は「渡し船で」、良い行いも悪い行いもしなかった人は「泳いで」、悪い行いばかりした人は「紙の橋で」を渡ると躾けられ伝承されてきたのです。

私の家は、家業として和紙商《わがみしょう》を営んでいました。「神は宇治神（氏神）、紙は岩上」というキャッチコピーを考え出した父親から「洋紙に墨で書いても洋紙は墨を吸収せぇへん反発する、和紙やったら墨をちゃんと吸収してくれる、洋紙は光を通さへんけど、和紙は光を通すんや、だから、人の言うことを吸収し、光（考え）を通す和紙のような生き方をせんとあかん」と教わりました。

和紙をただ高価なものだから大事にするだけではなく、神様との関わりや、人生の教訓に喩えて話を受け継いでいくというところに京都人の感性があるのです。

月々に月見る月は多けれど、月見る月はこの月の月

この歌を詠みながら毎晩のようにお月様を拝んでいた祖母の姿をよく思い出します。とりわけ京都人は月への思い入れがとても強いようです。

私の祖母は、明治十一年生まれで九十二歳まで長生きをしましたが、月を見ると必ず、「月々に月見る月は多けれど、月見る月はこの月の月」と、この歌を詠んで拝んでいました。三日月であろうと半月であろうと、月がこうこうと輝いていれば、毎晩拝むのです。満月の時には一層力が入り、表情も歓喜していたほどです。

拝み方に特別な仕方があるわけではありませんが、縁先から月を見上げ、手をすり合わせてこの歌を三度詠み、最後に頭を下げて、ひと言「あん」と言っていたように記憶しています。

この歌は、もともと中秋の名月（陰暦の八月十五日）に宮中で女官たちによって唄われたもので、歌の作者は知り得ませんが、お芋にお箸で穴を開け、その穴から月をのぞいてこの歌を詠むといったしきたりが、その昔あったそうです。

京都では、この月の宴のことを芋名月とも言い、お芋をお月様にお供えしたり、また、それを食べるという風習がありました。また一方、陰暦の九月十三日の宴は豆名月と呼ばれ、豆をお供えしたり食べたりしたそうです。

お月見といえば、必ずすすきの穂が登場しますが、お月見にすすきを生けるのは、す

お月様にお供えします

すきを稲穂に見たてて、やがて来る今秋のお米の豊作を祈る収穫の予祝（前祝）のためであるとも言われています。

お日様（太陽）を日常的に拝むという風習は全国的にありますが、お月様を私の祖母のように日常的に拝むというのは、おそらく京都だけではないかと思います。

京都人は月に対する思い入れがとりわけ強く、古来より月を神佛とも思ってきたのです。

さんさんと照り輝く太陽よりも、おだやかな月に、より身近なものを感じたのだと思います。それゆえ、太陽にまつわる物語というのはあまり見あたりませんが、かぐや姫を主人公にした『竹取物語』という月の物語が生まれたのにも、おそらくこんな背景があったからでしょう。

日本では、ほんの百五十年ほど前まで、月を中心とした旧暦（太陰太陽暦）を使っていたのはご存じのとおりです。月日という言い方そのものが、月が日より上位と考えてきた一つの証《あかし》だとも思います。

陰陽道では、太陽が陽で男性を表し、月が陰で女性を表すと言われています。女性が月を拝むというのは、自分の体をいたわる一つの信仰だったのかもしれません。

京都では、今もなお、平安時代より月の名所と言われた右京区の大覚寺・大沢の池での観月の宴をはじめとして、方々で月見の宴が催されています。

「姉三六角蛸錦《あねさんろっかくたこにしき》」の歌が唄われるそのわけをご存じですか？

京都の子供はみんな、ものごころついた頃にはこの〝通り歌〟を口ずさんでいます。これも京都ならではの暮らしに息づいた教育の一つです。

「丸《まる》・竹《たけ》・夷《えびす》・二《に》・押《おし》・御池《おいけ》、姉《あね》・三《さん》・六角《ろっかく》・蛸《たこ》・錦《にしき》、四《し》・綾《あや》・佛《ぶっ》・高《たか》・松《まつ》・万《まん》・五条《ごじょう》」

私も、ものごころがついた頃には、もうこの歌を唄っていたように思います。その中でも、特に「姉三六角蛸錦」の部分を一番最初に覚えたように記憶しています。これは、京都の東西（横）の通り名を覚えやすくするためのもので、姉小路《こうじ》通り・三条通り・六角通り・蛸薬師通り・錦通りの通り名の頭だけを取り出して、北から南へ順に唄ったものです。同様に「丸竹夷二押御池」は丸太町《まるたまち》・竹屋町《たけやまち》・夷川《えびすがわ》・二条《にじょう》・押小路《おしこうじ》・御池《おいけ》の各通りを、「四綾佛高松万五条」は四条《しじょう》・綾小路《あやのこうじ》・佛光寺《ぶっこうじ》・高辻《たかつじ》・松原《まつばら》・万寿寺《まんじゅじ》・五条《ごじょう》の各通りを表しています。

京都では昔から社会勉強をさせるために子供をお使いにやることが多く、買いものはもちろんのこと、祝いごとのまんじゅうを配ったり、お中元・お歳暮も子供が先様に届けることがよくありました。でも、この唄を知っていれば大丈夫。迷子になることがなかったのです。

ご存じのとおり、京都の町は平安京の名残りをとどめ、東西と南北の通りが碁盤の目のように整然とならんでいます（本当は途中で曲がっているところもあります）。そして、それぞれの通りには、すべて名前がついていて、この東西の通りと南北の通りが交差する辻(角)から東の方に行くことを〝東入《ひがしい》ル〟、西に行くことを〝西入《にしい》ル〟と言います。
また、他所《よそ》の人にはちょっと馴染みにくいかもしれませんが、それぞれの辻から北へ行くことを〝上《あが》ル〟、南へ行くことを〝下《さが》ル〟と言います。ですから〝寺町三条下ル〟は〝寺町六角上ル〟と同じところになるのです。おわかりになりますか。

それに、南北の通りにも同じように、〝寺《てら》(寺町《てらまち》)・御幸《ごこう》(御幸町《ごこうまち》)・麩屋《ふや》(麩屋町《ふやちょう》)に富《とみ》(富小路《とみのこうじ》)・柳《やなぎ》(柳馬場《やなぎのばんば》)・堺《さかい》(堺町《さかいまち》)・高《たか》(高倉《たかくら》)・間《あい》の(間之町《あいのまち》)・東《ひがし》(東洞院《ひがしのとういん》)に車《くるま》(車屋町《くるまやちょう》)・烏丸《からすま》(烏丸《からすま》)〟というのがありますが、今ではその歌の節《ふし》もわかりませんし、これはあまり教えられなかったように思います。お使いに行く時、南北(縦)の通りは「大丸さんの一本東や」とか「たち吉《きち》さんの二本西や」などと言われることが多かったと思います。百人一首の節でおぼえたように記憶しています。

それにしても、この〝通り歌〟がいつ頃から唄われるようになったかはわかりませんが、主だった通りが碁盤の目になっている京都ならではの歌だと言えるでしょう。

そして、それは手まり歌とか、子守り歌といったものではなく、ただの符牒のようなもので、親から子へ、番頭さんから丁稚さんへと教えられてきたのです。これも京の教育の一つだと思います。

京都は昔から商業の町と言われていますが、こんな歌や遊びの中にも、ちゃんと教えやしつけが込められていたのです。

街中ではスマホで地図を見るよりも早くわかります

第四章

京の暮らし

長居の来客に去《い》んでほしい時、ほうきを逆さに立てて拝みます

逆さに立てかけたほうきは、早く帰ってほしい時のおまじないであると同時に、親と子の間のコミュニケーションの道具になっていました。

古来から、ほうきというものは、邪気を追い払い、悪いものを掃き出してしまう不思議な力があると考えられてきました。

お客様に早く帰ってほしい時、ほうきを逆さに立てるといったおまじないは各地に見られるものですが、京都ではもう少し念が入っているのです。逆さに立てたほうきに布（手拭い）をかぶせて、ほおかむりをさせ、それを一心に拝むのです。時には、ご飯やお菓子などをお供えすることもありました。

このように、お供えものをしたり、拝むという行為は、ほうきそのものを神様とか佛様にまで格上げすることですし、布をかぶせることでより一層、我々に身近なものと演出したのです。そして、ただのおまじないといったことだけではなく、この行為にはこれに加えて重要な意味が秘められています。

と申しましても、私の話ですから所詮たいしたことではありませんが、実は、これは子が親に対して発信するサインであり、暗号でもあったのです。

長居するお客様に対して、子供がその方の辞去を願って、子供なりの豊かな感性と発想でほうきを逆さにして拝んでいるということは、お客様に親を占領されていること

「早く居んで下さい・・・」

への反撥であり、親に対する無言の愛情表現でもあったのです。そんな我が子の姿を親が見れば、うれしくて喜ばずにはおれません。例え大切なお客様であっても、親は決してとがめたりはしないのです。

もちろん、ほうきは廊下のつきあたりなど、お客様から見えないところにこっそり立てかけられたのは、言うまでもありません。

ほうきという一つの道具を仲介して、親と子の連帯、つながりを、より一層深いものにしてきたのは、とても心あたたまることです。

京都ではこのような親子の絆を深めるためのとてもよいソフトが、暮らしの中にきちんとおさまっているのです。このソフトが健全な限り、親子の断絶というものはあり得ないでしょう。

ところが残念なことに、最近では家庭からほうきがだんだんなくなってきました。ほうきのかわりに掃除機を逆さに立てるといったことは、まだ耳にしませんし、例え日本中からほうきがなくなっても、京都の家庭からは、ほうきをなくしてほしくないと思います。

お屠蘇《とそ》より大福茶《おおぶくちゃ》が京都のお正月どす

大福茶（皇服茶・大福梅茶）と言えば、六波羅蜜寺や北野天満宮で授けてもらうものが有名になりましたが、暮らしの中にも大福茶があるのです。

あなたのお家ではお正月にお屠蘇《とそ》をお飲みになりますか？

もちろん、京都でもたくさんのお家でお正月にお屠蘇をご準備されていますし、ここで改めて、お屠蘇より○○です、というのは適切な表現ではないかもしれません。

しかし、京都では、例えお屠蘇を準備されても飲まない人が結構多いのです。お客様にはお出しすることがあっても、自分の家では飲まないと決めている人もあります。

これは、お屠蘇というものがもともとお薬であるために、元日から〝薬〟を飲むのはいやだという発想からきています（現在でもお屠蘇は薬局で販売されています）。

元日から子供が泣くと、「お正月から泣いてたら、一年中泣かなあかんで」とよく言いますが、それと同じように、〝年のはじめ〟〝月のはじめ〟〝日のはじめ〟である元三《がんさん》日《にち》すなわち元日に薬を飲むと、一年中薬を飲まなくてはいけないというところからお屠蘇を好まない人もあるのです。

一方、〝大福茶《おおぶくちゃ》〟というものは、煎茶の中に五センチ角ほどの小さな昆布と小さな梅干が入った縁起のよいお茶のことです（結納時などに使用される〝こぶ茶〟ではありません）。

縁起の良い大福茶

昆布はよろこぶであり、〝子生婦《こんぶ》〟〝幸運夫《こんぶ》〟とも書いて子孫繁栄を願うものです。梅は春に先がけ一番に花を咲かせ実を結ぶものとして尊びます。そして、お茶そのものは葉の緑が色を変えぬところから、強い意志で大地にしっかり根づいて生きつづける験《げん》のよいものです。この三種を合わせてお祝いするのです。

これは、もともと皇族やお公家さんの飲みもので、今では〝大福茶〟と書きますが、歴史的にはお公家さんの場合〝皇服茶〟、一般には〝王服茶〟と書かれたそうです。結び昆布や干し梅でないのが京都風です。

起源はどうであれ、京都人は大変これを好み、お雑煮と共にお正月には欠かすことの出来ないものです。これを家族が顔を揃えてお雑煮を食べる前に、「お祝いやす」と言っていただくのです。

それに、お屠蘇と違って子供でもおいしく飲めるものであると共に、まったりとした白みそのお雑煮にもよく合うところから、一般にも普及したのだと思います。

「家《うち》はお屠蘇はいただきませんので、お福茶でお祝いしています」

と言う京都人も多く、床の間に美しい蒔絵《まきえ》をほどこした上品な屠蘇器がただ飾ってあるだけというお家もあります。お正月の雰囲気を大切にするこんなところにも、京都人の一面を垣間見ることが出来るのです。

「さあ、どなたはんもお祝いやす」

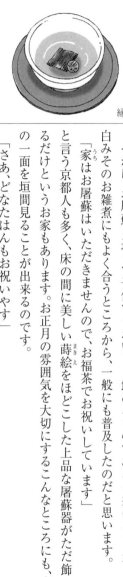

お盆の行事を筆頭にして、桃の節供（雛祭り）も、十三詣《じゅうさん》りも、端午《たんご》の節供（菖蒲《しょうぶ》の節句）も、七夕も、お中元もお盆も、京都ではひと月遅れの行事が結構あるのです。

ひと月遅れで行うことに、特に論理的な根拠があるわけではありません。単に季節感（この季節感というものが、行事には大切なものだと思います）に合わせているのです。

もし、京都が本当にただ古いものだけにこだわり、古ければよいと考えているのであれば、すべての行事を旧暦（陰暦）で行うと思うのですが、事柄によっては新暦を採用したり、ひと月遅れで行ったりするのです。このへんがまた、京都人の発想の特異性だとも言えるでしょう。

ところが、このひと月遅れの行事も最近はすっかり影をひそめ、ほとんどが新暦で行われるようになってきました。と申しますのには理由があるのです。

京都ではひと月遅れの行事がたくさんあります

雛祭り、端午の節供、七夕、お中元、お盆……。京都ではひと月遅れで行うのが普通でしたが、最近はそれもなかなかむずかしくなりました。

三月三日の桃の節供からお話ししましょう。

京都では桃の花は四月に咲きます。このことからも、ひと月遅れの四月三日の方が自然だと思うのですが、四月には菱餅がなかなか手に入らないのです。

端午の節供も同じようなことが言えます。

この端午の節供のことを京都では〝大将《たいしょ》さん〟と呼びますが、この大将さんの日にお

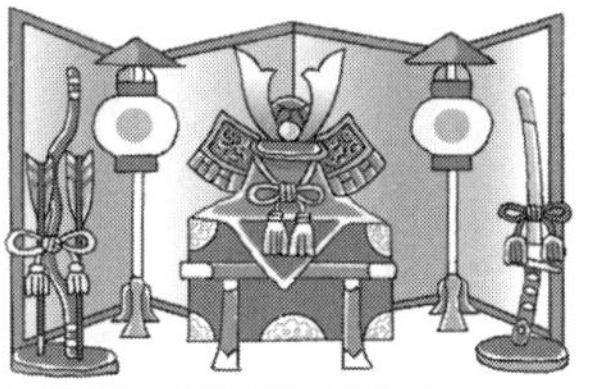

端午の節句も旧暦でないと菖蒲がありません

風呂に菖蒲を入れ、入浴します。

そして、その菖蒲で身体をたたくと丈夫になると言い伝えられています（現代の入浴剤にあたるものが京都には昔から存在していたのです）。ところがこれも、ひと月遅れの六月五日には、その菖蒲が販売されていないのです。

もう一つ、七夕もそうです。

七月七日に天の川が見られないことは、最近、新聞などでも取り上げられていますが、美しい天の川をしっかり見ようと思えば、やはり八月七日に七夕をする方がよいと思うのです。しかし、残念ながらその時期には七夕飾りが販売されていません。

こんな事情から、京都のひと月遅れの行事がなくなってきたのです。お盆の行事だけが、なんとか辛うじて、ひと月おくれの面目躍如といったところでしょうか。


お中元もお歳暮も、最近では随分と早く贈られるようになりました。お中元は早くても八月に入ってからで、お歳暮は十二月十三日の事始めから贈りはじめるものです。

近年、年賀状の発売も投函もほんとに早くなりました。京都で早目にしてよいのは、ご先祖様の年忌法要だけだったのですが……。

北野をどりに都をどり、京おどりに鴨川をどり、芸能はやはり京都です

京都の街に春を告げる「ヨーイヤサー」の声。明るく華やいだ気分で劇場をあとにすることが出来る演出に、京都の原点を感じます。

北野をどりに京おどり、都をどりに鴨川をどり。京都に春の訪れを告げるこれらの〝をどり〟は、それぞれの花街(上七軒《かみしちけん》、祇園《ぎおん》、宮川町《みやがわちょう》、先斗町《ぽんとちょう》)の芸妓さんや舞妓さんたちが舞い競う、あでやかな舞台です。花街に〝をどり〟の提灯が見られるようになると、京都の人々はいよいよ春が来たと実感します。

歴史はそんなに古いものではありませんが、あの独特の雰囲気は単に華やかというだけではなく、そこはかとなく上品な色香が匂いたつようなものがあり、〝はんなり〟という京言葉がぴったりです。

その中の一つ、祇園甲部歌舞練場《ぎおんこうぶかぶれんじょう》で繰り広げられる都をどりは、春を実感出来るもので、京都の四季の風物を題材にして演じられます。

「都をどりはヨーイヤサー」という舞妓さんたちの黄色い声で幕が上がります。京都人には馴染みのあるこの「ヨーイヤサー」は、他の京おどりにも、北野をどりにも、鴨川をどりにもあって、独特な少し調子はずれ(失礼!)の同じ節まわしで、子供の頃にはよく真似たものです。東京にも東《あずま》踊りというのがあり、これも「ヨーイヤサー」と言われます。身びいきかもしれませんが、あの感じと趣きは京都のものにかなわないと思います。

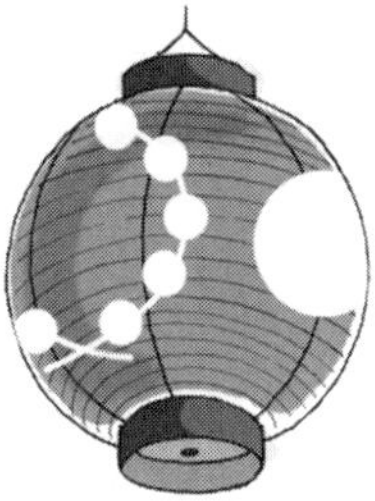

この提灯が掲げられると春の宵の風情が増します

京都のこれらの〝をどり〟にはそれぞれの特徴がありますが、大詰め前の一幕（景）は、いずれも非常に暗く演じられます。これは、まさに京都の冬を表現されているのかもしれません。それが大詰めには一転して、ぱあっと明るく華やかになり、装置も大道具も小道具も、そして衣裳も照明も、それはもうまぶしい限りです。この明るさが観客の心まで明るくさせ、気持ちよく歌舞練場（劇場）をあとにすることが出来るのです。

これこそ芸能の原点だと思います。日本の芝居はこういったものが多く、最後はスカッとした気分で劇場を出られるように演出されているのです。この演出で、観客も翌日からは、また仕事にいそしむことが出来るのだと思います。

西陣や室町の人々に支えられて発展したこれらの〝をどり〟は、今では多くの人々にとって日々の生活から離れた〝晴れ〟の場として愛されています。

入場料も決して安いものではありませんが、こうして毎年多くの人々を呼び寄せるのは、芸能の発祥の地である京都ならではと思います。

また、この日のために、稽古に稽古を重ねてこられた出演者の皆さんの汗と涙が実を結び、毎回必ず私たち観客を夢の世界へ誘い込み、確かな感動を与えてもらえるからだと思います。

本当に、京の〝を（お）どり〟は「ヨーイヤサー」です。

氏神《うじがみ》さまでの〝お千度《せんど》〟楽しみどす

町内総出で大人も子供も楽しみながらにぎやかにお詣りすることで、町内会の和を保つ京都の大切な行事です。全国的に見られるお百度詣りではありません。

京都には、町内の行事として毎年行われる〝お千度《せんど》〟という神事があり、八月の地蔵盆《じぞうぼん》同様、今でも根強く続いています。

この行事は、特に日時が決まっているわけではなくて、春か秋の日曜日や祝祭日に行われることが多く、町内総出で氏神様（居住地の産土神《うぶすながみ》）にお詣りします。

〝お千度《せんど》串〟という竹製で棒状の札（小さな木製のものもあります）を手に持って、神殿（拝殿）のまわりをぐるぐるとまわり、町内の安全と個人の無病息災を願い祈るものです。

そして、神殿をひとまわりするごとに、そのお千度串を一本（一枚）箱におさめるのです。まわる回数は、一般に願いごとをする人の歳の数（数え歳）だけと決められていますが、高齢の方は大変ですので、例えば七十歳なら省略して七回だけまわったり、また、先にまわり終えた町内の子供たちがその人に代わってまわったりもするのです。

お千度串の裏には本人や家族の名前が書かれていて、町内に新しい子供が生まれると、新しい札がその家からおさめられることもあります。

神さま詣りと言えば、一心に心を込めて行うことから静かなイメージがありますが、

大人も子供もまわります

これは、大人たちもなごやかにおしゃべりをしながらまわりますし、子供たちは友達とかけっこを競い合ったりして結構にぎやかなものです。にぎやかにすることでお休みになっておられる神さまに起きていただき、願いごとを聞いていただくのです。

おみこしをかつぐのも同様の意味で、寝ておられる神さまをおみこしにのせ、ゆり動かすことで眼をさましてもらい、願いを聞いていただくものだと、以前に神職に承ったことがあります。

さて、全員がまわり終わったところで拝礼し、そのあと一種の直会《なおらい》（神人共食の意）というべきものを社務所などを拝借して行います。みんなでお酒やジュースを飲んだり、お寿司やかやく御飯を食べたりして楽しいひと時を過ごすのです。子供たちにとってこの時にもらえるおやつもお千度の楽しみの一つでした。

最近では、町内会の役員交代がこの時期（春・秋）に行われ、この日に引き継ぎをされる町内会も見られます。

全国に見られるお百度詣りとは少し異なるもので、京都独特の町内会の行事だと言えるでしょう。

氏神様でのお千度は、町内会の和を保ち、人と人とのつながりをより一層深め合うための大切な京都の年中行事の一つなのです。

祇園祭。それが日本を代表する祭りであることは、今更申すまでもないと思います。

ここで改めて、その歴史とか見どころといったものについてお話しするつもりはありません。私たち京都人が、この祇園祭に対して思い入れるいくつかの事柄をお話しさせていただくのです。

祇園祭は京都人の心であり誇りどす

祇園祭は町人衆の心意気が生み出し、受け継いできた祭です。山鉾に手を合わせて祈る京都人がいる限り、いつまでも受け継がれていくと思います。

祇園祭といえば、今では動く文化財とか動く芸術品と言われ、何か観光ショー化してしまった部分もありますが、もともとは、平安京建都後、京の都に大流行した疫病を追い払うために、町人衆が寄り集まって智恵を出し合い、自分たちのために自分たちの力でつくり上げた祭り（神事）なのです（現在の祇園祭の原形は応仁の乱後に生れたと言われています）。

それから千有余年。今なお、この祇園祭に携わっておられる町人衆の心意気というものが感じられ、そこに、この祭りを現代まで受け継ぐことが出来た大きな要因があると思います。

まだ、京都にチンチン電車が走っていた頃、山鉾巡行《やまぼこじゅんこう》のために、わざわざその電車の電線（架線）を取り払って鉾を動かしたということがありました。今想像しても、これは大変な作業だったと思いますが、それが京都ではあたりまえだったのです。

鉾が厄をはらってくれます

地下鉄工事のため、巡行出来ないのではないかと思われた時も、前日までに路上にあったすべてのものを取り除き、無事、山鉾を通したということもありました。

京都人間は、内向的だとかバイタリティーがないなどとよく批判されますが、この祇園祭をとくとご覧になれば、京都人の心に秘めたエネルギーやパワーを、きっと改めて認識していただけると思います。

山鉾巡行の順番を決めるために、毎年京都市の市議会議場に紋付姿の鉾町の代表が集まり、くじ取り式が行われます。そして、巡行当日、京都市長が当時の装束に身をかため、そのくじを改める大役、奉行の役を演じるのです。

これが、まさに京都なのです！　千年の都なのです！

また、祇園祭ほど長い期間にわたって無駄の限りをつくした祭りはないと言われていますが、その無駄の中から、人々とのふれ合いを、心のゆとりを生んできたのです。

一見無駄に見えるものを無駄にしないところに、京都人の心があり、またそれが誇りでもあるのです。

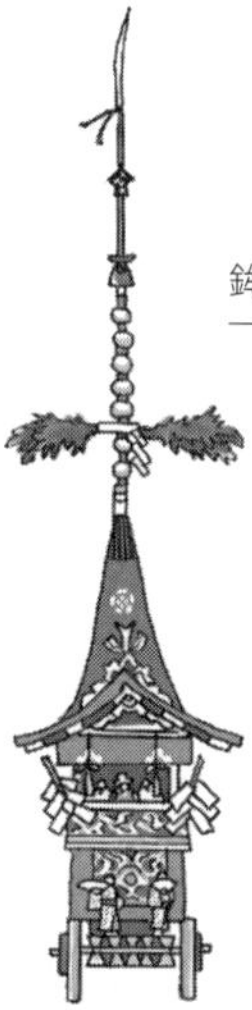

山鉾を見上げてただ見とれるだけではなく、山鉾に向かって手を合わせる京都人がいる限り、また、陰でこの祭りを支える女性が存在する限り、この祇園祭を後世に確実に伝承していくことが出来ると思います。

七夕流しのあの感動を忘れたらあきまへん

ひと昔前、七夕の夜には大人も子供もイキイキした表情で美しい七夕飾りを清流に流しました。今ではもう味わうことのない楽しい思い出です。

京都の七夕の行事と言えば、清水寺の境内にある縁結びの神様として特に若い女性たちに人気があり信仰を集める〝地主神社《じしゅ》〟のものが知られています。一対のこけしに自分の名前と心に想う人の名前を書いてかたく結び、笹竹に吊るして祈ると恋が成就すると言い伝えられる、なんとも心やさしく、ほほえましい祭事です。

七夕の伝説は、中国の牽牛星と織女星の愛の物語をベースにしてつくられたものだと思います。しかし、日本にはこの物語が伝わる以前から民間信仰というべき七夕の風習がありました。

それは神迎えのため水辺にしつらえた棚(祭壇)の上に衣を織って神に奉上する儀式で、その衣を織る織機を〝棚機《たなばた》〟といい、衣を織る乙女を〝乙棚機《おとたなばた》〟といったのです。その乙女が神を迎えた翌日、村人たちが川で〝みそぎ〟を行い、神に罪やけがれを持ち去っていただくというものでした。

それが七月七日の夕べに行われたところから〝七夕〟と書いて〝たなばた〟と読むようになりました。

そして時代と共に形を変え、〝けがれ〟を祓う五節句(一月七日の七草の節句、三月三日の桃の節句、五月五日の菖蒲の節句、七月七日の笹の節句、九月九日の菊の節句)の

昔に書いた願いを今はもう思い出せません

一つとなり、さらに和歌や裁縫の上達を願って星に祈る〝乞巧奠《きこうでん》〟と言う風習が重なり、〝七夕祭り〟の行事が定着したのです。

願いごとを書いた短冊などの飾りを笹竹につけるようになったのは江戸時代のことです。その笹竹を海や川に流すといった風習も生まれ、流した笹竹が天の川まで流れつけば願いごとがかなうと、ロマンチックに語られるようにもなりました。

私共の子供の頃には、競って華やかで美しい七夕飾りを作り、ひと月遅れ（旧暦ではありません）の八月七日か八日の夜に宇治川の清流にその七夕飾りを流したものです。雅やかな七夕飾りが波に浮き沈みしながら、ゆったりと下流へと流れていく光景を見るのは楽しく、どこか清々しい感動すらありました。大人も子供も、誰もが誇らしげにイキイキとした表情でこの行事に参加していました。

その後いつしか河川の汚染防止のために七夕流しが禁止され、それと共に七夕の行事も、祭事やイベント的なものを除けば、小さな子供のいる家庭だけのものとなってしまいました。翌朝、ごみと一緒に捨てられた七夕飾りを見るにつけて一抹のさみしさをおぼえます。

環境問題はさておき、七夕飾りが川を流れていくあの感動は、今の子供たちにも一度味わってもらいたい気がします。

地蔵盆では大きい子と小さい子がお地蔵様の前で仲よく遊びます

京都人なら子供の頃に誰しもこの地蔵盆に心をときめかせたはずです。地蔵盆が終わると京都の夏も終わり。どこか郷愁を感じる行事です。

京都には、地蔵盆という楽しい佛教行事があり、その行事そのものを親しみを込めて〝お地蔵さん〟といいます。

昔、大津の三井寺《みいでら》に常照《じょうしょう》というお坊さんがおられ、年若く三十歳で亡くなり、人の話を聞かなかった罪でお坊さんなのに地獄に墜ちられました。苦しんでおられるお坊さんの前に、お地蔵様がその姿を現され、「常照、おまえは小さい時に私をよく拝んでくれた。極楽にやることは出来ないが、もう一度人間界に戻してやるので、世のため、人のために役立つ人間になりなさい」と言われ、そのお坊さんを生き返されました。その日が八月二十四日であり、これが地蔵盆の由縁《いわれ》です。

京都ではこの地蔵尊の縁日にあたる八月二十四日頃を中心にして、地蔵盆が各町内ごとに行われます。お地蔵様の顔を絵具できれいにお化粧をし、お供え物を上げ、町内の子供の名前を書き入れた提灯を吊り下げて、お地蔵様を祀るのです。

そして、そのお地蔵様の前で大きな子供も小さな子供も一緒になって遊んだり、大人に混じって車座になり大きな長い珠数《じゅず》（京都では数珠と書かずに珠数と書きます）をまわす〝珠数まわし〟をしたり、おやつをもらったり、楽しい福引や金魚すくいがあった

マンションではなかなかできませんね

り、お芝居を演じたり、歌を唄ったり、それに夜には映画や盆踊りまであります。

こうして子供たちは楽しい二日間をすごすのですが、この頃から、きびしかった京都の夏にもほんの少しずつ涼風がたちはじめ、夏休みが終わる頃とあいまって、子供心に一種の郷愁といったものを感じるのです。こんなところから、京都人特有の何かが育まれるのかもしれません。

大人たちは子供たちの喜ぶ顔を頭にえがきながら、長い時間をかけて子供たちを楽しませようといろいろと趣向をこらします。そんな大人たちのあたたかい心を子供なりに感じながら、成長し大人となり、またその子供たちへと受けつがれていくのです。

大きい子供と小さい子供が一緒に遊ぶという機会が少なくなった現代、子供たちの縦わりの絆を深める地域のコミュニケーションの場であった行事が衰退していくことが残念でなりません。

京都の子供たちは、お地蔵様をいつも身近に感じながら、自然に佛様のお教えに慣れ親しんできました。ところが、近年、この地蔵盆も随分と様変わりをして、なぜかお地蔵様の存在が希薄になってきた気がします。

もう一度、町内会のイベントではなく地蔵盆が佛教行事であることを確認する必要があると思います。京都人なら、子供の頃に、この地蔵盆に心をときめかせた経験を誰もが持っているのですから……。

〝お火焚〟という行事、ご存じどすか？

新米を神前にお供えして護摩木を焚き、来たる冬の無病息災を祈る京都の初冬の風物詩。一般の家庭にも神事が生きつづけているのが京都です。

お火焚《ひたき》の行事は、京都だけではなく他所の一部の地域にも見られるものですが、その発祥はやはり京都であると思われます。

お火焚の由来にはいろんな説がありますが、もともと宮中の重要行事である新嘗祭《にいなめさい》（収穫祭）が民間に広まったものであると言われています。

稲穂を育てていただいた太陽と大地に感謝し、また来たる年の豊作を祈って行う祈祷行事です。

特に、行事の日は決まっているわけではありませんが、十一月八日の伏見稲荷大社の火焚祭は有名です。伏見稲荷では、春に植えた苗の稲藁も焚かれます。

かつては、十一月になると神社だけではなく、連日、一般家庭や町内、会社でもこの行事を見ることが出来、京都の初冬の風物詩でもあったのです。

火を扱いますので一時禁止されたり、自主的に取りやめたりしてその数は少なくなりましたが、今でも広い敷地をお持ちの方は毎年きちんと行っておられます。

秋にとれた新米を神前にお供えし、願いごとを書いた護摩木（火焚串）を焚いて悪霊を追い払い、家内安全、無病息災、商売繁盛、火難除けを神に祈るのです。

お火焚の終わりに、護摩木を焚いたその残り火でみかんを焼きます。そのみかんを食

いただいた実りに感謝するのは大事なことです

べると、来たる冬の間、風邪をひかないと言い伝えられてきました。

それに、その年のお米でつくったおこしと、〝おたま〟と呼ばれている火焔紋《かえんもん》の焼き印が押してある紅白饅頭を、神からのおさがりとしていただき、食します。神と共に同じ食物をいただくことで、神の力を授かるのです。

古来より、火の神は太陽の神とも考えられ、世にある不浄なものを消滅させる力があると信じられてきました。

こんなところから、京都では、神佛のお札《ふだ》はもちろんのこと、お守りや縁起もの、それに心のこもった礼状など、ごみとして出すには少し気が引けるものの処分は、火にあげると言って、火に燃やしてしまうといったことが、日常的にどのお家でもなされていました。(最近ではダイオキシンが発生しないよう、環境問題にも配慮した素材でできたお守りといったものもつくられていると聞きます)。

京都と言えばお寺のイメージが強く、佛教行事ばかりがクローズアップされますが、このお火焚の行事だけではなく、一年を通して町内会にも一般の家庭にも神事がきちんと生きつづけているのです。

やはり京都は神佛を崇め奉る千年の都です。

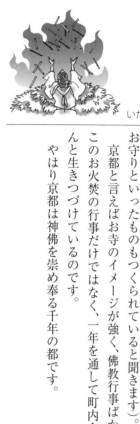

ともかく〝顔見世〟観ないことにはお正月が来まへんのや

南座に〝まねき〟が上がるといよいよ今年も師走。顔見世は京都人の誇りであり、忙しい中、時間をやりくりして観に行くのがステータスです。

京都の南座では、毎年十二月のおよそひと月間、吉例《きちれい》顔見世《かおみせ》興行という東西の名優たちによる歌舞伎が華々しく演じられます。

初日に先だち、〝まねき〟という看板が十一月下旬頃から南座正面にずらりとかかげられ、道行く人の目を楽しませてくれます。

これは、出演される役者さんたちの名前を、一メートル八十センチもある大きな檜《ひのき》の板に京都の御家流という書流を源流にした勘亭流《かんていりゅう》という独特の書体で墨跡鮮やかに書かれたもので、向かって右に関西勢、左に関東勢がならびます。京都人は、南座にこの〝まねき〟が上がると、忙しい師走の訪れを感じるのです。

そして、その忙しい最中《さなか》に時間をやりくりして顔見世を観に行くことが、京都人にとっての一つのステータスであり、「顔見世を観ないとお正月が来ない」というのは、京都人の心のゆとりを表現してきた言葉でもあるのです。また、昔は、この一年に一度の顔見世を観るために一年間働いてきたという人も大勢おられました。

もともと顔見世興行というのは、江戸時代、観客の入りが悪い霜月（十一月）になんとか芝居小屋に足を向けてもらうために考え出されたものです。この時代、役者は十一

月から翌年の十月までの一年契約で出演していたのです。そこで十一月のはじめに、これよりはこの顔ぶれで上演致します、と役者名を連ねて出したことがはじまりで、古くは〝面《つら》見せ〟といいました。現在ではその名称だけが残り、また、明治時代に暦が太陽暦に変更されてからは師走の十二月に行われるようになりました。

顔見世興行は毎年大変な人気で、そのチケットはなかなか手に入らない状況です。

このようにお話しすれば、京都人のすべてがこの顔見世を観ているように思われるかもしれませんが、実際に観ている人はごく限られた人たちだけであることは申すまでもありません。しかし、たとえ観には行かなくても、今年は〝中村屋〟が出演するとか、〝成駒屋《なりこまや》〟の今年の演《だ》しものが楽しみだとか言って、連日話題となり、誰もが顔見世のことを気にかけているように思えます。

京都の師走は顔見世と共に過ぎていくようにも感じられます。そこには南座という劇場が京都に存在する喜びがあり、そこで顔見世が演じられることへの京都人の誇りがあるのです。

一歩、南座の中に入れば、そこには夢の世界で遊ぶ楽しさがあります。

澄んだ柝《き》の音が響きわたります。さあ開幕です。大向こうから「松嶋屋――」と声がかかりました。

京都の住居《すまい》は、俗に〝うなぎの寝床〟と言われているように、間口がせまく奥行きが深い構造になっています。

京都はもともと商人の町でしたので、玄関横の格子をはずせば、すぐに商売が出来るよう考案されていました。また、のれん一枚を吊るすことで、店と生活の場を区切ることも可能だったのです。

〝うなぎの寝床〟のような京の町屋も儀式をするのには大変便利どす

京都の住まいは、そのお家にとって大切な特別の日のことを何よりも優先してつくられています。まるですぐれた舞台空間を見る思いです。

普段ここに住み、暮らしている京都人には気づかないことですが、この京都の住居のつくり（間取り）はさまざまな儀式（結納・結婚・葬儀・年忌など）を行う上で、大変理にかなったものになっています。

例えば、結納の当日のことを頭に思い浮かべてください。結納揃えを飾りつける場所、仲人、両親の座る位置、目録を受け取り受書揃えを準備する部屋など、すべての作法がスムースに運ぶように考えられているのです。

また、親族が大勢集まる年忌など大広間が必要な時には、ふすまを取り除き、お佛壇を中心にお坊様を囲んでみんなが集まり手を合わせることが出来るように、これまた本当にうまく配慮されているのです。さまざまな儀式をうまく演出出来るような空間づくりは、まるですぐれた舞台装置を見る思いです。

坪庭で採光もあり、案外明るいものです

京都の住居は、風通しや採光が悪いとか、トイレの位置がよくないとかいろいろな欠点を耳にしますが、実のところ、そこに住む者にとっては、その欠点に気づかぬほど住みごこちがよいのです。

そのお家にとっての大事な特別の日（儀式の日）を何よりも優先した住居づくり、その先人の智恵の結晶がこの京都の住居を誕生させたのだと思います。

最近、京の町家とか京風の家などと銘打って新しい住居が販売されるようになりましたが、図面を拝見すれば、そのほとんどのものが儀式の出来にくい間取りになっていることに一抹のさみしさを感じます。

今風の家は、そこで生活する人の動き（動線）を第一に考えてつくられているようで、いざお客様をお迎えする時には、スムースに動けない間取りになっているように思われます。

京の住居は、動線が悪いからこそ他人《ひと》から家を守ることも出来ますし、またその反面、他人との交流が大変しやすいつくりでもあるのです。

〝町屋〟と〝町家〟どちらの漢字表記が正しいのかと質問を受けることがありますが、どちらが正しいということではなく、町屋は商いするところであり、町家は農家に対しての言葉です。ただ祇園祭山鉾町内会では〝町家〟と書いて〝ちょういえ〟と読んで町内会の集会所部材収納庫になりますので、念のために書き添えておきます。

湯葉《ゆば》は好んで食べますが、納豆はあまり食べまへん

他のものと炊くことによって、その味を取り入れ、本来の風味を引き出していく湯葉は、その黄色の色も含めて、なんや京都らしい食材です。

〝湯葉〟といえば京都。

京都では、湯葉のことを〝いば〟と発音したり、ご年配のご婦人方は〝おゆば〟と言われます。

京都という土地は内陸部ですので、昔は魚もなければ肉もなかなか手に入りにくいものでした。そのため豆腐づくりの専門職があり、古くから豆腐料理を得意としてきたのです。

また、京都で豆腐料理が発展し好まれたもう一つの理由に、京都には寺院が多いことも関係しているように思います。

湯葉の黄色い色は、京都で多用する黄白の水引同様に、信仰の色、佛様の色、精進の色であり、精進料理にも大変ふさわしいものなのです。

湯葉は豆乳を煮立てて、その表面に出来た薄皮を引き上げ乾燥させてつくりますが、それだけ食べても、私には（と、あえて申し上げます）、決して美味しいとは思えません。（鮮やかな手さばきで引き上げられたばかりの生湯葉は、なんともいえないほど美味しく、ある種京都の優しさと強さが感じられます）。

しかし、椎茸や高野豆腐、また筍や松茸など他のものと一緒に炊いたり、おつゆの中

引き上げた生湯葉はぜひご賞味ください

に浮かべたりすることで、他のものの味を吸収してはじめて湯葉本来の風味が出てくるのです。

そんなところが、なぜか京都そのものとよく似ているように私には感じられます。京都には、千二百年の長きにわたって代々受け継がれてきた伝統があります。しかしながら、その伝統を守るだけでは味も素っ気もありません。自分たちだけの伝統に固執し、肩肘を張って他のよき伝統を拒否するのではなく、湯葉が独特の味を出すように、いろいろな味を取り入れて、本来のよさを生かしてきたのです。

一方、同じ豆からつくる料理でも、納豆は京都人には食べられません（近年は好まれる方も多くなりました）。納豆は湯葉と違ってそれ自体に強烈な味があり、それにまた、古今を問わず、納豆やぎょうざなどの匂いの強いものは、人様への気くばり、心づかいとして出来るだけ避けてきたのです。京都で薄味が好まれるのは、もしかするとこんなところに理由があるからかもしれません。

京都でも食品スーパーの棚に納豆が山積みされるようになりました。

昔、京都で納豆といえば甘納豆のことだと思う人がほとんどでした。また京都にはもう一つ、納豆の元祖ともいうべき〝大徳寺《だいとくじ》納豆《なっとう》〟があります。こちらは乾燥していて糸も引かず、独特のしょっぱさを持った納豆です。

京都では、「京料理は味やない、器や」と言われる方もおられますが、だからといって、決して味がまずいと思っておられるわけではありません。

京都はもともと海の幸も山の幸もないところで、料理の素材としてはあまりいいものがなかったのです。その京料理が芸術とまで言われるようになったのは、京料理にたずさわっている方々の大変な努力があってのことだと思います。

京都と同様に、新鮮な素材に恵まれなかったと言われているパリでも、その料理はシェフが材料を吟味して何日もかけて一つのソースをつくり、最高の味つけをしてお客様にご賞味いただくのだそうです。

京料理は、料理一つに長時間かけるという方法ではありません。ただ、京料理ではお客様が来られる前から、もうすでにお料理、すなわちおもてなしがはじまっているのです。玄関に打ち水をし、掛軸を選び、この料理を出すから、花はこれ、器はこれと吟味し、お上がりいただく部屋はもちろんのこと、そこからながめる景色をも含めて考え、料理の盛りつけにもなんとも言えない美しさをかもし出す――というように、〝総合的な芸術〟として料理をとらえているのです。

京料理はほんまに芸術どす

京料理で味わうのは料理だけではありません。部屋、花、掛軸、器、盛りつけなど料理を取り巻く最高の〝おもてなし〟を味わいに行くのです。

お座敷でいただく京料理は格別です

そういうものを味わいたいからこそ、京都人は京料理を食べに行くのです。

また、京料理にはいろいろな決まりごとがあります。

品数は必ず奇数でなければいけませんし、それに第一、メニューというものがなく、出てくる料理はおまかせなのです。だからこそ、また本当にすばらしいものが味わえるのかもしれません。

京料理はただ美味しいだけではない、それ以上の付加価値を味わいに行くのです。

京都でも名のあるお料理屋さんには、美術館や博物館に行かなければ見ることが出来ないような掛軸がお料理をいただく部屋にかけてあります。また普通ならガラスケースの中に入っていて触れることが出来ないような高価な器に料理が盛られて出てきます。こういうところに、本当の意味での〝贅沢〟を感じるのです。

京料理はおもてなしの世界です。そのもてなしの世界を心ゆくまで楽しみたいというお客様に、最高のおもてなしで、お料理屋さんが応えてくださいます。

お客様とのこうした交流が、京料理を芸術と言われるようなすばらしいものに高めたのかもしれません。

フランス料理も、イタリア料理も、中華料理も、なかなか結構なものです。

しかし、私には、京料理ほど美味しくいただけるものは他にありません。また、これほど心豊かにしてもらえるものもないと思います。

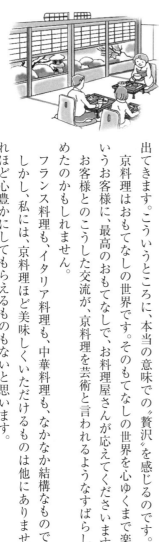

昔は同じお芝居を演じても、地域によって題名が変わることがありました。例えば、〝徳川家康〟というお芝居をするとします。内容も役者さんもまったく同じですが、東京では『徳川家康』、大阪では『家康がゆく』、それが名古屋では『徳川家康、葵の若武者がゆく』といった題名に変化するのです。現代では地域性があまりありませんのでこのようなことも少なくなりましたが、地域によってお客様の好みや気質がこれほど違っていたのです。

ところが、京都だけはまったく題名に左右されることがなく、題名が何であろうと内容のいい芝居は大入りですし、おもしろくない芝居は不人気となります。

一時期、名古屋は〝芸どころ〟と言われ、名古屋で大当たりしたお芝居は全国どこへ持っていっても大当たりを取ったものです。これは、名古屋の人たちは常に冷静に物事をとらえる気質があり、そこで感動してもらえれば全国どこでも感動を呼ぶと言われていたためです（こんな名古屋人の気質が、結納儀式を他所の人がびっくりするような豪華なものにしたのかもしれません）。

京都では、小さい頃から大声で笑ってはいけないとしつけられてきましたので、感情を表に出すのは奥床しさに欠けると思っているところがあります。感動してもそれを

京都で大当たりしたお芝居は、どこでも大当たり間違いなしどす

感動をなかなか表に見せない京都人は役者さん泣かせ。しかも芸能の故郷で目も肥えていますす。だから京都で当たった芝居は本物なのです。

表に見せないため、京都は役者さんにとっては一番恐いところなのです。
それに、京都の町なかには芸ごとをたしなまれる方が大勢いらっしゃいます。そして、一般の方のようにさりげなく暮らしておられるのです。ふとすれ違ったごく普通の人が笛の名手であったり、長唄の師匠であったりするのも、芸能の故郷である京都ならではのことだと思います。そのため、芝居を観る目も肥えていますし、自ずときびしくなるように思います。そんなこんなで、京都で歓喜されたお芝居は全国どこでも大当たり間違いなしです。

四条河原で今も見守っています

私が子供の頃、歌舞伎発祥の地として有名な南座さんでは下足番《げそくばん》と呼ばれる方がおられました。下駄など音のする履物で入場すると、まずそこで南座さんが用意されたスリッパに履きかえて客席に行かなければなりませんでした。この心遣いとシステムが役者さんを育て、また観客のマナーをも育てたのだと思います。大変いい時代でした。

それはともあれ、南座さんでは、今はもうなくなってしまった〝いろは〟文字で表された座席番号。大変味わいがあり、〝とちり〟、つまり〝と〟〝ち〟〝り〟のところが一番観やすい席だと芝居好きはよく言ったものです。願わくば、是非もう一度、こんな芝居小屋らしいところを復活してもらえればと思います。

芝居発祥の地である京都なのですから……。

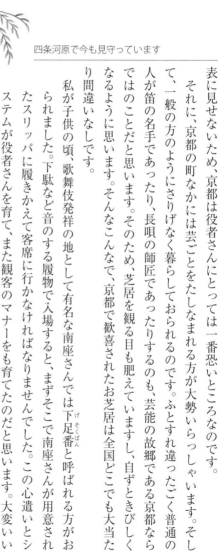

〝錦〟に行ったら、ほんまもんが見つかりまっせ

〝京の台所〟といわれる錦市場。ここを歩くと、京都らしい食材だけでなく、お客様とお店の人との確かなふれ合いを目にすることができます。

京都で〝錦《にしき》〟といえば、読者の皆様は、何を連想されるでしょうか？ 〝錦の御旗《みはた》〟、それとも〝萬屋《よろずや》錦之介《きんのすけ》さん〟でしょうか。もし〝錦之介さん〟とおっしゃる方がいらっしゃれば、私は個人的に大変うれしいのですが、それはさておき、京都では〝錦〟といえば〝錦市《にしきいち》場《ば》〟のことをさします。〝錦〟は、祇園祭の山鉾《やまぼこ》巡行する有名な四条通りより一本北の東西の通り、錦小路《にしきこうじ》通りにあります。その東端に位置する寺町《てらまち》通りから高倉《たかくら》通りまでの四百メートルに百三十軒あまりのお店が軒を連ねるところで、正式名称は〝京都錦市場商店街〟といいます。京野菜をはじめとして鮮魚や乾物など食べものならどんなものでも揃っていて、まさに〝京の台所〟の名にふさわしい通りなのです。

〝錦〟には二つの顔があり、朝は料亭や旅館などのお玄人《くろうと》さんでにぎわい、お昼からは主婦や観光客などの一般客でにぎわいます。そのへんが他所の市場とは異なるところです。

この地に市《いち》が立つようになったのは、古く室町時代中期頃と言われ、このあたりに良質の水が湧き出ていたために魚市が生まれ、その後、近在の青物を立ち売りする人々が現れました。京の都の中心部だったこともあって多くのお店が立ちならび、今日まで京の食文化を守りつづけてきました。

いつも賑わっています

TV番組で〝錦〟のあるお店を取材に行き、いろいろとインタビューをさせていただく機会がありました。料理のことは食べる以外、まったく無知な私ですが、本当にわかりやすく、その食材のよさや見分け方までこと細かく教えていただきました。きっとTVカメラがまわっているからだろうと多少うがった見方をしていましたが、収録後、それぞれのお店を拝見させていただきますと、どのお店の人もお客様に熱心に説明されている姿が目に映りました。お客様も一所懸命耳をかたむけられ、またそれに答えながら京の本物の食材を販売しようとされるお店の人の姿勢に真心とプライドを感じました。

最近、ともすれば自動販売機的な商売が巾をきかせる中で、ここには昔ながらの、お店の人とお客様との確かなコミュニケーションが存在しています。

ある経済評論家が「二十四時間営業の店や元旦から営業する店の出現で、消費者は大変便利なものを手に入れることが出来た反面、そのために大変大事なものを失う結果となった」と解説されたことがありました。きっとその失ったものは〝錦〟にある、お店の人とお客様とのあたたかいふれ合いなのでしょう。

最近、どこの商店街も元気がなく、廃業や閉店されるお店が多いと聞きましたが、京の〝錦〟には、不思議なくらい活気がみなぎっています。京都の一般小売店の活路は、この〝錦〟を歩けば必ず見えてくるように思うのですが……。

京都人が雪や月や花を好むのには、わけがありますのや

〝雪月花〟はどれも美しくはかないものですが、また必ずよみがえるものでもあります。そこに京都人は、京都そのものの姿をみるのです。

〝雪月花〟は日本の美しいものの代表と言われてきました。そして京都人が、殊更、この雪や月や花を好むのには深い理由があるのです。

雪は積もり、月は満月となり、花は咲き誇るように、それぞれのものの最盛といわれる時がありますが、雪は陽《ひ》に、月は地球の陰に、花は風によって、その姿をなくしてしまいます。雪は解け、月は欠け、花は散ってしまうのです。しかし、やがて季節がめぐることで、再びその美しい姿が、必ずよみがえります。

京都人は何度も何度も都を荒らされてきましたが、その度ごとに必ず復興してきたその京都の姿と、この雪や月や花を重ね合わせているのです。

雪、月、花に、〝見〟という一文字をつけ加えれば、それぞれ雪見、月見、花見となります。それらは平安の時代から宮中において催された宴《うたげ》であり、儀式なのです。これらを愛《め》でて詠まれた歌が、現在も数多く残っています。

雪。

雪の白さは、混じり気のない純粋で清らかな例えとして賞賛され、またその白さから白髪を連想して、めでたきものと考えられてきました。それに、雪は〝五穀《ごこく》の精《せい》〟ともい

雪の金閣寺は格別です

われ、雪が多いことは豊作の前兆とも、また五穀（米・麦・粟《あわ》・豆・黍《きび》）を雪汁にひたせば虫が食わないともいわれてきたのです。〝雪の都〟、それはまさに絵にも描き表せないほど美しいものです。

月。

月は古来より神佛としてあがめられてきました。人々の月への思いは強く、月を中心として世のすべてのものが動いていると信じられ、そんなところから、現代でも使用される暦が生まれたのです。また、〝月の都〟という言葉があり、これは都の美しいさまを例えて言ったものです。

花。

花ほど人々の生活の中に密接にかかわっているものもありません。喜びごとにも悲しみごとにも必ず登場致します。そして、物事を花に例えることが、また大変多く見られます。〝花の都〟という言葉があるように、京都はまさに花そのものでもあるのです。

この三種、これらはすべて美しくはかないものばかりですが、また、いつの日にか必ずやよみがえるという再生の象徴でもあるのです。

京都人は、一見弱々しく、はかなく見えるかもしれません。しかし内に秘めた凜とした再生への思いを、いつも持ちつづけているのです。

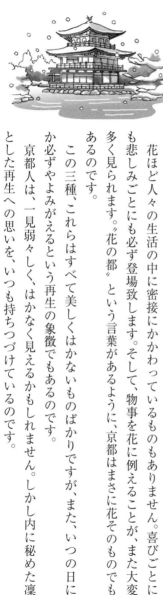

京都の道路、不便でも構いまへん

小路が多く駐車場の少ない京都は、車には不便な町です。でも、だからこそ京都らしいのです。京都のよさは歩くことではじめてわかります。

ふらっと入ったお寿司屋さんで、板前さんがこんな話をしてくださいました。

「京都の町は別に交通が便利にならんでもよろしおす。ましてや、高速道路が町の真ん中に走るなんて大反対どす。駐車場がないとか、車で観光がでけへんとか言わはりますけど、そんなのは観光客の言い分です。駐車場がないさかい京都らしさが残るんで、車がはげしく行き来するようになったら、お寺のよさもなくなるし、地蔵盆も出来んようになります。京都のことをほんまに知ろうと思うて観光しはるんやったら、車を使わんことをおすすめしますわ」

この方の話、私もまったく同感です。自動車を機械と考えるならば、とにかく京都は機械優先ではなくて人間優先なのです。

人々とのふれ合い、人々とのかかわり、人々との交流のために利便なところであって、そこに路地を舞台にした京都の生活も、また観光も成り立っているのです。

話は少し横道にそれますが、劇場にもほんのすこし前まで駐車場がありませんでした。京都の南座さんには今もお客様専用の駐車場がないのです。他の劇場に於いても役者さん用のものはあっても、お客様専用の駐車場は、あえてつくらなかったように思い

石塀小路は実際に歩かないと
良さがわかりません

ます。というのは、芝居を見終わった余韻が、車で帰るといっぺんに途切れてしまうからです。三三五五、芝居の話に花咲かせながら帰るからこそ余韻を楽しむことが出来るのです。

京都人はお客様をもてなす時、この余韻ということを大事にします。そしてそれは京都という町が観光客を迎える時も同じです。例えば、清水寺《きよみずでら》近くの駐車場に車を入れたら、帰りも清水寺から帰らなければなりません。ところが、本来はそうではなく、清水寺から産寧坂《さんねいざか》、二年坂《にねんざか》を歩いて八坂《やさか》さんの方まで行くのが一つのコースなのです（信仰上は清水寺から八坂神社に行ってはいけないとか、またその逆もだめだといわれ、そのため産寧坂でころぶと三年のうちに死ぬという迷信が生まれたと聞きます）。

ゆっくり散策することで、東山周辺のすばらしさがわかるのです。嵯峨野《さがの》でも、嵐山から大覚寺《だいかくじ》まで行くすばらしいコースがあるのに、車があると化野念佛寺《あだしのねんぶつじ》の方まで行かずに途中で引き返して車まで帰ることになってしまいます。

京都は車が似合わないところです（ハイヤー・タクシーはもちろんその限りではありません、念のため）。車でお見えになれば京都の風情ある路地も小道も歩くことは出来ません。京都観光も京の光（文化力）を観て（納得）いただきたいのです。

車社会といわれる昨今ですが、京都ではとにかく歩かれることをおすすめします。そうされることで、京都の本当のよさや魅力を発見していただけると思います。

〝ちんちん電車〟。この名前は皆さんも一度はお聞きになったことがあるでしょう。車掌さんがひもを引いて（本当は運転手さんの足元のボタンだったようですが）、鐘をちんちんと鳴らして走っていたため、市民の間では親しみを込めて〝ちんちん電車〟と呼ばれていたのです。

昭和五十三年まで走っていた市電（路面電車）のことだと思っている人も若い人の中にはありますが、私が言うところの〝ちんちん電車〟は、それに先がけて走っていたN電《えぬでん》（旧京電《きょうでん》の路線）のことです。片方だけに座席があり、もう一方は少し傾斜になっていて背もたれのようなものがついていました。子供の頃（昭和二十年代後半）、そのちんちん電車に乗ると、子供や元気な若者は席に座ってはいけないと言われました。もちろん昔のことですので、今のようなシルバーシートはありません。あたりまえのこととして、ご高齢者や体の不自由な人に座ってもらうものだと、ちんちん電車を通して教えてもらったように思います。ちんちん電車に乗った時の礼儀が、今もすべて伝承されているとは思いませんが、京都人のベースに、何かそういうものがあるように感じるのです。

ちんちん電車から発展した市電が京都から消えてしまった理由の一つは、電車の音

ちんちん電車にもお作法がありました

優先座席などありませんでしたが、座席は体の不自由な方やご高齢者に座ってもらうものだという礼儀を自然と教えてもらいました。

立ち並ぶ町家に溶け込んでいました

が大きく住民に迷惑がかかるためと聞いたことがありますが、明治二十八年に日本で一番最初に走った市街電車でもあるこのちんちん電車のことを、京都人は大変誇りに思っていたのも事実です。

ちんちん電車はあとから出現した市電に比べて線路の幅が狭く、そのために両方の電車が走る四条西洞院《しじょうにしのとういん》から四条堀川《しじょうほりかわ》までの間には線路が三本あって、市電は外側の広い方の線路を走り、ちんちん電車は内側の狭い方の線路を走っていたことがありました。また、ちんちん電車にはドアがなく、くさり式で、運転手さんがお客さんの乗り降りの度に、くさりをはずしたりはめたりされたのです。もっと以前のものは運転席の前面に窓ガラスがありませんでしたので、雨の日は雨ガッパを着て運転されたそうです。それに、事故防止のために「電車が来はりますさかい、気ィつけとくれやっしゃー」と、電車より先に走る少年がいて、これを〝先走り〟といいました。電車の前面にネットが張ってあったのを、私も覚えています。

ちんちん電車は行先ごとに京都の町の碁盤の目に沿って最短の道を走りましたので、今の路線バスと違ってどこを通ってどこに行くのかがよくわかりました。

ちんちん電車は、当時の京都を象徴するかのように、行先の方向性もきちんとしていて、電車そのものにお作法がありました。郷愁もあるかもしれませんが、今のバスに比べて礼儀正しかったように思います。

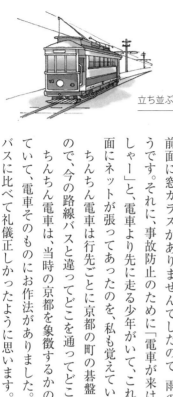

着付教室よりも、むしろ着こなし教室が必要なんどす

着物はきっちりきつく着付けてこそ、はじめて美しく着こなせます。着物を窮屈だとして脱ぎ捨てることから、京都は京都でなくなるのです。

最近はすっかり核家族化してしまい、母親や若いおばあちゃんの中には娘に着物を着せられない人が増えており、そのせいか、京都でも着付教室が大変な人気です。もちろん、着物が気軽に着られるようになるのはすばらしいことです。

ところが、一部の着付教室では、着物をいかにらくに着るかということに主眼が置かれているようで、着こなすということがどこかに行ってしまったかのように思います。着物はらくに着ると、すぐ着くずれを起こしてしまいます。

最近、成人式やお祭りなどで着物を着ている人を見かけますと、着こなしているというより着付けられてるといった感じがします。近年は死者の着付のような左前に浴衣を着ている若い人を見かけるようになりました。

着こなすとは着物を自分のものにすることで、そのためには、まずしっかりと着ることからはじめなくてはいけません。

芸妓さんや役者さんが、なぜ着くずれないかをご存じですか。それは、力のある男性の着付師がしっかり着付けるからです。本来、着物とは、自分の皮膚の一部と感じるほど、体に馴染むようにきっちりきつく着るものです。

京都でも着物姿は少なくなりました

私が若い頃、初めて専門のお衣裳さん（着付師）に着物を着せてもらった時、食事も出来ないほど帯をきつく締められて、随分苦しい思いをしました。それがだんだん慣れて平気になり、帯のきつさで、かえって気持ちも引き締まるようになってくるのです。その時、お衣裳さんから、「着物は制約のあるもの、動きにくいものだから、着物に自分の体を合わせるようにしなければいけない」と教えられました。

京都は、千年以上の長い歴史の中で、他所《よそ》から入ってきた人々の外圧を常に受けながらもそれに負けず、そしてまた暑さ寒さのきびしい自然環境にも耐えてきました。きびしい窮屈な状況の中で京都人が皮膚で覚えてきた暮らしの智恵と、きつい着物を上手に着こなすことが、どことなく結びつくように感じます。

近頃は、着物をお召しになる方が少なくなりました。京都においてもいろいろと工夫をこらし、着物の振興に力をそそいでいらっしゃいますが、着物だけではなく、日本人の生活文化というべきものを、もう一度考え直してみる必要があるのではないでしょうか。例えば、着物の似合う家づくり、町づくり、雰囲気づくりが大切だと思います。

このままでは、着物はただフォーマルな衣服になってしまいそうです。

きっちりきつく着こなした着物姿に、京都人が見えてきます。窮屈だと言って脱ぎ捨ててしまうことから、京都が京都でなくなってしまうような気がしてなりません。

風呂敷は暮らしの知恵から生み出された大変便利なものです。紙袋などと違って、風呂敷は四角い箱形のものも、丸い形のものも、たやすく包むことが出来ますし、必要でない時には、折りたたむと大変コンパクトになります。その上、近頃問題になっている過剰包装もなくなるのです。

風呂敷を持って お買いもの、京都らしい光景どす

包装紙や紙袋を無駄に使うことなく、どんな形でもたやすく包むことができる風呂敷の魅力、もう一度見直してみてはいかがでしょうか?

近年、日常的には使うことが少なくなった風呂敷ですが、今一度、真剣にその利便性を見直してみてはいかがでしょうか?うれしいことに京都で風呂敷研究会というグループをつくり、包み方も含めて再度風呂敷を普及させようと頑張っておられるグループがあります。この研究会では、会合に出席する時の本や書類などは、必ず風呂敷に包んで持参するという約束ごとがあるそうです。こういったことを聞きますと、何か楽しくうれしい気分になります。

もう一度、風呂敷の持つすばらしさを京都から情報発信しなければと思っています。これから先も、この京都らしいエコロジーが大切だと思います。

そもそも〝風呂敷〟というのは、やはりお風呂で使用したことに由来しているのです。お風呂屋さんで脱いだ衣類を、今はかごやロッカーに入れますが、昔はそれぞれ自分の

風呂敷一枚で用途が広がります

衣類を布で包んでおいたのです（もちろん他にも使いみちはありましたが……）。それで、他の人のものと間違わないように、風呂敷に名前を入れるようになりました。現代においても風呂敷に名前を入れるのは、その名残りなのです。

風呂敷を持ってお買いもの、そんな光景を京都ではよく見かけます。そして、そんな方々は、いろんな品物をうまく包む方法をちゃんと心得ていらっしゃるのです。

販売員さんが渡した品物を慣れた手つきで手ぎわよく風呂敷に包まれて、「いや、もう包装紙はいらしません」と言って、風呂敷包みを小脇に抱えて帰って行かれるその姿に、私は京都を感じるのです。

また、京都では風呂敷で包んだ品物を人様に渡す時、風呂敷をはずして渡すのがお作法ということになっています。ところが、京都にはおため（おうつり）というお返しの習慣があります。こちらに風呂敷をあずからなければそのおためを入れることが出来ません。そんな時、京都人は「すんまへん。風呂敷ちょっと貸しとくれやす」と言い、言われた方もすぐに風呂敷をさし出して、そこにおためを入れてもらいます。京都にはこんな楽しいおつき合いの約束ごとがあるのです。

「風呂敷があれば、そこに花が咲く」といわれています……。風呂敷の似合う町並みというのが必ずあると思います。京都はいつまでもそんなところであってほしいものです。

京都には、「冬至、十日前」という言葉がありますが、一年で一番早く暗くなる時です。冬至は、二十四節気の一つで、一年の起点です。二十四節気とは太陰太陽暦（旧暦）の太陽暦（新暦）の部分で、太陰暦の季節のずれを修正するために用いられたもので月の朔望にはまったく関係ありません。

さて、今ここでお話しする冬至は、新暦では毎年十二月二十一日頃に巡ってきます。一年で一番昼間の時間が短い日で、言い換えれば太陽の力が一番弱っている時ともいえます。昔の人々が、太陽の力がまた強くなるようにとの祈りを込めて、太陽に見立てた食品を食するようになったのは自然な流れといえるでしょう。

冬至の七種には、こんな意味があるのどす

一年の節目に食べる物に、願いを込めているのです。

冬至には、カボチャの煮物を食べると体にいいといわれています。勿論それは栄養が豊富で、ビタミン類が多く含まれることから栄養学的にも正しいのでしょう。

ただ京都人は、カボチャの赤みを帯びた黄色い色を太陽になぞらえ、食することによって太陽のエネルギーを取りこもうとしたものではないかと考えられます。

柚湯に入るのも、柚そのものを太陽に見立てたものだと思われますし、ゆずゆ＝融通《ゆうずう》の利く人間になるようにとの願いも込められています。

京都では、カボチャ（なんきん）だけではありません。冬至の日には、「ん」という文

「ん」のつく七つの食べ物

字が二つ入る食品を七つ食べると良いと言われてきました。「南京＝なんきん」「人参＝にんじん」「銀杏＝ぎんなん」「蓮根＝れんこん」「金柑＝きんかん」「寒天＝かんてん」「饂飩＝う（ん）どん」の七つです。

それぞれの食品にそれぞれの意味を持たせて、人間としての大切な心得ごとを学び学ばせてきたのです。


「なんきん」の黄色い色は、極楽浄土の色でもあり、先祖を大切にしなさいということ。

「にんじん」の赤い色は、人々の思いやりの心、温かい心を持ちなさいということ。

「ぎんなん」は、銀杏の種です、人は明日のために種を撒きなさいということ。

「れんこん」は、先をしっかりと見通すための力を養いなさいということ。

「きんかん」は、お金を粗末にしてはいけない、持て遊んではいけないということ。

「かんてん」は、しっかりと地に足を付け、地固めをして生きなさいということ。

「う（ん）どん」は、白く神聖で、神に感謝して長く生きなさいということです。

この心得ごとを大切にすれば、出世できるといわれてきました。


最近、冬至の七種は書籍にも登場するようになりましたが、何故食するのかということまでは、まだまだ解説されてはいません。きっと、作者に実体験がないからでしょう。

京都は、一年の節目節目に、何故こういったことを行うのか、何故こういう食品を食するのかといったことを、祖父母が孫に、父母が子に言い聞かせながら伝えてきたのです。

文字を上手に書くコツは、先ず、文字を書くのが好きになり、そのうえで文字のバランスを見極めることです。ただここでいう上手な文字とは、芸術的な書ではなく、金封や目録など、万人が上手だと感じる文字書きのことです。

「永字八法」という習字の練習法があります。これは「永」の字に、漢字を書くうえで大切な、点・横画・縦画・左はね・右上はね・左下払い・左下はね・右下払いの八つの技法が全て含まれているからです。字が上手になろうと思えば、「永」を何度も繰り返し書くこと、と古くから教えられてきました。きっと江戸時代の寺子屋でもそうだったのでしょう。

文字書きが上手になるコツを聞いとくれやす

京都人は型にはめることで、本質を逸脱することなくおつきあいができるのです。

私は父親から「飛」という字が書けるようにと言われました。「飛」の字は、特にバランスのとりづらい文字でバランスを崩すと美しく書くことが出来ません。この字は特に筆順が大切なのです。四画目が縦線になります。それにどの文字にも最も大切にしなければいけない箇所が存在します。それを私は文字の「命」と呼んでいます。文字書きが上達するには、多くの約束ごとをしっかりと心得ることです。それは、どこか京都の暮らしの中で継承されてきた「ならわし」と感覚的に通じるところがあります。

即ち、京都びとの感性も文字書きもならわしも、その基本は「型」なのです。型を身に

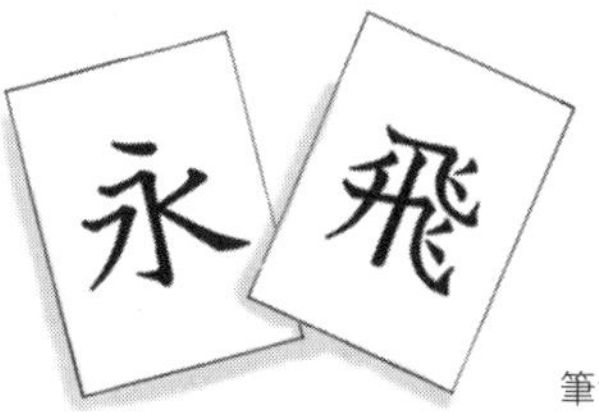

筆づかいの基本がつまっています

付けてこそ、型を超越した素晴らしいものが生まれることを京都人は知っているのです。

それに、バランスです。文字書きのバランスと同様、お人とのおつき合いもバランス感覚を大切にしてきました。それが、京都の「おため、おうつり」の儀礼にも通じるのです。

京都びとは何かと型にはめて、その型に従って行動することが多く、それが他府県の方からみると、堅苦しいと映るようですが、型にはめることで本質を逸脱することなく、お互いがスムーズに運べることを長い歴史の中から学んできました。

先人が認《したた》められたお手本から文字の基本を知り、美しい文字の書き方を心得る。そんな文字書きの技法からも、京都びとは、おつき合いの智恵や作法を見つけてきたのです。

「弘法筆を選ばず」という言葉があります。現在は「弘法大師ほどの書の達人であれば、どんな筆でも上手に書くことができる」といった意味にとらえられていますが、弘法大師は中国で自分の筆を作って持ち帰り、文房四宝（筆・墨・硯・紙）を大切にした人で、本当は、書を頼まれても、依頼者が準備した筆を使わず、全て自分の筆で書かれたところから生まれた言葉だと、書家の杭迫柏樹先生に教えていただきました。

弘法大師も杭迫先生も、ご自分のお道具が意のままに操れるまで修練されたことによって、書道の達人になられたのだと思います。ものごとが上手になるには、そのものを心底好きになって、手本にならい、使う道具を大切にし、使いこなし、心をこめて修練する。

こういったことが、京都人の暮らしぶりの中にしっかりと内在しているのです。

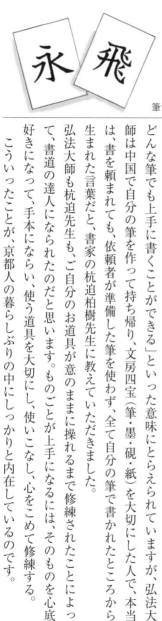

京都では「精霊」と書いて、「しょらい」と読みます。「お」をつけて「おしょらい」、「さん」をつけて「おしょらいさん」と言います。「おしょらいさん」とは、ご先祖さまのことです、と私もお話しさせていただいていますが、この呼び方はお盆の時期だけに使用するもので、普段は「おしょらいさん」と呼ぶことはありません。

ここに「おしょらいさん」という言葉に秘められた意味があるのです。その意味を解き明かすには、お盆のご先祖送りの風習を考えてみる必要があります。

京都びとに、「お宅は、ご先祖様をいつ送られますか?」と訊ねると、たいていは「十六日の朝、もしくは昼にアラメをお供えして送ります」という答えが返ってきます。この時のアラメを「追い出しアラメ」と言います。

五山の送り火は、御先祖様だけをお送りするものではありまへん

佛教の本質は、他の人の事を心に留めるものです。

それはともかく、一般の家庭では十六日の朝や昼にお精霊さんをお送りするのに、なぜ夜にもう一度「大文字」に代表される「五山の送り火」で「お精霊さん」を送ると表現されるのでしょうか?この事を問いかけると、京都でも答えに窮される方も少なくありません。中には、それぞれが山に集合して連れ立って極楽にお帰りになると解説される方もあります。そういった考え方を頭ごなしに間違いだとは申しませんが、それではお盆行事の作法の本質を見失ってしまいます。

広沢池では精霊流しも行われます

お盆行事だけではなく佛教行事の作法の本義は、我が家のご先祖様だけではなく、身寄りのない無縁さんも含め、すべての故人のために事を行っているのです。

だから、お精霊さんを家の門口でお迎えする家庭でも、千本ゑんま堂や六道珍皇寺、三室戸寺などにお参りして迎え鐘を撞いてお精霊さんをお迎えするのです。鐘の音が聞こえている間は地獄の釜が開くという言い伝えがあります。しかし、ご自分の家のご先祖様が地獄に落ちられているというわけではありません。地獄に落ちられているお人もお救いしようとの思いからであり、精霊膳に「お精霊さんのお箸」と呼ばれる麻幹《おがら》で多くのお箸を作り添えるのも同じことです。こういった考え方は、お寺の彼岸会での塔婆供養からも知ることが出来ます。自分の家のご先祖様の戒名が書かれた塔婆だけを拝むのではなく、供養されるすべての塔婆に手を合わせます。これこそが人としての優しさを育む佛事作法の本質なのです。

僧侶の食《じき》作法に、自分の食する以外に少量の食を無縁さんの分として膳の隅っこに取り分ける作法があります。これを「生飯《さば》」と言い、一説には「サバを読む」という言葉はここから生まれたとも言われています。このように佛教の本質は、自分だけではなく他の人の事を心に留めるもので、こんなところからも佛の優しさを感じ取ることが出来るのです。

大文字をはじめとして五山の送り火も全ての人をお送りしようとする思いから行われている佛教行事だとご理解いただきたいと思います。

珠数（数珠）が切れるのは、験が悪いことではありまへん

よくお使いになって、糸が弱くなり切れるのは信心の表れです。

通夜、葬儀、告別式、逮夜、年忌法要や墓参時に佛教徒の必需品として手にする数珠、その数珠を京都では「珠数」と表記します。（以下、珠数と書きます）

それは、珠で数を数えるための法具として用いるところから、「珠数」と書くのです。

それに、京都には浄土真宗大谷派の本山である東本願寺さんの門前町に「珠数屋町」という地名が残っています。そんなところからも京都では「珠数」と書き表します。読み方は、「ジュズ」「ズズ」「ズジュ」などと呼ばれ、いずれも間違いではありません。

珠数は、そのむかし、お釈迦さまが一〇八つの煩悩を打ち消すために、木の実を連ねて三宝（佛・法・僧）を唱えれば無上の果徳を証する（功徳を得る）ことが出来ると説かれました。そんなところから、珠数を持たずに佛さまを拝しては、佛さまを鷲づかみにしているようなものという教えが生まれました。

しかし、だからと言って珠数を持っていないから、佛さまに手を合わさず通り過ごしてしまうというのは、本末転倒です。近年、観光地で珠数を持っていないと無作法だと解説される方もありますが、一般在家者には許されるものです。

また、珠数の糸が切れて珠がばらけてしまうと験が悪いと全国的に言われて来ました。これとても同じようなことで、大切に扱わなければいけないという、戒めの一つと

自分の数珠は持っておくようにしましょう

して広まったことは承知していますが、験が悪いとするのは、全くの迷信です。

京都の老舗の珠数屋さんが「珠数が切れるのがいややったら、使わんかったらよろしおす。」とおっしゃいました。笑い話なような言葉ですが、その真意は、使用頻度が高くなると、糸そのものが弱くもなり珠と糸とが擦れて切れるのであって、珠数が切れるということはそれだけ、珠数を手にして佛さまを拝んでいる証だという意味です。

もちろん、珠の穴の処理が悪いと穴の形が丸くなかったり、ギザギザが残っていたりすると切れやすいのです。また、珠数を全体的に握ってしまうと、糸に負荷がかかって切れることもあるのです。しかし、これとても験が悪いわけではありません。

珠数には、本来、男用女用の区別もありませんし、装飾品ではありませんので珠の種類にこだわることも無意味かもしれません。しかし、その行為そのものを煩悩の一つだと決めつけてしまうのは如何なものでしょうか。

好みの珠や房を選び大切にすることで、より一層、佛教というものを身近に感じたり、佛さまを拝して唱える回数が増えるのであれば、好みの珠数を持つことも無意味ではありません。

三千年のむかしから存在した珠数ですが、いつしか宗旨によって形状の異なる物が考案され、持ち方にも違いが生まれてきました。それを心得て信仰する佛さまを念じることは大変素晴らしいことです。京都では、ご自分の好みに合わせてお気に入りの珠数を専門の珠数屋さんに作成してもらわれる方も少なくありません。

京都人が日頃使っているのは、「京都弁」どす

大切なのは暮らしの中に存在する本物の姿を後世に伝えることです。

東京での講演会で「京都人が使う言葉は京都弁です。」とお話しした折のことです。講演終了後、東京在住の上品なご婦人から、「京都の人が使われる言葉は、京都弁ではなく京ことばではありませんか。」とご指摘いただきました。

ご婦人のお話を承ると、その方がおっしゃるには、ある著名な先生の書物から知り得た知識だとお話しくださいました。

私もその先生を以前から尊敬申し上げておりますし、先生のご意見に反論するつもりはありません。まして京都びとにとって、京都びとが話す言葉は京都弁ではなく、京ことばです。と、都の雅な言葉だと強調していただくのは嬉しいかぎりです。しかし、暮らしの中に存在する本物の姿を後世に伝えて行くのも大切だと私は思っているのです。

学術的なことは、さておき、京都で生まれ育った京都びとに、あなたが使われている言葉は何ですかと問えば、十中八九「そりゃ京都弁ですわ」と答えが返ってくるでしょう。言葉には、方言と訛があります。方言は地域地方の言葉で、有難うを「おおきに」、ごめんなさいを「かんにん」と言ったりするもので、訛とは書いて字のごとく言葉が化けたものです。例えば、「三条」を「さんじょ」、七条を「ひっちょ」、学校を「がっこ」、先生

会話の中に京都があります

を「せんせ」、人形を「にんぎょ」というように発音するものや、「歯」は「はぁー」、「木」は「きぃー」、「火」は「ひぃー」と発音するものです。究極の京都の訛をご紹介しましょう。「おなぎ」、「おさぎ」、「ぎっぱ」です。お解りになるでしょうか。現代の京都びとにも、もはや解答不可能だと考えられます。如何でしょう。

その答えは、それぞれ「うなぎ（鰻）」、「うさぎ（兎）」、「りっぱ（立派）」の訛です。明治十一年に北野天満宮の側で生れた私の祖母がいつも使っていた京都弁です。

もちろん、京ことばというものも間違いなく存在します。それは次のようなものです。

「まあ、考えときますわ」は、考えない時のお断りに。

「それは、違うのと違いますやろか」は、お人の考えに反論する時に。

「それ、見せとくれやすか」は、お客がお店に依頼する時に。

「これ、注文しましたやろか」は、注文してない時に。

「へえ・・おおきに」は、有難うでなく、お断りの時に。

「どなたはんのお見舞いどすか」は、気分の優れない知人に病院で出会った時に。等々あげればきりがないほど出てきます。この種の言葉づかいが、一二〇〇年の歴史の中から育んできた京ことばではないでしょうか。

京都びとが日頃使っている言葉は、上品で雅なものだけではありません。暮らしの中に息づく京都弁や言葉遣いを知り得なければ、本当の京都の姿が、心が見えてこないのです。

京都は、日本のハリウッドとも東洋のハリウッドとも呼ばれた「映画の都」どした

映画を通して京都の本物の姿や感性を学び育んだのです。

〝東山三十六峰、草木も眠る丑三つ時、突如と起こる剣戟《けんげき》の響き〟

「寄らば斬るぞ。一人二人は面倒だ。束になってかかってこい！！」

活動弁士の心地よい名調子をリアルタイムに聞いたことはありませんが、活動大写真が大好きだった明治十一年生れの西陣育ちの祖母の影響もあって、幼い時から監督第一号の牧野省三監督や映画俳優第一号であり、大スターの目玉の松ちゃんこと尾上松之助丈の話は何度となく聞かされました。私は、週に何本もの映画を観て育ったのです。そんな私には、京都は、かつて「映画の都」であったことが大きな誇りでもあるのです。

映画の上映は、明治三十年（１８９７）京都から始まりました。チャンバラ劇映画「本能寺合戦」が制作されたのは明治四十一年（１９０８）のことです。その後、幾つもの撮影所が林立し、お互いが映画製作に切磋琢磨する中から素晴らしい映画スターさんが誕生されたのです。

阪東妻三郎丈、月形龍之介丈、市川右太衛門丈、片岡千恵蔵丈、大河内伝次郎丈、嵐寛寿郎丈、林長次郎（長谷川一夫）丈等々、すぐれた俳優さんたちが私を時代劇の世界へ誘い、そこで遊ぶ楽しさを教えてくださいました。特に昭和二十六年（１９５１）に誕生した東映京都撮影所は、夢を創り出す大きな玉手箱のような存在で戦後の復興へと

鴨川公園にある尾上松之助の胸像

その速度を増しました。昭和三十年代は、京都の彼方此方《あちこち》で映画のロケーションが行われていました。京の社寺は、今のように観光地というよりもその姿や形や景観が時代劇に打って付けの場所だったのです。

私を魅了して離さなかった歌舞伎界から映画界入りされた中村錦之助(萬屋錦之介)丈は、デビュー作の「ひよどり草紙」で、美空ひばりさんの相手役として脚光を浴び、たちまち人気スターの道を歩まれました。その後の活躍は枚挙にいとまがありません。錦之介さんの存在が私の人生に大きな影響を受けたのは事実ですが、それはさておき、京都びとは映画から人として大切な心情と情感とでもいえばいいのでしょうか、人に対する気遣いを学び、京都独特の気質感性を育んできたと言っても決して間違いではありません。

現在、東映俳優養成所で講師の末席を汚していますが、東映京都撮影所の門を入るたびに何とも言えない感動が電流のように身体の中を走ります。大勢の俳優さんの魂が今でもそこに息づいているのです。映画を語らずして京都は語れません。京都を愛してくださる全国の京都ファンのみなさま、一度是非、東映太秦映画村に足をお運びくださいませ。映画村には、映画の歴史や名監督、名優の人々の息吹が感じられる映画文化館というところがあり、京都が映画の都であったことをかならずや実感していただけると思います。

もし、映画村で私に出会われたら、是非お声をおかけくださいませ。時間があれば、映画に掛けた映画人の熱い思いと、そこから生まれた時代劇を、お話しさせていただきます。

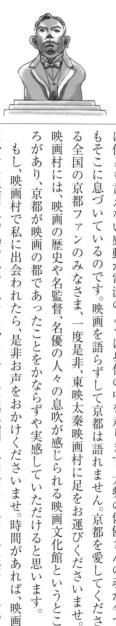

第五章 京の智恵

結婚祝には金銀の水引で熨斗《のし》、寿恵廣《すえひろ》を添えて……、出産祝は赤白の水引で友白髪《ともしらが》と共に……、お見舞には熨斗を添えて……、お葬式には黄白の水引で……等々、京都には数えきれないほどのさまざまな〝しきたり〟があります。が、しかし、そのしきたりにしばられるからこそ、京都の暮らしは本当に楽なのです。

しきたりにしばられるから楽なんどす

〝しきたり〟というと、むずかしいものと思われるようですが、本当は人と人とのおつき合いを楽にするためのとても合理的なマニュアルなのです。

いずれの儀式においても京都には決められた形（しきたり・ルール）というものがあります。その仕方にいろいろな異なる方法があればかえって迷いを生じますし、果たしてこのやり方で相手にきちんと自分の気持ち（心）が伝わっただろうかと不安になることもあるでしょう。しかしその点、京都では決められたしきたりのポイントだけをしっかりおさえて覚えておけば、それでいいのです。それだけで戸惑いや迷いがなく、事が運べるのです。

一見、表面的には、しきたりや作法が詰めこまれてあって難解だと考えられがちですが、本当はいたって簡単なことで、その中で暮らしている者にとっては、とても楽なことなのです。長い年月によってつちかわれてきた、本当に合理的なマニュアルが京都にはあるのです。

しかし他府県のメディアがさも正しいかのように伝えられ、心ある京都人は眉をひ

他のものの味をうまく吸収して自分を活かします

そめています。熨斗のこと、水引のこと、表書きのこと、東京や大阪製作のテレビなどから耳にする〝しきたり〟は京都のしきたりではありません。それに異なる文化圏や異なる発想思考をされる人々によって、京都のしきたりがこわされつつあるのもこれまた事実です。今まで自分たちがやってきたしきたりを他の人からおかしいと指摘されると、たちまち迷ってしまうのが京都人です。それほど一見強そうに見えても内面はもろく弱いところがあるのです。

麩という食べものがありますが、京都人はまさにあの麩そのものなのです。見るからに弱々しくて、それ自体にはなんの味もありません。しかし、つけ合わせの椎茸とか他の味をうまく吸収して、麩はそれ本来の独特の風味を出すのです。ところが最近、そのつけ合わせの味があまりにも強烈すぎて、麩そのものの味がどこかへ行ってしまったようです。

長い歴史をとおして脈々と伝えられてきた京都のしきたり。それはお人とやさしくふれ合い、おつき合いするために編み出し伝承してきた京都びとの智恵そのものです。そのしきたりにしばられている時代はみんな楽だったのですが、今は京都以外のしきたりにしばられてしまい、大変窮屈になってきました。変にミックスブレンドされた今のしきたり、ほんとうにむずかしいです。

しきたりとお作法とは、よく似たことで同じようなものだと考えられるかもしれませんが、微妙なニュアンスの違いがあるのです。

しきたりとは、こういう時にはこの水引を使用するといったことで、お作法とは、そのものをどのように表現するかということなのです。

もう少し具体的にお話しをすれば、例えば人様にお礼をする場合、赤白の水引のかかったものでのしのついたお金包み（金封）に「御礼」と書くというところまでが〝しきたり〟で、それを「御礼」と書くか「御禮」と書くか、といったところから〝お作法〟の域に入ってくるのです。「礼」を「禮」と書くと画数が増し、ほんのわずかですがそれを書いている時間が長くなります。同様に筆ペンよりは墨をする方が時間がかかります。それは、その人が先様のことを意識の中に強くえがいているということであり、その思いが先様にも通ずるのです。「御礼」よりも「御禮」、「御仏前」より「御佛前」と書くのがお作法なのです。

お作法とは、些細《ささい》なことにまで神経をくばり、先様への気遣い思いを表現することなのです。

お作法はむずかしいからいいのどす

複雑だからこそ、相手様との心の交流が深まるのです。むずかしいからこそ、その儀式の手順や意義がわかりやすいものになるのです。

殊に、結納の儀式はとかくむずかしいと言われていますが、おさめたりおさめ返した

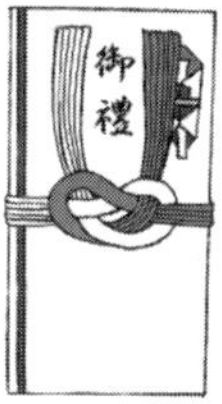

難しいと思ってもきちんとしましょう

りといった煩雑なことをするからこそ、その間に相手を理解しながら、より一層の交流を深めることが出来るのです。

また、京都ではこの結納の時に家族書と親族書を添えますが、お互いに添えるというしきたりが確立していれば、わざわざ相手に確認する必要もありません。ところが、それが他所の地方では、家族書、親族書は重要視しないという言い方をするために、添える人や添えない人があり、かえってどうすればよいのかわからなくなってしまうのです。ちょっとした言葉遣いから大切な作法が消滅していく一例です。

先様に対する気くばりや先様を思いやる心を大切にするならば、しきたりやお作法が京都のようにしっかりと確立されている方がよいと言えるでしょう。

一見、しきたりにしばられ、お作法がむずかしく、京都は暮らしにくいと思われるかもしれませんが、数多くのしきたりやお作法があるおかげで、事がスムーズに運んでいく最良の方法が見つかるのです。

これほど楽なことはありません。言いかえれば、しきたりやお作法を複雑にむずかしくすることによって、その手順や意義がより簡単にわかりやすいものになるのです。

今後、この京都のしきたりやお作法がどんな形に変化するかはわかりません。しかし、それが複雑になればなるほどたやすくなると思いますし、簡素化されればされるほど、その方法に戸惑うことが多くなると思います。

お雑煮をいただく柳箸《やなぎばし》、両方とも削ってある理由をご存知どすか？

片方を人間が使って、もう片方を神様に使ってもらうからです。神様のご加護を受けながら、神様と共に食する喜びを表しているのです。

〝柳箸〟とは、お正月にお雑煮をいただく時に使用するお箸のことで、〝両口箸〟とか〝両細〟とも呼ばれるもので、両端が削ってあります。

そのため、どちらを使用してもよいのですが、例え両方が削ってあっても、実際食べる時には片方しか使いません。片方（一方）で食べて、もう片方（一方）はひっくり返して重箱の煮しめものなどを取る時の〝取り箸〟として使用すると思い込んでおられる方もいらっしゃいますが、そのようなことをするために両方削ってあるのではありません（重箱には重箱専用の〝組重〟と箸紙に書かれたお箸があります）。

もともと、お正月には、〝歳神様（お正月様）〟という神様が遠い山の彼方からお見えになっており、その神様と共にお雑煮やお煮しめを食すると考えられてきました。

お箸の一方を人間が使い、もう一方は神様が使用されるのです。神との共食、神様と共に食事をすることによって、神様のご加護をいただき、神様と共に慶びごとを執り行っているという思いを大切にするために、こんなお箸があるのです。

この柳箸は、申すまでもなく柳の木でつくったもので、大変折れにくく丈夫なものです。それに、この木の木肌が白いところから、ものを清浄にし邪気を祓うものと考えら

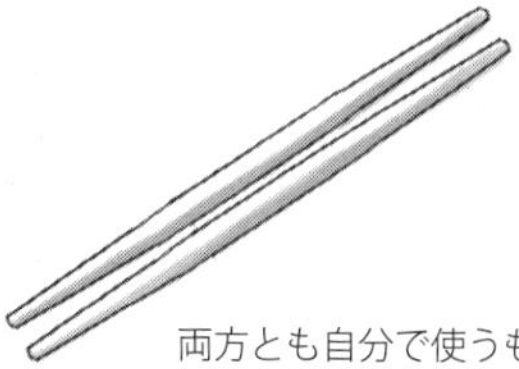
両方とも自分で使うものではありません

れてきたのです。また柳は春一番に芽を出す縁起のよい木でもあるのです。

両端が細く削ってあり、中央にふくよかな丸みのあるこの柳箸について、昔、私の父親がこんな話をしてくれました。

「真ん中が太く丸くなっているのは、お箸そのものをただ丈夫にするためだけのものではなく、その形が米俵に似ているため農家の人が今年の豊作を神に祈念して使用するものだ。また、お箸中央のふくらみがお腹に赤ん坊がやどった姿にも似ているところから、子供が授かるよう神に願いながら使用したものだ」と……。

父親の話ですから、京都全体で本当に、そんなことが言われたのかどうかはわかりませんが、さまざまな願いと祈りを込めて、お正月にこのお箸を使用したことだけは確かだと思います。

日本人の一生は箸にはじまり箸に終わるとも言われていますが、そこには神や佛が必ず存在していると考えた京都人の思いがあります。

「いただきます」という言葉にも、神佛ともいうべき大自然界の恵みをいただくことに対してのお礼の意味が込められていますし、また、「ごちそうさまでした」という言葉も、佛様に対する感謝の心を表したものなのです。

〝きょうのおまわり〟って何のことかわかりますか？

京都にはこの〝おまわり〟や六月三十日に食べる〝水無月〟のように、お公家さんの言葉や風習が庶民に広まり、今に残ったものが多くあります。

〝おまわり〟とはご飯の〝おかず〟のことです。

もともとお公家さんのされていたことで、食事の時に、ご飯のまわりにぐるりと〝おかず〟をならべて食されたところから、この〝おまわり〟という言葉が生まれたのです。それがいつの間にか一般庶民にも広まり、おかずのことをおまわりと言うようになりました。

最近、よくテレビや雑誌などで〝おばんざい〟と紹介されますが、〝おばんざい〟と言うのは京都だけではありません。〝おまわり〟と言うのが京都独特の言葉なのです。

私の祖母は西陣の生まれで、よく「今日のおまわりは何にしょうかな」と言いながら日々《にちにち》の買いものに出かけ、「明日《あした》のことは明日にしょ」と言って買いもの先のお店をあとにしたことを、今でもはっきり覚えています。

昭和二十年代後半の頃です。

この〝おまわり〟という言葉のように、昔、お公家さんが使っておられた言葉も、今ではほとんど残っていないと思っていましたが、調べてみますと、どうしてどうして、普段私たちがまったく意識せずに使っている言葉の中に、随分とお公家さんの言葉があるのです。私も使う代表的なものを、いくつかあげてみます。おぐし（髪）、おつむ（頭）、

ご飯のまわりにおかずを並べます

おひや（水）、おこた（炬燵《こたつ》）、おまん（饅頭）、おすもじ（寿司）、おこわ（赤飯）、おなます（膾《なます》）、おかぼ（かぼちゃ）、ぐじ（甘鯛）などがそうです。これらはすべて日常的な言葉で、主に女性が伝えてきたため現在まで伝わっているのだと思います。

言葉だけではありません。およそ京都の風習と言われるものは、そのほとんどがお公家さんたちの儀式からはじまったものです。

一例をお話ししますと、京都では六月三十日に〝水無月《みなづき》〟というお菓子を食べます。これは、その昔、お公家さんたちが冬の氷を氷室に入れて夏まで貯蔵しておいたものを、六月の盛夏に取り出し、それを食することで暑気祓いをし、暑い夏を越されたものです。それを見てきた一般庶民が、その氷片に似せてつくったのが〝水無月〟というお菓子です。三角形の白いしんこで、氷を形取り、その上にまめに暮らせるようにとの願いも込めつつ、悪魔を退散させるとも言われる小豆《あずき》をのせ、それを食べたのです。誰がこういうものを考案し、誰が用いたのかまったくわかりませんが、こんなことが京都中に広まったことに、何か一つの感動をおぼえます。

このようにお話しすると、京都では〝上《うえ》つ方《かた》〟と言われるお公家さんと一般庶民とが、いかに関わりを持っていたかがおわかりいただけるでしょう。

京都人が潜在的にお公家さんに対して、ある種のあこがれがあるのは、今も昔も変わりはないと思います。

住居《すまい》はもちろん、近代的なビルにもお札がいっぱい貼ってあります

単にご利益願いや災難除けのために貼るのではありません。その場所やそのものを決して粗末に扱わないようにするための智恵なのです。

京都では、いたるところにお札《ふだ》が貼ってあります。お札によるご利益《りやく》や災難除けの意味があるのはもちろんですが、ちょっと意味合いの違う理由もあるのです。

台所はもちろんのこと、仕事場や機械や道具にも一枚のお札を貼ることによって、その場所を、そのものを神聖化し、決して粗末に扱わないようにしているのです。お札の使いみちとして、これほどすばらしいアイデアはないと思いますし、これもまた京都の暮らしの智恵なのです。

お札は機械類を扱われる仕事場で特に多く見ることが出来ます。織物の機械はもちろんのこと、現代的なドイツ製の印刷の機械にもお札が貼ってあります。

刀の鍛冶屋《かじ》さんの仕事場をイメージしていただければおわかりいただけると思いますが、日本刀がそうであるように、織物でも印刷物でも、そこでつくり出されるものはただの〝製品〟といったものではなく、制作者の魂が、心が込められている特別の品物なのです。

祇園祭の縁起ものの粽《ちまき》に添えられているお札をご覧になったことがあるでしょうか。そのお札には〝蘇民将来之子孫也《そみんしょうらいのしそんなり》〟と記されているのです。

昔、インドに牛の頭のように角のはえた王様がいらっしゃいました。名を牛頭天王《ごずてんのう》と

災厄からは出来るだけ逃れたいですね

いい、大変恐ろしいお方でしたが、ある年、お妃を探すための旅に出られたのです。

ある日、巨旦将来《こたんしょうらい》という男に出合われましたが、この男は裕福なのに大変なけちんぼうで、もてなすどころか、かえって王様を怒らせてしまいました。しかし、次の日、蘇民《そみん》将来《しょうらい》という男の家に一夜の宿を頼まれたところ、その男は大変貧しい生活をしておりましたが、真心を込めてもてなしをしたのです。その姿に王様は大層感動されました。そして、そのおかげで、お妃をも見つけることが出来たのです。

その後、王様は再び蘇民将来の家に行かれ、「心の込もったもてなしが出来るということは、人間として最も大切なことである。以後は門口《かどぐち》に蘇民将来と書いて吊るしておけば、子々孫々まで悪いことが起こらぬ」と言って立ち去られました。

この物語がどこからどうして京都に伝わったかは知り得ませんが、祇園祭のこのお札を門口に吊るすということは、自分たちが悪疫や災難から逃れられるということだけではありません。人々に対して最高のもてなしをしますとの気持ちの表れであると共に、その人に幸福が訪れるようにと祈っているのです。

京都は、おもてなしの文化が非常に発達したところだと言われています。もしかすると、それは蘇民将来のお札が吊るされているからかもしれません。

人と人とが優しくふれ合うことほど素晴しいことはありませんし、いつの時代も忘れてはいけないことです。

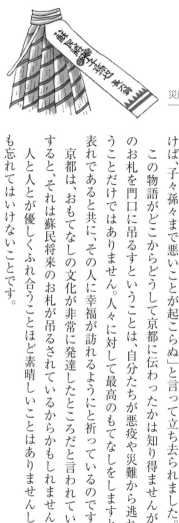

町内には〝尼講《あまこ》〟という集まりがあります

お葬式の夜、故人を偲んでご近所のご婦人方が唱えてくれる御詠歌に、〝遠くの親戚より近くの他人〟ということを実感します。

〝尼講《あまこう》〟のことを京都では〝あまこ〟と言います。本来、これはお寺における檀家の婦人部のようなものですが、京都で言うところの〝あまこ〟さんは少し違って、宗旨に関係なく町内ごとにあるのです。

町内でご不幸があった場合、依頼があれば、その家におもむき、お葬式の夜や逮夜《たいや》（本来は初七日などの前夜のことです）ごとに、その佛前で御詠歌をあげるのです。御詠歌というのは、霊場めぐりの時に唱える巡礼歌の一つで、京都では平安時代に成立したと言われる日本最古の観世音菩薩の霊場、西国《さいごく》三十三番のものが特に有名です。

京都には、必ずといっていいほどこの御詠歌集が家庭にあり、姑や母親から代々受け継がれてきたのです。

ある本に、「京都には各町内に尼講という趣味の集団がある」と書かれてありましたが、決して〝あまこ〟さんは趣味の集団ではありません。佛様のお教えに導かれた心やさしい人たちの集まりなのです。人々のお役に立つために、日頃から熱心に御詠歌の稽古を続けられています。

この三十三番までの（本当は〝番外さん〟というのが他にもあります）御詠歌は、お導師という先行して唱う人に続いて、「ちち、ははの――」とみんながあとについて

回覧板を回すことすら少なくなりました

唱詠します。すべてを唱い終えるまでは結構時間がかかりますので、二十四番目の中山寺まであげると休憩することに決まっています。これらの霊場はほとんどが山の中にあり、辿り着くまで坂道や石段を登らなくてはいけない難所ばかりであるため、このあたりで休憩しましょうということなのです。休憩の時には、ご不幸ごとのあったお家の方がお茶とお菓子を用意して、〝あまこ〟さんにのどをうるおしてもらいます。この休憩の前に、今夜は何人来ていただいているか、その人数を数えるのは子供の役目です。

普段は人を家に上げない京都人も、この時だけは夜遅くまでご町内の人がおられても、決してほうきを立てるようなことは致しません。ご近所の人々にこうして一緒に故人を偲んでもらえることを、本当に心強く感じるのです。

そして次の日、「夜前《やぜん》はおおきに有難うございました」と挨拶することから、ご近所との交流がまた一段と深まっていくのです。〝あまこ〟さんは町内の連帯を強める役割も持っているのです。

こういうつながりがあることから、昔、「京都には奥さんがいない」と言われました。と申しますのは、他所の地方では隣の奥さんのことを〝奥さん〟と呼びますが、京都では親しみを込めて名前で呼び合うからです。

本当の町内のおつき合いは、ただ回覧板をまわすだけではありません。〝遠くの親戚より近くの他人〟というのはこういうことだろうと思います。

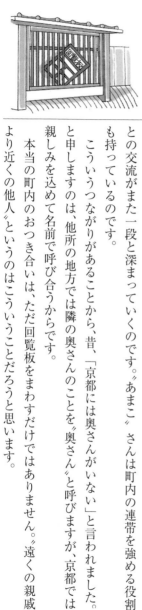

京都人というのは、即席的なものをあまり好みません。決して泥縄的なことはせず、そういったことをいましめてきました。

手の込んだもの、時間の長くかかったものに対して、大変な価値を感じるのです。広蓋《ひろぶた》や袱紗《ふくさ》のように、人様との大切なおつき合いの時に使用する大事なお道具に対する思い入れは特に強いものがあります。時間をかけて作成してもらうことに意義があると考えていますし、またそれを望んでもいるのです。

西陣織の製品に爪織《つめお》り袱紗というものがありますが、これは一日に数センチしか織れないもので、京都を代表する高級品の一つです。

長い時間をかけてつくられたものは、ただの品物ではなく、作者の思い入れ、魂が入った〝本物〟になるのです。

そして、それが毎日使うものであっても、一生に一度だけしか使わないものであっても、そういったことには関係なく、自分が大切にするものには手の込んだ〝本物〟を持っていたいと、京都人は考えるのです。

本物志向は、何も京都人だけに限ったものではないと思いますが、日本人の考え方を集約したものが京都には強く存在する、そんなことの表れのように思います。

時間をかけてつくった〝本物〟だからこそ、値打ちがあるんです

大事にしたい道具は、できるだけ時間と手間をかけた〝本物〟を持ちたいと考えるのが京都人。この本物志向がまた本物の職人を育てるのです。

ひとつひとつ丁寧に織り上げます

また、他の地方とは大きく異なるところもあります。それは、大変な時間と手間をかけてつくった〝本物〟を、ただ床の間に飾ったり、コレクションボードにしまっておくだけではなく、京都では、それを日常の道具の一つとして、人様とのおつき合いにさりげなく使いこなしているのです。

床の間に飾られたものなら、普通は人様が手に取ってご覧になることはほとんどないと思いますが、広蓋も袱紗も使用する時には必ず人様の手に渡ります。だからこそ、京都人は互いに〝本物〟を見る目も自然と肥えていくのです。

このような京都の風土が、芸術家ともいうべき本物の職人さんを数多く生み育ててきたのかもしれません。この風土が消失してしまったら京都らしい本物が……末恐しくもあります。

品物を注文して、「日数が五十日かかります」と言われてもおどろきはしません。京都人は、五十日かかることがあたりまえだと思っているのです。

今の時代は、とにかく何事においても早いことがよいように言われ、ビジネス社会でもそれが一つのキャッチコピーに使われています。しかし、やはり本物をつくるためには時間が必要なのです。

京都の暮しぶりはゆったりとした時の流れが求められ、それがより一層京の都を後世に伝承していくことになるのです。

〝堪忍《かんにん》の看板〟とは、堪忍という二文字を右から左に大きく横書きしたものです。昔、京都では業種には関係なく必ずといっていいほど、これが店先に表に向けてかけられていました。

一般に、堪忍といえば、読んで字のとおり、〝堪《た》え忍ぶ〟とか〝我慢する〟などという意味であることは今更申すまでもないと思います。しかし、京都でのこの看板は堪《た》え忍んで商売をするといった意味ではありません。お客様に向かって〝ごめなさい〟〝堪忍してください〟とおわびの気持ちを表現するためにかけているのです。

そのため、この看板は内のれんの上とかお店の大黒柱とか、お客様の一番よく目につくところにあります。

もしこれが、商売人自身が我慢をしようとか、堪忍という言葉を商いの基本にしようという意味であれば、わざわざお客様に見ていただく必要などないわけですし、帳場（事務所）などの片隅の、店の従業員がいつでも見られるところにかけておけばいいことになります。

「出来ないものは出来ない！」「売りたくないものは売らない！」「自分の納得がいかないものは販売しない！」「お客さまをごまかすことは、自分をごまかすこと！」とい

〝堪忍の看板〟、昔はよくお店で見かけたものです

自分の納得いかないものは決して販売しない。その信念のため、時にお客様の意に反することもあります。そこで看板にあやまらせたのです。

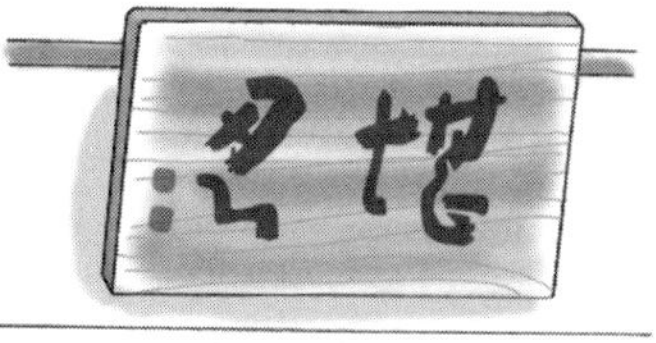

京都の街中できっと見つかります

うこんな信念が、姿勢が、発想が、時にはお客様を怒らせる結果にもなります。それで、この看板をかけてそのおわびをしているのです。

「当方の商売は、ただ利益を上げればよいと考えているのではありまへん。売るからには責任と自信とがあります。当方はこんな心を大事にして、そしてそれを誇りにして商売をしてるんどす。どうぞ堪忍しとくれやす」と、看板にもの言わせているのです。

こんな意味の看板は、おそらく他所《よそ》の地方にはまずないでしょう。

〝千客万来《せんきゃくばんらい》〟などのように、〝お客様は神様〟的なものはあるかもしれませんが、〝堪忍〟というこんな看板を堂々と表に出して商売をしているというのは、ある意味では京都商法の本質でもあると思います。

お客様が、この看板をまずご覧になってどのような感想をお持ちになるかはわかりません。しかし、私のように京都の商売人の家庭に生まれ育ったものにとっては大変うれしい看板であり、そのお店は間違いなく信用出来ると思えるのです。これも京都の伝統の一つだと思います。

「えらそうなものの言い方をして、えらいすんまへんどした。堪忍しとくれやっしゃ」

趣きのあるこの看板も、今では探さなければ見つからないほど少なくなってしまいました。それと同時に、都人の商売の仕方もどこかに影をひそめてしまったような気がしてなりません、そのことが、私には一抹のさみしさを覚えるのです。

京都の職人さんは、品物が完成されるまでのプロセス（過程）においてだめなものは、いかに繕いうまく完成させたとしても、所詮はだめだという考えをされるのです。作成工程の途中に難があるものをうまく修復し仕上げることが、職人芸とか名人芸とかいわれ、またそれを誇りにしておられる人もおられますが、京都では、例え消費者（素人《しろうと》）にはわからなくても、それを商品として出すようなことはまずないと言っていいでしょう。完成された品物は、表面上の形のよさや美しさだけではなく、それを使っていく長い年月の中でその物のもつ本当のよさが現れ、人々に役立つものです。そんな品物を作成するように京都の職人さんは心がけておられるのです。

京都の職人さんは芸術家どす

〝京もの〟は、作成した時が完成ではありません。使っていくうちにその本当のよさが現れ、使う人の心を豊かにしてはじめて完成するのです。

京都のお道具の一つに、〝みすや針〟という、糸を通す穴が丸くなった針があります。普通の針穴は胴体より大きく作られたものもあり、一見こちらの方が糸が通しやすいように思われますが、本当は丸い方が通しやすいのです。それに、針穴の部分が少し太くなったものは、縫っていく時に糸よりかなり太い穴を布に開けてしまうことになります。丸い穴の針はほとんど糸の分しか穴が開かず、美しく縫い上げることが出来るのです。

京都の職人さんは針の穴というこんな小さなものにもこだわり、消費者に本当に役

使う人、仕上がった着物を着る人にまで気をくばります

立つものをつくろうと工夫されてきたのです。

広蓋《ひろぶた》（漆器）を例にすれば、見えない下地に神経を使い、堅牢《けんろう》なものを生み出すために何度も何度も手を加え作成していきます。出来上がったものは、表面上素人には、手を加えていない安易なものと簡単に見分けがつきませんが、それを使用していくうちにその違いがはっきり現れてくるのです。漆器の職人さんは、漆器は経年変化が問題だとよくおっしゃいます。そこにはけっして一過性のものを作らないという思いと確かな誇りを感じるのです。

以前に老舗の珠数屋さんで、菩提樹《ぼだいじゅ》の実でつくられた二貫の珠数を見せてもらったことがあります。一つは美しい光沢があり、もう一つのものには光沢がありませんでした。どちらが上物《じょうもの》か見定めるために手にしたところ、「つやのある方はニスの光沢なので、使っているうちにつやがなくなります。光沢のない方は実そのものを厳選してあるので、使うほどに深みのあるつやが出てきます」と教えていただきました。

これらの物だけではありません。およそ〝京もの〟といわれる品々は、その品物を作成した時が完成ではなく、使われているうちに完成するものだと考えられているのです。これが京都の職人さんの心であり、人々を豊かにする芸術家といわれる所以でもあるのです。

京都の職人さんが創り上げた芸術作品の数々は、人々の暮らしの中でいつまでも生きつづけていくと思います。

京都では他所の地方とは違い、今でいうキャリアウーマンを昔から認めていたように思います。商家にしても、お茶屋にしても、女将《おかみ》さんがきっちりと取りしきっているからこそ、やっていけるのです。

外で仕事をする女性、店や家を守る女性、そのいずれの女性も京都では認めてきたのです。そして女性たちも、それに応えるかのように、自分の役割をきちんと果たしてきたのです。

ちょっと極端な言い方かもしれませんが、京都の歴史は女性がつくり、動かしてきたといっても決して過言ではないと思います。それぞれの家のしきたりや行事も、人様とのおつき合いも、お料理も、こと細かに女性が守ってきたからこそ、今日まで伝承されてきたのです。

京都では〝女子《おなご》はん〟は宝です

京都が京都でありつづけたのは、それぞれの家や店を女性たちがしっかり取りしきり、伝統をきちんと守ってきたからです。

もし男性がこういったことを取りしきっていたら、おそらく、こんなにきちんと伝えられなかったのではないかと、そんな気がします。

祇園祭でも、鉾《ほこ》を動かすのは確かに男性の仕事ですが、その陰で（というとまた誤解を生じますが……）、女性はお客を迎え、その家を守り、しきるという重要な仕事をになっており、それがあったればこそ、お祭りが今日まで続いてきたのだと思います。

鉾がけがれるから鉾の上に女性を上げてはいけないなどと説明される方もあります

京都ではよく見かけますね

が、とんでもありません。大事な女性を高い鉾に上げては危険だからと言い出されたのが真意であり、これが後世あやまって伝えられたのです。おそらく心ない男性が伝えたのでしょう。

結婚式の仲人への挨拶は母親が行くとか、結婚祝などは女性が持参する方がよいとか、また商売では開店時の一番最初のお客には女性に来てもらわないと店が繁盛しないなどと言われますが、これらはすべて女性が動くということが験《げん》がいいと京都では考えられてきたからです。

「京都らしい人」とか「京都の人は風情があってよろしいですね」などは、すべて女性に対して言われる言葉です。京都の男性の方は、「もうちょっとしゃきっとせんと」と思われているのではないでしょうか。

ある著名な学者さんは、日本は決して男尊女卑の国ではなかったと言っておられます。家一つをとっても、母屋《おもや》はありますが父屋《ててや》などはありませんし、いろりがあった昔には〝かか座〟という主婦が座る場所が決まっており、その場所は他の誰も座らないものでした。また、ご飯を分け与えるのは父親ではなく母親であり、その権限を持っていたのはすごいことだと思います。

京都が千二百年の間〝京都〟でありつづけたのも、やはり日々の食事一つもおろそかにせず毎日つくりつづけてきた京の女子《おなご》はんがいてこそと思います。

京都の有名なお寺は、いつも修学旅行生や観光客でいっぱいです。沢山の人に京都のお寺を見ていただくのはうれしいことですが、京都人にとって、お寺はやはり信仰の対象なのです。

本来、お寺を見るということは、佛様の教えの例え一端だけでもご理解いただくことだと思います。

お寺は観光地では ありまへん

例え有名寺院であっても、そこに住む京都の人にとっては自分の家のお寺さん。お寺はお詣りするところだということを忘れないでください。

お寺は、決して俗にいう観光のために存在しているのではありません（本来、観光という言葉は、佛様の後光を観ずることだと話される方もあり、だとすれば、お寺はまさに観光地です）。それに、有名寺院にもそこの檀信徒（檀家）や信者がいるわけですし、その人たちにとってお寺に行くということはお詣りそのものなのです。

しかし、いつでも観光客ばかりで落ちついてお詣りも出来ず、さみしい思いをされていることも多いのです。

京都は観光で生活していると言われることを、京都人は快しとしていません。例え門前でみやげものを販売されているお家でも、どんなお客でもいいから沢山の人に来てもらえればそれでいいと思っておられるわけではないでしょう。京都のお寺が、俗っぽい観光地と同じ扱いをされることに眉をひそめておられるのです。

何もかも度を超えると良くないですね

京都人は、京都を知っていただくために京都に来てほしいのです。例えば修学旅行にしても、修学旅行の学生さんに問題があるのではなく、修学旅行の在り方が問題だと思います。京都に来ていただく以上、それまでに京都のことを十分に勉強して来てほしいのです。そうすれば、短時間であっても京都のよさにふれていただけると思います。

確かに京都市は観光都市をうたっていますし、京都人は、決して観光客を拒否しようなどとは考えていません。観光に来てやっているという、旅行者にありがちな傍若無人な振る舞いを拒否したいだけなのです。

京都には京都のルールがあるという、そんなプライドを持ちつづけないと、どんどん京都がだめになってしまうことを京都人は知っているのです。

そんなところをさして京都人は冷たいと非難されるのかもしれませんが、東京ディズニーランドでお弁当が食べられないのも、そこにポリシーがあるからだと思います。私は京都とディズニーランドとに、まったく異質なものでありながら、なぜかどこかで相い通ずるものを感じるのです。(近年は両者ともに首をかしげることもあります)

それはさておき、一度、寒い日や雨の日など、人の少ない日に京都のお寺にお出かけください。京都らしい風情が必ず見つかると思いますし、京都のお寺が京都人の心の寄りどころとして存在するということが、よくおわかりいただけると思います。

無駄なものを無駄にしないのが京都のゆとりどす

祇園祭も掛軸もお作法も、「無駄だ」と言ってしまえばそれまでです。しかしそんな無駄から生まれるものこそが、人の心を豊かにします。

この言葉を一番象徴的に表しているものは、祇園祭のように思います。祇園祭を無駄と表現するのは適切な言葉ではありませんが、祇園祭ほど長い時間と手間ひまをかけて行われるものは他にはないと思いますし、とらえ方によっては最大の無駄とも言えるでしょう。そして、およそ一ヶ月にわたって行われるこの祇園祭を充分に理解しようと思うならば、宵山《よいやま》や巡行《じゅんこう》を見ただけではその本当のよさを知ることは出来ません。無駄とも思えるほどの大変な時間が必要となります。

一見無駄とも見えるものに大切な時間を費やし、惜しげもなくお金を使うことが、京都人の発想の根源にあるように思います。

床の間にかけられる掛軸。これも生活をする上で別段なくてもいいものでしょう。しかし、京都人はこの掛軸にこだわり、部屋に合わせ、季節に合わせ、儀式に合わせ、またお客様に合わせて選び、しつらえるのです。器もまったく同じことが言えると思います。ただ、物が中に入ればよいなどとは決して考えていません。無駄なものを無駄にしないのが人々の叡智であり、京都人は、古来より次々と無駄をつくることで京都をつくってきたとも言えるでしょう。

京都らしい音が響きます

ところが、現代社会の発想では、とにかく無駄なものは出来得る限りはぶいていこうとする風潮があります。無駄を排除することがよき合理主義ともてはやされて、それが現代的だとか近代的なものの考え方だとも言われています。

この考え方からいえば、京都の人が大切な家の道具とする広蓋《ひろぶた》も袱紗《ふくさ》も風呂敷も、ひいては京都のしきたりやお作法そのものまでが、無駄で不要のものということになってしまいます。しかし、すべてを無駄という言葉で片づけてしまうと、それこそ無味乾燥な世の中になってしまうと思いますし、もうそこには京都は存在し得ないのです。

無駄から得られる人間のゆとりとか充足感といったものを京都の人は大切にしてきました。そして、それが、例え形に表れなくても、人々の心をなごませ豊かにするものであると考えてきたのです。

京都らしい音を響かせる鹿《しし》おどしもまた、無駄といえば無駄なものです。しかし、その無駄が生み出す音に心の安らぎを感じるのは京都人だけではないはずです。

一見、合理的に思えないものにこそ、本当の合理主義があることを京都人は知っているのです。だからこそ、京都の暮らしの中に多くの無駄が今尚しっかりと息づいているのです。これが京都です。

これから先も本当の京都を後世に残して伝えていくには、京都の新しい無駄をまた生み出す必要があると思います。

京都がだめになる時は、日本がだめになる時どす

日本人の感性をつきつめていくと、必ず京都につきあたります。そんな京都を愛し守ることは、日本を愛し守ることだと京都人は思っています。

　京都の暮らしは他所の人から見れば、しきたりや約束ごとにがんじがらめにしばられていて窮屈に思えるかもしれません。しかし、しきたりやお作法などの約束ごとが確立しているからこそ、そのレールを踏みはずすことがないのです。何をするにしても京都では決められたレールの上に乗ってさえいれば間違うことがありません。だから暮らしやすいのです。レールの上にいない人や乗ろうとしない人が「京都は住みにくい」と思われるのであり、一旦レールに乗ってしまえば、これほど住みやすいところはないと思います。これが京都の暮らしの智恵であり、ポリシーなのです。そして、こんな京都の思考と感性を基《も》準《と》にして京都人は他所のことを見つめています。何事も〝京都のものさし〟で他所を計ってしまいますので、誤解を生じることも多々あるのだろうと思います。

　〝お茶づけ一杯〟に代表される京都人のおつき合いの方法も、ここまで書きすすめてきた事柄の一つ一つも、京都人にとっては日常生活のあたりまえなのです。ですから、それを曲解したり、違った意味づけをされる人を京都人は理解出来ないのです。これらはみな、意地悪とか自信からくるものではなく、京都に生まれ育って、ごく自然に身についてきたもので、それが京都人独特の思考となり、思想を形成してきたのです。しか

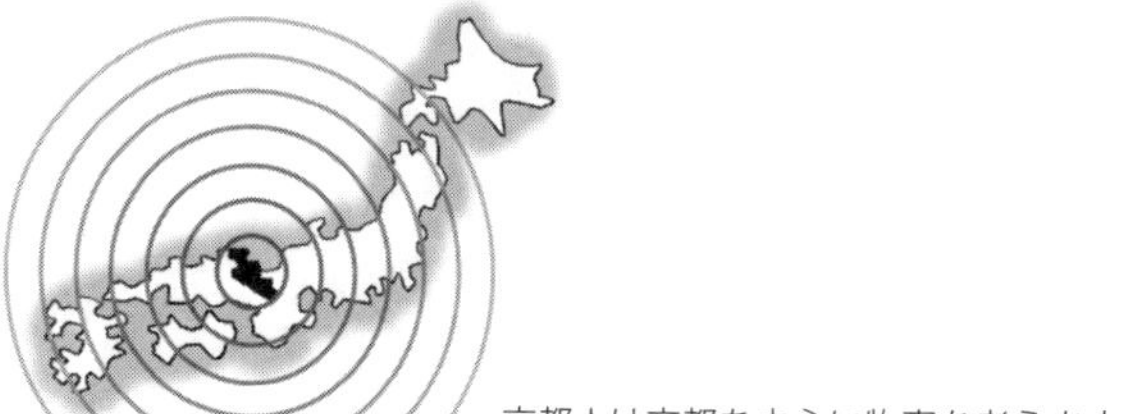

京都人は京都を中心に物事を考えます

しながら、京都人は京都を基準《もと》にして、単に他所を見つめているだけであって、他所に対して京都のやり方を強要することはありません。これが京都人の大きな特徴であり、京都人を知るための重要なキーワードであるように思います。

それに、京都人は他所からの異なる文化が京都に持ち込まれようとすれば、すぐに反応して身構えてしまうところがあります。それも京都人が誤解される要因の一つかもしれません。しかし、それは歴史的に京都人がそなえてきた本能なのです。

日本人のメンタルな部分をつきつめて凝縮していくと、必ず京都人に行きあたると思いますし、〝和風〟とか〝古風〟とか〝日本的〟だという言葉の多くは、〝京都的〟もしくは〝京都〟そのものであるように思います。

日本人の多くが住んでみたいところの第一に京都をあげるのも、日本人の感性とは、実のところ京都人の感性そのものであるからではないでしょうか。

多くの人々は、「京都が大好き」だと言われる反面、よく「京都人は大嫌い」だと非難されます。しかし、多くの人々が愛してくださる京都を形成してきたのは間違いなく京都人なのです。

「京都があかんようになる時は、日本があかんようになる時」、そしてまた「京都を愛するということは、日本を愛するということ」と、こんなうぬぼれたことを京都人は今考えているのです。

平安京は鬼門に引っ越してきました

悪いことばかり気にかけるよりも、それを越えていける智恵を持つことが大切です。

延暦十三年（794）十月二十二日に桓武天皇さまは、長岡京から山背《やましろ》の地へ都を移されました。平安京の誕生です。長岡京での厄災を払拭するための遷都だったのですが、その方角は北東、即ち鬼門への移動でした。当時すでに陰陽道の思想を取り入れていたと思われますので、この方角は鬼門の方角であることは充分に織り込まれていたと考えられます。

にもかかわらず、この地を選定されたのには「四神相応之地」に合致した最良の土地であったからでしょう。四神相応之地とは、北は玄武の神が小高い丘にて守り、東は青竜の神が大川にて守り、南は朱雀の神が大湖にて守り、西は白虎の神が大道にて守る地形になっていることを指します。山背（平安京）の地は、それぞれ北に船岡山、東に鴨川、南に巨椋池、西は山陰道が存在していました。まさに新しい都の建設に相応しい場所だったのです。

きっと鬼門に勝るとの思考が優先した結果だと思います。だからといって鬼門封じが出来たわけではありません。鬼門は鬼がやってくる悩ましい方角だというのに今も昔も変わることはありません。しかも鬼は本来目に見えないもので「隠」と書き表しました。そしてそれは、「寒」「病」「貧」「戦」だったのです。

それらを退治するためには、目に見えない「隠」を具現化しなければなりませんでした。そこで、鬼門＝北東＝丑寅（艮）というところから、丑（牛）のように角があり、寅（虎）のように牙があり、虎皮の衣類を身に着けている姿形を創作したのです。

具現化されたその鬼を追う祓うために、神話に由来する桃の木を鬼門に植えたり、魔滅＝まめつという文字から豆を打つ（投げる）儀礼が生まれました。

鬼門への遷都にもかかわれず、平安京は長く繁栄を極めたところから、京都人はいつしか川を跨げば（越すと）鬼門封じが出来るという慣わしをも考え出し言い伝えとして語り伝えて来たのです。平安京の建設には桂川が鬼門封じになったと考えられたのです。川は、穢れを祓い清めるためのものですので澱《よど》んでいてはだめで、いつも美しく保たなくてはなりません。美しくあるからこそ、すぐに汚れが見つかるのです。これも京都人が伝承してきた智恵の一つです。

江戸時代の初め、徳川幕府は江戸城の鬼門に天台の僧である南光坊天海上人の呪法の仕掛けとして、寛永寺と増上寺を建立したのと同じように、京の都の守りとして、表鬼門に後水尾上皇さまの修学院離宮を、裏鬼門に八条宮家の智仁親王、智忠親王さまの桂離宮という皇族の別邸である二つの離宮（山荘）を許諾したというのは間違った見方でしょうか。

京都の守りは、時代と共に変化し、さまざまな形が生まれては消滅してきました。ただ家内安全という京都びとの守りの心だけは、いつの時代も変わることはないと思います。

平安神宮に姿をとどめる応天門

作法やならわしは、茶席庭の「止め石」なのどす

「教えてもらわなくては解らない」のではなく、教えを乞うことが大切です。

市中にありながら山中にあるとの意で「市中の山居」と呼ばれる茶庭（露地）の原型は、室町時代に始まり、安土桃山時代に確立したといわれていますが、その茶庭や社寺の庭園などに、縄で十文字に結んだ「止め石」という石が置いていることがあります。読者の皆さんはこの石の意味をご存じでしょうか。お茶を学ばれている方はどなたもご存じだと思いますが、この石は立ち入り禁止を表しています。ここから先は入ってはいけません、という結界の意味なのです。

私は京の作法とか慣わしとかの真髄がこの「止め石」にあると確信しています。もし「止め石」が結界であることを知らないと、跨いで越えてしまって、本来相手が禁止している区域に入り込んでしまいます。作法やしきたりは相手に迷惑がかからないようにするためにあるものですので、止め石を置いた人の心を推し量らなくてはいけません。中には入ってほしくないなら、はっきり「立ち入り禁止」と書いた看板を立てればいいとおっしゃる方もありますが、京都はそういった直接的なことをしないのです。第一風情が感じられなくなってしまいます。それを無粋というのです。

「教えてもらわなくては解からない」とのご意見をよく耳にする時代になりました。

現代でも大切にしたい「止め石」の精神

近年の大学教育がそう言わしめるのでしょうか。

それはともかく、作法や心得ごとは、本来教えを乞うことが大切だと少し前までは誰もが知っていたように感じますし、だからこそ儀礼作法が成立し伝播されてきたのです。

結婚祝の儀礼作法でも、正式に熨斗、末廣を添えて持参しても、相手がそれについて理解してくれるかどうかわからないからと手前勝手な判断で省略される方がありますが、それは本末転倒であって、相手への思いやり、気配りが儀礼作法の本質であるはずなのに、自分の解釈で物事を判断してしまうような風潮になってしまいました。

もしかしたら、先様はとてもしきたりに造詣が深く、京のしきたりに従ってお祝いに対する返礼である「おため・おうつり」もきちっとご準備されているかもしれません。

もしご存じでないのなら、この折に心得ていただけるように促しながら、京の儀礼文化を伝承してきたのです。作法やしきたりは覚えることが多く、地方によって違いもありますので、現代の社会では敬遠されることも多いと考えられますが、作法やしきたりというものは、相手があってはじめて成立するものであり、相手の為に存在するものです。そういった「相手のことを推し量る」といったことが、現代社会ではだんだん希薄になってしまいました。だから、日本に京都の存在が必要不可欠なのです。

ちなみに、この止め石のことを「関守石」と呼びます。何とも風流で趣のある命名でしょう。こんな呼び名の中に京の和の文化が凝縮されているのです。

協力：三枝克之

表紙カバー写真：水野克比古

本書は、一九九四年に光琳社出版より同タイトルで発売されたもの、二〇〇〇年に弊社より発売されたものに、大幅に加筆改訂し、新たな項目を増補して再編集したものです。

あとがき

本著にお目通しいただき、誠に有難うございます。先ずは厚く御礼申し上げます。

今からおよそ二十五年前、スマートフォンは申すに及ばず、携帯電話もまだ普及していない時代のことです。とある講演会で「祇園祭の長刀鉾が四条通りを巡行するとき、市電が走っていた頃はどうしていたのですか?」という質問を承りました。一瞬、その意味が私には解からなかったのですが、すぐに市電の電線が山鉾巡行の邪魔になると思われての質問だと理解できました。

そこで私は「もちろん巡行に先立ち電線を取り外しました。それを〝架線切り〟といいます。巡行が終われば、すぐに架線を張って市電を通しました。今でも四条通りの信号機はビルの方に折りたためるよう工夫してあるのです。最後に巡行する鉾のあとには、クレーン車が巡行し信号機を元に戻します。」とお答えさせていただきました。

ご質問いただいた方の驚きのお顔が今でも忘れられません。そんな京都のあたりまえが他府県の人にとっては不思議なのかと驚いたのをはっきり覚えています。

今、他府県の人といいましたが、あの方は京都の人だったのかもしれません。

こんなことがあって、ペンを手にして認《したた》め始めたのが「京のあたりまえ」です。

書店に並ぶやいなや、ある大型書店さんで売り上げベストテン入りを何週間もキープさせていただきました。第一位は、確か五木寛之先生だったと記憶しています。

まだ京都本コーナーどころか、京都のことを書き綴った書籍は社寺や観光地以外、ほとんどなかったのが幸いしたのだと思います。

京都にお見えいただく観光客数も現代より千五百万人も少なかったと思います。

葵祭も祇園祭も琵琶湖疏水も森谷尅久先生以外お話しされる方はいらっしゃらなかったのです。

この四半世紀の間に京都の形そのものが大きく変化しました。観光客も5千万人を突破し道路も美しく整備され、交通の便もたいへん良くなりました。何より京都に関心を寄せていただく方がずいぶんと増加したのです。京都に移り住まわれた方を幾人も存じあげています。京都にとって嬉しいかぎりです。しかし、その反面、目まぐるしいほどの時代の変化で、京都びとが長い間大切にして来た宝物を何処かに置き忘れてきたように感じます。今、京都びともやっとその忘れ物に気づき始めているのですが、何故忘れて来たかを、またどうして見つけ出せばいいのかという方法が残念ながら解からないのです。その糸口を本著から五感で感じ取っていただければ、私にとりまして望外の喜びです。どうか全国の心ある皆さん、京都にその智恵を是非とも授けていただければと思っております。

最後になりましたが、このたび新しい形での「京のあたりまえ」を上梓させていただくに際し、再びお力添えいただいた光村推古書院の合田有作社長さまをはじめ、編集作業に携わっていただいた皆さん、それにこの本のテーマを充分にご理解いただき、拙文を補い素敵な装丁デザインをしてくださった吉川陽久さん、心優しく心温まるイラストを描いていただいた よしのぶもとこさん、そして京の町なかで色々とご教示いただいた多くの方々に深甚なる感謝の意と心からの御礼を申し上げます。

二〇一九年一月吉辰

岩上 力

著者紹介

岩上 力（いわがみ つとむ）

一九四七年 京都・宇治に生まれる。舞台芸術学院を経て劇団「新国劇」に入団。その新国劇時代から 礼法の研究にいそしみ、一九八三年 儀式作法研究会を設立。爾来、各方面にて儀式作法教室の講師をつとめるとともに 作法コメンテーターとしてテレビ・ラジオにも出演する。

現在 儀式作法研究会代表・NHK京都文化センター講師・京都新聞文化センター講師・京のくらしの作法塾主宰・結納コーディネーター・京の語り部・京都検定講座（京都商工会議所）講師・東映俳優養成所 講師・新国劇伝承人

主な著書：『京の儀式作法書』・『京の宝づくし縁起物』

『京のならわし 冠・婚・葬・祭・贈・礼・法 Q＆A』（光村推古書院）

『なぜ招き猫はネコでなくてはならないのか？』（ワニブックス プラス新書）

『岩上力 わが人生 廻り舞台』（ミネルヴァ書房） 他

京のあたりまえ

暮らしぶり、その心と智慧

平成三十一年一月二十三日　初版　一刷発行

著　者　岩上　力

発行者　合田有作

発行所　光村推古書院株式会社

〒六〇四-八二五七

京都市中京区堀川通三条下ル橋浦町二一七-二

電　話　〇七五-二五一-二八八八

ＦＡＸ　〇七五-二五一-二八八一

印　刷　シナノパブリッシングプレス株式会社

ISBN 978-4-8381-0588-5

◉岩上力の本◉

京の儀式作法書 改訂版

本体一六〇〇円＋税　四六判・総二九八頁　ISBN978-4-8381-0370-6

京都検定講習会講師・岩上力が京都の儀式作法のいろはを解説。冠婚葬祭や年中行事における贈礼法や美しい立ち居振る舞いについて写真や図で分かりやすく解説。京都で暮らす上で欠かせない儀式作法のマニュアル書。

京のならわし 冠婚葬祭贈礼法 Q＆A

本体一六〇〇円＋税　四六判・総二八八頁　ISBN978-4-8381-0402-4

京都検定講習会講師・岩上力が、京都のならわしやしきたり、作法に関する六三二の疑問・質問にQ＆A方式で丁寧に解説します。人生の節目となる「冠」「婚」「葬」「祭」に人と人との心をつなぐ「贈」「礼」「法」と、それぞれのシーンで遭遇する作法やならわしの心を知ることで、あらゆる儀式作法の場面において自信をもって対応できるようになります。

京の宝づくし 縁起物

本体一七〇〇円＋税　四六判・総二四〇頁　ISBN978-4-8381-0311-9

松竹梅に鶴亀、七福神に結納飾り、招き猫に福助人形。「どうしてこれがおめでたいの？」知っているようで意外に知らない縁起物の話をいろいろと、縁起物の宝庫・京都から紹介。ご利益アップ間違いなしの一冊。